U0021199

預約實用知識，延伸出版價值

預約實用知識，延伸出版價值

投資交易心理戰

Jared Tendler

The Mental Game of Trading

A System for Solving Problems with Greed, Fear, Anger, Confidence, and Discipline

賈里德 · 坦德勒——著
曾婉琳——譯

目錄

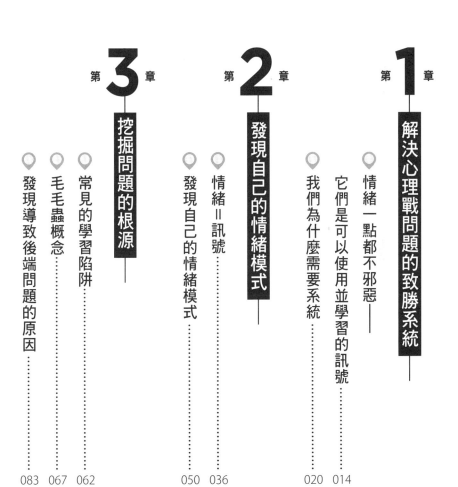

content

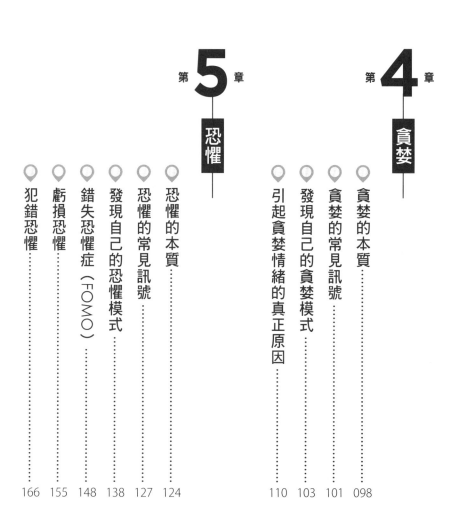

第4章 貪婪

第5章 恐懼

失敗恐懼 ………… 185

目錄

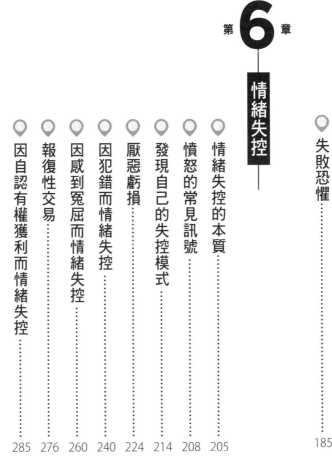

content

第7章 自信心

第8章 紀律

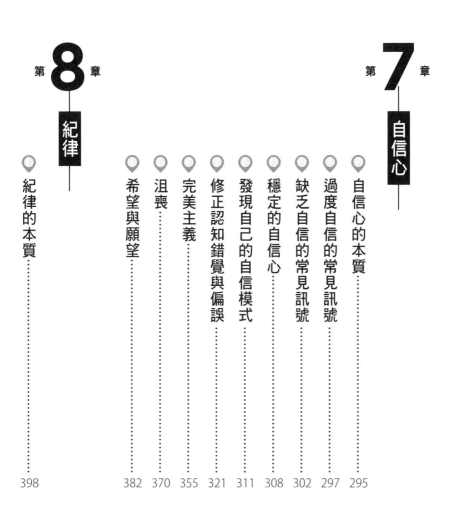

目錄

第9章 修正問題

content

第10章 解決進展緩慢的問題

第1章

解決心理戰問題的致勝系統

「用製造問題的思維是沒辦法解決問題的。」

——愛因斯坦（Albert Einstein）

交易的目標是為了賺錢，可是有某些事情正在阻礙我們賺錢。你在不應該虧錢的時候虧錢，或者即便你一直都有賺，卻沒賺到該賺的錢。這都讓你不禁會問自己：為什麼？

為了找出答案，你很可能會先檢視自己的操作技巧。檢視操作技巧當然很重要，包括分析交易紀錄、制定更嚴格的規則、學習新技術、建立自己的交易系統、做更多的研究，以及測試新的策略。儘管做了以上這些動作，還是不停地在虧損。經過一遍又一遍地嘗試，結果仍一無所獲，這是因為答案不在交易中。你要找的答案來自交易遊戲的心理面及情緒面——你自己的心理戰，而你做得還不夠好。

這並不是說交易等於心理戰。如果你不具備市場優勢，那麼就算打了一場完美的心理戰——你的情緒調適地很好，並且始終專注地讓自己處於絕佳狀態——你仍無法持續獲利。可是，即使你已經**具備**優勢，卻沒有做到該做的動作，或者陷於貪婪、恐懼、憤怒、自信或紀律當中，那麼心理戰很可能會使你付出超乎預期的代價。

回想一下你曾犯過哪些代價特別高的錯誤，是不是包含以下這些項目？

■ 交易架構設定得不夠好

■ 進場時猶豫不決
■ 太早出場
■ 追高殺低
■ 太急著調整停損（利）點
■ 在價格達到獲利目標之前又改變獲利目標價
■ 說服自己放棄一筆好交易

通常，當這些錯誤發生時，我們無法阻止自己不去犯這些錯。因為這時候你的情緒會影響你，刺激你衝動行事。

先不必苛責自己。你無法避免犯錯的部分原因，可能來自於你不曉得自己正在面對的是什麼。如同投資交易要遵循一套基本規則，心理戰亦是如此。比方說，你的大腦在當下只能夠處理有限的資訊量，來驅使你主動做出決定。更重要的是，情緒能左右我們的決策過程，甚至徹底阻斷這個過程。假如我們無法掌握心理戰的諸多規則，我們就無法確實地糾正自己的錯誤。

所以我喜歡用「心理戰」（mental game）來形容投資交易的心理面與情緒面。英文字的「game」帶有利用規則和策略來取得更優異的成績，而非一次到位的解決方案的意思。像「交易思維」、「交易心態」或「交易心理學」這類的詞彙其實都是一成不變的內容，都在教大家只要找到正確的建議，你也可以擁有完美的投資交易頭腦。這個，我親愛的朋友，這是錯誤的觀念。

許多人一直在尋找突破困境的靈藥，但你真正需要的是一個投資策略或系統。你將會在此書中學會實用且按部就班的系統，來糾正投資交易時最常見的情緒問題：貪婪、恐懼、憤怒、過於自信或者缺乏自信。這些問題會使你無法停止在執行交易時犯錯。所以我不只會教你如何解決情緒問題，我還要教你處理那些會影響你的注意力、例行公事、習慣和執行的紀律等等的問題。接著我還會提出一些簡單的做法，幫助你能夠不斷進步。

本書的系統是我十五年來的工作結晶。我的客戶來自各行各業，他們是高爾夫球、撲克牌、電競及投資交易領域上最頂尖的世界級參賽者，並且利用這個系統取得巨大的成果。我的系統之所以如此有效，是因為它是專門為了揪出並糾正問題根源而設計的。斬草不除根，春風吹又生。踩踏或者割掉地面上的雜草，只能暫時解決問題。這是不是就像你常遇到的投資交易錯誤，而且不管你怎麼做都沒能解決問題。

講白了，這裡不會教你如何執行交易，也不會提出投資觀念，不會教你怎麼看圖表，或辨別基本面。那些使用我的系統並獲得成功的交易者都是他們領域上的老手了，他們有足夠的經驗知道真正的問題來自何處。

你會在這本書中讀到他們的故事，他們的經歷可以成為我們最重要的教訓。在撰寫本書的同時，他們也正在使用這個系統，每天都在持續進步。這正是我所期望的，因為這個系統一點也不神奇，不會提供你一些祕密做法，藉此消滅自己對賺錢的貪念、擺脫在進入適合你的系統的交易之前的恐懼感，或者免於因虧損而感到憤恨不平，並且衝動地進行另一筆交易來彌補。

你**將會**獲得一個系統，以這個系統為基礎來處理那些問題。我們要先對造成這些問題的原因有更深入的瞭解後，才能利用這個系統來解決目前和未來的心理戰問題。這個系統能持續幫助我們，按部就班地找出並糾正問題根源。

你將學會在問題可能浮現前該如何辨識訊號，就像當有潛力的交易設定需要你的注意時，你也會收到提醒一樣。這是一種簡單且符合邏輯、實用又可重複操作的系統。如果你肯花時間按照我的建議去學習並執行，你一定可以看到自己在心理戰中有明顯的進步。

那麼在進入這個系統以及瞭解它的運作原理之前，讓我們先戳破那個被大家都誤會的神祕泡泡——情緒。

情緒一點都不邪惡——它們是可以使用並學習的訊號

許多人都想要訂正自己的交易錯誤，可是他們都搞錯了——你以為的問題並不是真正的問題。假如你想有機會解決貪婪、害怕虧損或憎恨失敗等問題，你務必要先確實瞭解你所面對的真正問題是什麼。首先，要改變你對情緒在導致我們犯下投資錯誤中所扮演的角色的看法。

與其他交易心理學書籍經常提出的建議相比，本書最大的差異在於如何看待情緒。傳統觀點將情緒定義為問題，因此絕大部分的建議都在告訴人們應該如何減少、控制以及釋放情緒。這些方法當然可以使你在短期內獲得改善，但是效果並不持久。為什麼？

因為你沒有處理真正的問題。你只是花費時間和精力，在處理你**認為**的問題——

投資交易產生的情緒。你認為情緒是不理性的，於是你試著欺騙自己的大腦，或試著合理化、否認、避免、忽視、轉移、投射、分心、麻痺自己的情緒，或者乾脆變得麻木。除了以上比較不健康的方法之外，或許你還會運用一些比較健康的做法，比方說冥想、瑜珈和運動，來發洩或釋放一整天的壓力。可是，問題還是沒有解決。

又或者，你不會忽視或合理化情緒，你不僅相當瞭解情緒，還自創「方法」來解決它們，但這實際上只是管理情緒的辦法。萬一交易對你不利時，你會提早退場以鎖住獲利，或者避開失血的可能性。當你的情緒太高昂時，你會避免做交易，直到你的情緒冷靜下來。你還可能會做出以下的動作：

- 將停損點移至損益兩平的價格
- 了結狀況熱絡的交易，以免自己受到干擾
- 提早完成交易，以確保一天的獲利
- 在進場前先回顧一下螢幕上的便利貼
- 告訴自己要守紀律、保持積極心態
- 不斷提醒自己一些基本概念，例如「虧損難免會發生，不要讓自己受到影響」

■不在延長時段進行交易

這些變通方法的問題是，不只你的獲利將會被貶至最低，你也更難以養成身為交易者的適應力和改善能力。減少交易量、提早出場，以及在可以賺到錢的交易日才做交易，雖然做這些可以控制自己的情緒，但這不是我們真正想要參與的交易遊戲。是啊，這些策略在短期內的效果很不錯，但它們就像腳踏車的輔助輪，一旦你拿掉輔助輪，作為一個交易者，你的上升潛力會變得非常有限。

讓我們再談得更仔細一些。將憤怒、貪婪和恐懼等情緒視為導致我們犯下交易錯誤的問題，根本是搞錯了。事實上，這些情緒都是**訊號**。這個轉念非常關鍵，不要和自己的情緒狀態作對。我們要把情緒視為訊號，並讓好奇心帶領你去理解它們想表達什麼。正如我們的身體發出訊號時，我們會去檢查看看是不是生病了。情緒也是一樣，有時候真正的原因不是那麼容易看得出來。

打個比方，假設交易收盤後你就會頭痛。起初你以為是交易產生的壓力導致頭痛。你的家人和朋友也認同你的看法，可是你連週末也會頭痛，甚至放了一週的連假後仍然如此。因為害怕自己生了很嚴重的疾病，於是你去看醫生，檢查結果一點問題也沒有。為了控制頭痛，你又吃了幾個月非處方箋藥物，可是你還是沒找出原因。後來有一次，當你在收盤後發現自己會瞇著眼睛寫交易日誌，於是你決定去眼科檢查。結果在過去的六個月內，你的視力已經逐漸變差，眼部疲勞導致你的頭痛。你配了新的眼鏡度數，問題就解決了。原來頭痛不是問題，而是訊號，你該做的是解讀訊號的含意。

一樣的道理，負面情緒就是訊號，它們會指出你沒有處理到的問題。如果你追蹤那些訊號，找出並糾正背後的真正問題，你自然能解決以下的問題：

- 因為貪圖暴利而改變你的獲利目標價
- 因為害怕錯過而追逐市場
- 為了彌補虧損或錯誤，憤而過度交易
- 因為過度自信，以為自己比市場更聰明
- 因為沒信心承受另一次虧損，堅持已經虧損很久的交易

頭不痛了就不必繼續吃藥。同樣地，既然投資交易不會引起你的負面情緒，你

就不必繼續花時間和精力去控制它們。這就是心理戰系統的厲害。當你找出並解決真正的問題，你便不必費力控制或倚靠輔助輪來保護自己。一旦情緒的反應消失，你就可以專心從事投資交易。

不妨把情緒看作是市場上的指標。身為一名交易者，你要隨時運用這些訊號，並根據自身的專業，你或多或少都要懂得利用它們來擴大自己的優勢。在心理戰中，負面情緒意味著你所從事的交易背後藏有一些缺陷。而對一些人而言，這些背後的缺陷會導致微妙的問題，它們就好比電腦的背景應用程式，就算你沒有在桌面打開，電腦也會在後臺運行那些應用程式。那些微妙的問題會麻木你對市場的敏感度，你的思緒將變得愈來愈不清晰，然後拖累你的反應時間。

對其他人來說，背後隱藏的問題會導致一連串錯誤訊息以及當機。你做了不應該做的交易，但你卻阻止不了自己。你明明看到一筆如教科書般的交易，卻無法扣下扳機。你明知道應該要成交，但恐懼或貪婪蒙住了你的雙眼。你知道正確的反應，可是卻無法阻止自己過度反應。無論這些缺陷會對交易造成何等影響，我們都要找出並糾正它們，從而令自己持續以期望或渴望的水準去從事投資交易。

情緒助長我們的表現

因為太多人都在關心情緒會如何影響我們的表現，所以大家很容易認為情緒是不好的。然而，情緒是一個人能攀上高峰的關鍵。情緒是重要的能源，可以刺激你發揮優異的表現。這麼說來，情緒並沒有好壞之分。

即便是通常被視為負面的情緒，也不總是不好的。比方說，憤怒可以令人們發揮非凡的能力。籃球大帝麥可．喬丹（Michael Jordan）讓憤怒成為他的動力，最被人津津樂道的故事就是他被高中籃球校隊淘汰，可是他能化悲憤為力量，最後成為史上最偉大的籃球運動員之一。有些交易者在情緒最憤恨不平時，也是他們投資績效最優異的時期。有的人則是在無路可退，承受著龐大壓力之際攀上巔峰。將情緒視為不好的東西是沒有意義的，因為結果已經證明並非如此。

雖然憤怒或恐懼可以令我們獲得佳績，但大部分的人卻缺乏控制這些情緒的能力。喬丹和其他像他一樣優秀的菁英，都具備傑出的情緒掌控能力。他們都懂得應該如何保持情緒、精神和活力的正確組合，來幫助他們在比賽中持續發揮高人一等的表現。相比之下，新手的憤怒和恐懼可能是非常不穩定的。

除了擁有正確的情緒組合是關鍵，還需要維持這些情緒的穩定才能走得更長遠。不妨想像一下在波濤洶湧的大海中，你在一艘小船上試著登上另一艘停靠在旁邊的船。難以預測的海浪使你幾乎不可能準確抓住跳到另一艘船上的時機。

這就是當你在情緒起伏很大時，試圖讓自己進入最佳狀態的感覺。雖然你辦得到，可是成功機率很低，而且很有可能犯錯。此外，在風平浪靜時，或者當你心平氣和時，就能更輕易進入最佳狀態。

我們為什麼需要系統

透過使用我的系統，你將學習如何清除因表現不滿意而產生的心理和情緒起伏。強烈的動力將會油然而生，但這股動力具有更高的穩定性。就像喬丹化悲憤為力量，你的憤怒不再使你感到混亂，還會帶給你好處。進入最佳狀態的過程會變得更輕鬆、更直接。而且長期下來，你會更享受投資交易，減少倦怠的機率，並增強製造更高報酬的能力。

我們可以運用相同的核心策略，來解決這本書所涵蓋的問題——貪婪、恐懼、憤怒、過度自信、缺乏自信，以及缺乏紀律。無論你是誰，心理戰的基本規則都是一樣的，我們都一樣會受到這些規則的約束。我們必須運用這些規則，才能解決心理戰的問題。但是，不論你採取哪一種策略、時間框架、交易頻率，或者在多少個市場上做投資，你都可以輕易地塑造出適合你的交易風格的系統。所以你想投資股票、選擇權、期貨、外幣、加密貨幣還是債券，或者你想每小時做三次交易，或每個月做三筆交易都沒有關係。只要你清楚系統的運作方式，你就能以自己最理想的方式去塑造系統。

你將學習的系統不只能幫助你解決目前的心理戰問題，還可以為你解決未來的問題。運用這個系統本身將會成為一種技能，當每次有新的問題出現時，你就能夠一次又一次地改善自己在心理戰的表現。比方說，現在你面對的問題是害怕失敗，也許過一陣子後，貪婪或過度自信將成為另一個問題。

人無完人，我們不可能每一次都做得完美，尤其是在投資交易這個充滿競爭、瞬息萬變的領域。即便未來遇到比較輕微的問題，你還是可以做些什麼讓自己在心理戰中表現得更好，而且你可以一次次地回到這個系統上。

我會如何運用系統來解決常見的表現缺陷

幫助你找出並糾正那些會影響交易的表現缺陷，正是這本書的重點。但表現缺陷到底是什麼意思？我在這裡可以舉兩個例子來說明：「高度期望」與「確認偏誤」。

先講清楚，高度期望本身不是壞事。許多成功人士對自己和身邊的人都有極高的期望，而且正是這些期望將他們推向成功之巔。可是……高度期望可以是把雙面刃，在追求更好的表現時，有時候也會傷到自己，而且往往是細微的傷害。比方說犯了某個錯誤、結束一筆虧損金額很大的交易、投資交易遇到回檔（drawdown），或者價格正在從高點下跌，你很可能會因為未達到自己的預期，所以對自己感到非常憤怒。或者，投資交易會令你非常緊張，所以只好進行一些風險很小的交易。

對其他人而言，這是一個令人厭煩的循環，一開始是憤怒，憤怒轉變為恐懼，恐懼使人自信心低落，進而影響他們的投資行為能力，於是他們更難以達到自己的期望，結果他們變得更加憤怒、焦慮，也不看好自己的前景。神奇的是，我們通常可以忍受這些情緒，同時繳出亮眼的成績單。但高度期望所引起的內在混亂和傷害，很可能使你難以發揮真正的潛力。

另一種常見的表現缺陷是確認偏誤。對那些不熟悉的人來說，確認偏誤指的是，你會傾向尋找能夠證實自己信念的資訊，而忽視或拒絕與自己信念矛盾的資訊。你持有一個部位或者投資一種產業，可是後來價格不好了，但因為你已經賺了一些錢，所以很慢才做出反應。當部位價格往你的目標價移動時，驗證了買進是正確的決定，但是當價格回檔使你決定退場之後，為了證明自己是對的，你會很快地再次買進部位。或者，你看到其他交易者賺錢了，你的偏誤是認為自己只要跟著他們操作，一定也可以賺錢，但結果卻落後於趨勢變化。

有人認為這種偏誤是沒辦法改變的。我們能做的就是去認識它們，並試著控制它們造成的傷害。這點在某些情況下或許是正確的，但透過找出因為確認偏誤而導致的表現缺陷，我的客戶從此大幅改善了他們的表現。舉例來說，確認偏誤可能是來自自信不足。身為交易者，我們可以相信任何我們想相信的事情，但市場會說出殘酷的事實。可是，抱有這種偏誤的交易者往往會在不知不覺中忽略了事實。於是為了鞏固自信，他們會試著去證明他們的**信念**，而非努力去搞清楚什麼才是**真相**。

這本書會探討許多種類的表現缺陷，這只是其中的兩種。你將學會以情緒為訊號，找出自己的表現缺陷。依據我們所做的行為，無論是好或壞，情緒都會在潛意識中產生數據，這些數據的內容包羅萬象，包含我們的內在信念系統、偏見、目標、觀點、缺陷、根深蒂固的習慣、希望以及錯覺。更重要的是，這些在潛意識中發生的事情會影響我們的想法、行為以及投資交易決策。

現在，我敢說有些人一看到「潛意識」，會以為我指的是那位知名的心理學大師佛洛伊德，或者以為我們需要分析你的童年或開始講一些心理學行話等等。那才不是我的作風，那麼做也無法產生我們想得到的成果。事實上，潛意識無所不在，從最簡單的習慣，例如如何刷牙、如何輸入一張訂單，到足以影響我們對風險感知的信念，以及在各種充滿激烈競爭的產業中，從業人員屢見不鮮的表現缺陷等等。

在你一邊閱讀這本書時，你會漸漸察覺到那些影響你投資交易的瑕疵、錯覺和偏見。接下來，你會透過實用且可行的步驟來糾正這些不足之處，讓它們再也無法暗地裡破壞你的投資交易。

系統如何全面提升你的心理戰（A級心理戰、B級心理戰和C級心理戰）

談到執行方面，每個人在心理上和戰術上都有自己能力所及的範圍。你很可能也察覺到自己的能力範圍。不妨觀察一下自己在投資交易表現最好和最差時的差別。不過，你可曾靜下來想過自己為什麼會有不同水準的表現嗎？大部分的人不曾這麼做過。這裡為了方便討論這個概念，我會將心理戰分成三種等級，分別為A級、B級和C級心理戰。

在A級心理戰中，你的情緒是清澈且穩定的。這時候的你正處於最佳狀態，或者近乎最佳狀態，沒有任何負面情緒來干擾你，所以可以做出品質最佳的決策。在這個心理戰中，我們只會犯技術面的錯誤——比方說，你還不懂的某種知識，或者最近市場出現變化，而你卻還沒發現。

老實說，稱它們是「錯誤」是言過其實了。你希望自己能在A級心理戰中表現得更好的心態，就好比剛開始學走路的小寶寶，就算他只走幾步就跌倒了，我們也不會指責他。「學習性錯誤」是無法避免的，那些都是必經的過程。

另一方面，在C級心理戰中，你的情緒是起伏不定的，這就是導致我們表現不好的主要原因。只要幾秒鐘，你就會意識到自己犯了很明顯的錯誤。在這個心理戰中，不需要學習新的戰術。正因為你很清楚自己應該做些什麼，你才能很快地發現自己犯錯了。當你無法發揮平時熟悉的知識和技巧時，很可能是因為有太多的情緒，導致大腦突然當機，抑或是你已經無力好好思考。

在有些交易者的心理戰中，雖然他們不會犯明顯的大錯，但卻充滿更多、更微妙的錯誤。舉例來說，你可能對價格行為的顧慮太多，即便價格缺乏明顯優勢，你仍會在自己的策略中勉強交易。C級心理戰中出現的表現缺陷，與錯誤本身是大或小無關。那些情況都會使你情緒混亂，讓你的觀點與事實相悖，導致你在自己的能力範圍內，卻犯下基本的錯誤。

B級心理戰的性質比較複雜。在B級心理戰中，你可能會犯一些戰術上的錯誤，但是程度相對輕微——需要改進但不是特別明顯的錯誤。因為如果你犯了很明顯的錯誤，那就成為C級心理戰的層面了。你還會發現有些情緒正在阻礙你進入A級心理戰，但又不足以把你拉到C級心理戰中。

從心理和情緒的層面來說，B級和C級心理戰的最大差異之一在於，在B級心理戰時，你會有犯C級錯誤的衝動或想法，例如勉強自己做交易，或太早成交，不

C級心理戰	B級心理戰	A級心理戰
明顯的錯誤	輕微的錯誤	學習性錯誤
起因： 心理或情緒上的缺陷，導致投資者情緒太緊繃，或者精神不好。	起因： 戰術上的決策有弱點，加上心理或情緒缺陷。	起因： 戰術上的決策有無法避免的弱點。

過你會藉由保持頭腦清醒、維持精神活力和控制情緒來避免犯下C級的錯誤。在C級心理戰中，由於你的情緒過於強烈，所以你無法阻止自己勉強交易或太早成交。而在A級心理戰中，想犯錯的衝動或想法根本不會出現，或者程度輕微到幾乎沒被注意到。

我把這些重點彙總成一張表格，依心理戰的等級區分投資者可能犯錯的種類（見上方表格）。

想要解鎖心理戰以及消滅你執行時最常犯的錯誤，關鍵在於矯正那些導致你犯下C級錯誤的表現缺陷。儘管你擁有二十年以上的投資交易經驗，表現缺陷仍然會令你犯下最糟糕的錯誤。儘管與經驗不多的交易者相比，你犯得錯不比他們嚴重，但無論有多豐富的經驗和技巧，每個人都會有表現缺陷。

然而，光是提升自己的投資交易知識和技巧，是沒辦法擺脫C級心理戰場的重力吸引。如果你只改善了

C級心理戰中的技術性錯誤，表現缺陷引起的情緒反應程度一樣不會改變，於是你會犯不同但同樣明顯的錯誤。

問題不是採取的策略有錯，而是這個策略的效果不彰。你依然要經歷那些不必要的情緒起伏，而且你的表現會持續停滯。想要讓心理戰更上一層樓，你必須讓C級心理戰局有所改進，為此你必須依照優先次序修復那些導致你落入C級心理戰的過錯。這時候就輪到我的系統上場了。

不過，在我們開始按優先順序修復那些過錯之前，我們必須再破除一則流言，那就是控制情緒是心理戰的致勝方法。錯了，控制情緒不是答案。

控制情緒還不夠——要解決犯錯的癥結點

在任何戰局中，我們都會制定策略來幫助我們達成自己設定的目標。但在心理戰中，交易者的眼光都太低了。他們以為最好的策略是控制自己的情緒。控制情緒不是結束戰局的最後一步，而是必須不斷執行的任務。

如果控制情緒是你唯一採取的策略，情緒反應將接二連三地找上門。這是一場耐力賽，投資交易本身就很困難，要是我們還不打起精神好好控制情緒，我們更不可能發揮得了自己的潛力。

我們的最終目標是解決真正的癥結。真正的解決代表著我們已經徹底矯正了那些導致錯誤交易的表現缺陷。於是那些會引起我們憤怒、貪婪、恐懼等情緒的事情自然不會再發生。既然情緒已經消失，你就不再需要管理、控制或處理自己的情緒反應。

一旦情緒被解決了，投資交易會變成什麼樣子？我們並不會變得像機器人一樣毫無情緒，實際上恰好相反，你將會：

- 充滿各種正面的情緒——有活力、自信、專注以及積極；
- 變得更有耐心，能夠讓市場走向你，而不用追著市場跑；
- 比起損益，更注重執行層面；
- 能夠承受虧損；
- 果斷且迅速地執行交易。

你的情緒既穩定又正面，而且不會犯下一般的交易錯誤，因為貪婪、情緒失控或恐懼再也拿你沒轍。為什麼？這些情緒是導致我們犯錯的主要原因。然而，這不表示我們不會再犯錯——沒有完美無缺的交易者——但從現在起，我們只會犯下相對輕微的錯誤。

你可能尚未徹底理解「解決」是什麼樣的概念，但你一定曾經看過並且經歷過，也許你只是還沒有意識到而已。這裡用一個跟交易無關的例子來說明：想像一下，上次你參加朋友聚會時，其中一位朋友的行為令你非常不快。平時你都不會計較，但上次他的行為跟以往有點不一樣。雖然你什麼都沒說，後來幾次見面也處得很愉快，但情況已經跟以前不一樣了。你們兩人的友誼顯然很緊繃，連旁邊的朋友都注意到，也忍不住向你提起。

一個月之後，你終於把話說開了。對方卻已經不記得，所以他為自己辯駁並否認自己曾經那樣做過。你們愈講愈激動，於是他先離開了。可是過了二十分鐘後，他主動回來向你道歉。你也向他承認，都過了這麼久才講出來是不對的。假如矛盾真的解決了，不只能消除挫敗感和緊張感，下次再發生有關的事情時，那些情緒也不會再出現。「解決」就是這個意思，所以你需要做的是解決表現缺陷的問題。

我提出的解決系統可以分成幾個階段，每一個階段都需要使用不同的步驟和策略：

❶**發現情緒的起伏模式：**為了更瞭解自己每一天會出現的情緒，我們需要先以宏觀的角度，描繪出自己的情緒起伏。接下來，你需要一張詳細的地圖，以微觀的角度，檢視情緒反應的細節。這麼做是為了讓你可以迅速發現那些情緒，並將它所帶來的傷害降至最低。第二章會介紹如何發現自己的情緒起伏模式。

❷**找出問題的根源：**為了找出問題背後的真正原因，我們必須揭開自己的缺陷、偏見和錯覺，包括學習性錯誤，那些錯誤可能會阻止你進步，或者讓你在學習的同時感受到情緒的起起伏伏。你會在第三章中認識這個過程，並且透過第四章到第八章的內容找出自己的缺陷。

❸**修正問題：**我們需要不斷調整，才能真正修正問題。在本書的第九章，你將學會如何直接地阻止自己當下做出情緒反應，並且盡可能不要犯錯。

這個系統是為了解決表現缺陷，以防止延伸出問題。解決的重要性再怎麼強調也不為過。不妨想像一下，不會感到貪婪、恐懼、情緒失控、過度或欠缺自信、缺乏紀律等等情緒，是多麼值得我們努力去實現的目標。只要採用這個系統，你也做得到。

那麼，讓我們開始吧。

第2章

發現自己的情緒模式

「看不見的敵人才最可怕。」

——喬治．馬丁（George R. R. Martin），出自《冰與火之歌第二部：烽火危城》（*A Clash of Kings*）

我們無法阻止看不見的東西。許多人都在不對的時機，想要修正或控制自己的情緒，加上他們並沒有察覺到自己的行為，所以他們必然會失敗。

好好想一想這句話吧。

他們必然要失敗。

如果想要防止情緒影響你做決定，只要當情緒開始上升，立刻發現並在它們來不及攪亂我們的思緒之前採取行動。

發現自己的情緒模式，是辨識情緒上升的關鍵。也許有些人會認為，他們已經很瞭解自己的情緒起伏，但其實他們做不到，因為還沒有下足功夫。許多交易者看不見自己在心理戰中的情緒模式，這種情況就好比他們剛進入這一行時，那個時候他們也看不出市場的走勢型態。

辨識也算是一種技巧。但從心理和情緒的角度來看，人們經常忽略它是一種可以提升的技巧。你不只**可以**更好地辨識上升的情緒，**還可以**辨識情緒上升背後的模式。

現在你應該知道情緒只是其中的一部分。雖然辨識並找出情緒起伏模式只是第一步，但這個步驟跟交易者每天會做的事情一樣重要。身為交易者，我們必須閱讀拿到手的資訊並且分析噪音，從中發現哪些訊號和指標建議你買進、賣出，或繼續持有。一般的投資者可能會認為你是在變戲法，或者靠運氣，他們要麼敬佩你的做法，要麼對此嗤之以鼻。

事實上，我們做的事情很類似（而且我也曾經被人懷疑過在胡說八道）。當大家都在利用市場訊號來尋找投資機會時，我的做法跟別人不一樣，我會用情緒、想法和行動來檢視因果關係。相信你也具備很厲害的閱讀訊號能力，所以我將訓練你去更瞭解自己的情緒和心理戰。

由於投資交易的錯誤會影響我們的交易表現，因此在這個階段中，我們的目標便是找出導致犯錯最常見的模式。你也許會認為這些錯誤都是隨機發生的，但事實並非如此。那些錯誤會一次又一次地發生，所以我們才能夠看得見情緒在上升時發出的訊號，進而阻止自己再次犯錯。

想像一下，有一條道路，你能夠持續獲得回報、強烈地感受市場趨勢，以及毫不猶豫地貫徹自己的投資交易策略，而你正行駛在這條路上。此時突然一團濃霧襲來，什麼都看不清楚，所以你沒發現自己轉錯了彎。更糟糕的是，你發現接下來的一座橋被沖毀了，你只能沿著懸崖行駛。如果車上有電子地圖，內建的全球定位系統（GPS）就能警告你轉錯彎了，並告訴你快點迴轉，重新回到獲利之途。

有些人直到車子都快開到懸崖邊緣了——因為他們太放心了——才意識到自己即將犯錯。或者，問題相對不嚴重，不可能會掉下懸崖，但隨著你在錯誤的道路上愈走愈遠，更多的金錢、時間和機會都會被浪費掉。所以無論問題的嚴重性，你愈瞭解自己的模式，你就愈容易控制自己的情緒，並回到正軌上。

情緒＝訊號

情緒、想法、行動，甚至交易決策，都能提供數據說明我們的潛意識和本能的運作方式。因此，我們要像鑑識科警探一樣追蹤這些線索。由於情緒系統超載，導致「炸彈」被引爆。所以接下來，我們要從炸彈的碎片中，找出引燃情緒反應的原因。

在分析的過程中，你可能會對情緒事件的看法完全改觀。瞭解是什麼引燃了情緒炸彈，以及有沒有什麼缺陷，都是很寶貴的資訊，從而幫助我們解決問題的癥結點，以防未來又發生爆炸。

我們要開始仔細觀察自己在進行交易時，有哪些情緒、想法、行動和決策是會自動觸發的，由它們提供數據來幫助我們瞭解問題的全貌。我們要像偵探一樣，迫不及待地收集數據線索，並且想知道它們代表什麼樣的含意。

一般的交易者會拒絕接受那些線索。他們可能發一頓脾氣，或者試著忘記發生過的事情並且往前看。他們會把能解決問題的線索通通刪除。如果你沒有系統可以幫助你瞭解自己的情緒反應，那麼你會選擇這些策略的原因是可以理解的。但現在的你已經不比當初了。這些重要的線索會幫助你找出心理戰的問題點。

引起情緒反應的兩種原因

將情緒視為線索或訊號是一種觀點上的轉變，但這種轉變並不能解釋情緒的來源，以及為什麼情緒總是猝不及防。這是因為常常在我們還沒來得及理解發生了什麼事時，我們的情緒就已經被觸發，使我們做出直接反應或反射。比方說，當我們很快地停損一項投資，這個決策會引起我們的憤怒。當我們發現設置了一個很棒的交易設定，我們會感到既興奮又緊張。或者，當你聽說別人賺了不少錢，但自己卻錯過那次投資機會時，這個認知可能會使你產生錯失恐懼症（Fear of missing out，

FOMO）。

把這些初始情緒（initial emotion）當作是一種反射動作，就好像醫生用橡皮槌敲打你的膝蓋，或者當你一看到有球往臉上扔過來時，會出自本能地接住它。這是你的瞬間反應，無關你的意識思考。彈指之間，砰的一聲，你的情緒迅速被引燃。

交易者經常誤以為情緒的觸發因素是問題。但是，觸發因素只是引線。潛在的缺陷才是炸彈。可能是犯錯、承擔虧損、價格跌了兩檔就停損、反向操作以求獲利、或者你覺得別人隨口說的評論很無禮，這些都可能會觸發我們的情緒反應。讓我們利用一個例子來理解——實現一筆高額的虧損，很多交易者會因此感到怒不可遏、亂摔東西，在沒有適當的進場訊號時就貿然進行其他投資交易。

但不是所有的交易者都會這麼做。也就是說，高額的虧損不一定會引起憤怒。如果高額虧損必然會引起憤怒，那麼每個交易者都會做出相同的反應。可實際上，有些交易者能平心靜氣地承受這件事，因為他們本來就明白投資交易很有可能發生這些異常事件。因此，要先弄清楚問題是怎樣造成的，我們才能找到情緒的起伏模式。

當你開始勾勒自己的情緒模式時，請記住在大部分的時候，初始情緒的程度是非常輕微的。事實上，你甚至難以意識到自己已經有情緒了。所以我們不會察覺到自己的情緒穩定性受到影響。然而，與此同時，你的自動化思維或習慣性思維、行動和決策已經開始改變你與市場的互動方式。

舉例來說，這個交易日的前兩小時並不順利，這時進場的訊號好像出現了，令你感到既緊張、興奮又有壓力。你可能心想：別搞砸了！你更靠近螢幕，猜想自己有沒有看錯。你的想法、情緒和身體狀態在一瞬間都發生了變化。

接著是你的反應。如果你現在心想：放輕鬆，包在我身上。這表示你正在抵抗，不做出反應。要是抵抗成功的話，你的情緒反應會減少，執行力會增加。

可是，如果你心裡想的是：千萬別搞砸了！或者我不能再賠錢了。這些想法會**引發次級情緒**（secondary emotions），使你陷入惡性循環。於是你會開始犯基本錯誤，試圖將功抵過。你會開始懷疑、批評自己犯的基本錯誤：我到底有什麼毛病？爲什麼我就是做不到？明明那麼容易的事！砰的一聲，你的情緒失控了。

交易者常犯的錯誤是把「不要搞砸」的想法，解讀為情緒的觸發因素以及原因。如果你認為問題在於負面思考，你就會努力控制並改變自己的思考方式。你聽從了「問題只是源自負面思考」的建議：不要想得這麼負面。好好控制自己的情緒。這是不對的，不要搞砸不是由意識形成的想法，而是自動浮現的念頭。

更明確地說，當我們注意到或回應被觸發的初始情緒、想法或行動時，我們就會產生次級情緒。當你發現自己感到焦慮、憤怒或無聊時，大腦便會放大這股情緒。由於你發現自己正感到焦慮，於是焦慮感會變得更明顯；由於你發現自己生氣了，於是你更加惱怒；由於你注意到自己有多麼無聊，於是你感覺更無聊了。所以正確地來說，是我們的想法導致情緒出現。

雖然平時我們不會用這種方式區分情緒，但將情緒區分為直接反射和情緒的次級因素是很重要的。如果我們不能找出導致情緒反射的來源，就無法找出自己的模式，也無法修正問題。

觸發因素會繼續製造愈來愈多的情緒，你得想辦法控制或者搞定這些情緒。正如天花板漏水了，我們務必找到問題的來源，否則沒有人會願意不停地倒掉一桶又一桶的水，或者反復修補不斷漏水的天花板。要先解決令人痛苦的問題，才能繼續前進。

在尋找自己的情緒起伏模式時，一定要注意初始情緒和次級情緒。為什麼？因為總括來說，認識自己的初始情緒和次級情緒，是開始深入挖掘缺陷的起點。雖然我會在下一章教你如何揭露和修正導致問題的缺陷，但是在那之前，你要先勾勒出自己的情緒模式，以及瞭解另一項關於情緒的關鍵要素。

正如你可能注意到的，情緒可以建立在其他情緒之上。因此，我稱之為**累計情緒**（accumulated emotion）。

累計情緒

現在你已經知道情緒是深層缺陷的訊號，而且一旦意識到自己做出反應時，你的情緒就會變得更強烈。但你知道情緒在升溫時是什麼樣的情況嗎？對這個情況有所瞭解很重要，因為及早發現就是最好的防禦。

事實上，我們擁有混亂的情緒。有短期之內發生，也有長期持續產生的情緒。雖然大腦本來就會替我們消化情緒，但有時候還是會有沒被消化掉的情緒殘存下來——這就是**累計情緒**。儘管你會告訴自己「今天又是全新的一天」，試著將昨日的損失和混亂情緒拋諸腦後，可是你並不是真的重新開始這一天。我們沒辦法按下重置按鈕，也不可能盡棄前嫌。在我們的樂觀表面下，情緒正一天天地累積。

更糟糕的情況是，過了數週、數月、甚至數年後，那些不自知的缺陷（要知道，我們每個人都會有缺陷）會默默收集並儲存情緒，就像潛伏在暗處囤積彈藥的敵人，正在等待**適當的時機**發動攻擊。

讓我們先看看短期的累計情緒。在一個交易日之中，我們的情緒會上下波動。情緒好比價格走勢圖，當情緒走勢平穩時，有時候一天只會上漲或下跌一兩檔。但有的時候，情緒會出現更明顯的震盪。

讓我舉例來說明。假設在交易日的前半段，你已經實現了重大損失，這個交易結果令你生氣，於是在後半段的交易日，你拚命要自己忘掉那筆虧損。可是一收盤後，盤中積累的挫敗感開始變淡。有些交易者只花不了幾分鐘，就能擺脫所有的挫敗感，就算他們經歷了非常痛苦的一天，可能只需要幾小時再加上去健身房揮汗一番就足夠。

無論是哪一種情況，只要情緒得以釋放，在隔天你坐下來開始交易前，昨日的挫敗感就已經不見了，就像從來沒發生過一樣。這才是真正的重新設置，這樣的你才真正準備好，將以清晰又中立的理想情緒狀態開始做交易。

當然，要是某天你的表現或交易結果特別優異或負面，有幾種問題可能會發生：

❶你的情緒在盤中失去控制，而且在收盤後，你情緒持續維持在高點地慶祝今天的勝利；或者，負面的表現讓你在收盤後，變得更加憤怒、恐懼，或意志消沉。你會持續感受到情緒的波動，就好像交易時段還沒有結束一樣。

❷你在盤中有好好控制自己的情緒，直到收盤後情緒才開始浮現，並且導致不同類型的問題。可以想成是盤中發布了造市（market-making）相關的新聞，但要等到收盤後你才能妥善處理它。

從交易績效的角度來看，我們不太關心收盤後的情緒釋放，是因為那些情緒已經不影響當天的成績了。可是，我們會非常在意情緒延續到隔天，並且影響次日的表現。如果情緒基線沒有歸零，假設你還帶著百分之十的情緒，那麼在開盤前的熱身期間，就需要把這些情緒列入考量。

多了百分之十的情緒看似沒什麼影響力，但它們足以阻止你發揮最佳狀態。更嚴重的是，這些情緒足以逼迫你要更努力控制情緒——結果失敗的機率上升了。

也可能是另一種情況，市場情況以及你的交易績效沒有讓你產生額外的情緒，所以沒有額外的情緒會影響你隔天的表現。但我們可以想像一下，假如在接下來的幾天裡，你的表現持續以驚人的速度下滑或上升，你的情緒可能會不斷堆積上去。

假設今天的累計情緒不只有百分之十，而是百分之四十以上。這一天，由於你已經很緊張且心情煩躁，所以對價格波動的反應過度，賣得太快，還犯了許多錯誤。收盤後你的情緒更複雜了，於是你開始跟朋友、家人相處得不好、缺乏上健身房的動力、過度飲食和喝酒、睡也睡不好。思緒萬千使你很早就醒來，你想知道自己該如何度過這次的回檔，或者想像自己可以拿這筆錢做些什麼。

不論情緒是在盤中還是盤後，或者任何時候產生的，關鍵是我們必須在下一次開盤前，清楚知道自己的情緒狀態。假如你不知道自己還有剩下百分之十（甚至超過這個百分比）的情緒，你將無法以正確的方式處理這一天的情緒。

對弗蘭茲來說，累計情緒是一大難題。弗蘭茲來自加拿大，他離開了十五年的學術研究職涯，成為一名E—迷你期貨（E-mini futures）的投資客。為了實現他和妻子環遊世界的夢想，他開始透過投資交易累積資金，因為這樣他才能自己當老闆。可是每天都出現各種混合的情緒，使他無法貫徹自己的交易策略。隨著時間過去，幾年後他的壓力愈來愈龐大，必須達到一定程度的成功才能實現夢想。

想要達成財務目標，弗蘭茲只需要每天得到一次最佳交易機會即可。雖然有好幾天他因為心情平靜，能仔細檢視價格波動、直接做出決定，並且只做正確的交易。可是也有那麼幾天，等待最佳交易機會令他神經緊繃，導致他硬做了參數區間以外的交易。

接下來的情況我們可以預料得到。如果硬做的交易虧錢了，弗蘭茲便會開始責備自己，同時試著說服自己做對的事情。這時候逆轉的機會出現了，雖然他有點心動，卻能夠忍住。他繼續等，光盯盤不做交易令他愈來愈挫折，結果這一天他不只沒有抓到最佳交易機會，還犯了一個錯誤。

但弗蘭茲還不知道的是，隔天他感受到更強烈的衝動，想要彌補自己昨日的錯誤，以及一定要抓到一次最佳交易機會。才剛開盤，他就看到一筆有潛力的交易，可是因為成交價格有點密集，他決定再觀望一下。當價格開始往上走時，他知道不可以追高，但他沒能忍住衝動。他一進場就賠錢了。不過他希望下一次的交易，能抹去這次虧損和犯錯所帶來的痛苦。

在等待機會的同時，他不會鬆懈下來，自責成為他的動力：「你知道那個交易機會並不好，你不應該虧錢的。你明明都知道。」為了扳回一城，他特別仔細解讀每根K棒，來尋找好的交易機會。他一見到有好機會就進場，完全沒用到所有的標準進行評估。更糟糕的是，弗蘭茲沒察覺到自己的分析已經退步了。交易失敗了，他的憤怒爆發了，他又做了數筆交易才結束。

在接下來的時間，他試圖忘掉那些思緒，把時間留給他的妻兒，可是那些錯誤吞噬了他。他擔心夢想無法成真，他可能永遠不會成功。隔日，雖然他下定決心要提高執行力，但是他卻沒意識到自己有多麼沮喪。早上與家人相處時，他已經發過脾氣，而持續升溫的怒氣使他錯過了開盤時間，以及一次最佳交易機會。等到他發現的時候，他的大腦直接關機，甚至還等不到價格形成下一根K棒。

就算知道自己只需要保持耐心，等待最適當的切入點，但是這樣的循環對他來說已經司空見慣。我會在後面的章節繼續講完弗蘭茲的故事，來分享他是如何打破這個惡性循環。

累計的情緒不一定會像我們在弗蘭茲身上看到的，那樣清楚且具因果連貫性。情緒的累積可以分為兩種情況。第一種是情緒會圍繞特定問題產生，但不會馬上出現。第二種是雖然原本只是小問題，但當情況出現變化時，情緒便會加劇並累積。

第一種情況，**因某一個問題而產生的情緒會經年累月地聚積，但是累計的情緒並不會一直出現。**也就是說，你的情緒可能好幾天或好幾週都沒有增加，可是當受到刺激時，你感受到的情緒會格外強烈，彷彿一股狂浪襲來。

想像有一位交易者，原本他對虧損的容忍度滿高的，可是當損益快速下滑超過百分之十，就會讓他的自信心遭受嚴重打擊，因為他很害怕自己會破產。

有這樣的想法似乎不合邏輯，因為上一次發生這情況已經是他剛入行的時候。可是過了九年，恐懼的情緒仍然深埋在他心中。每天晚餐只能吃泡麵，好幾個月都繳不清水電費帳單，多次請求房東不要收回房子，他到現在都還歷歷在目。如履薄冰的日子讓他的心理嚴重受創。當他終於爬出低谷時，他對自己保證不會再讓情況變得這麼糟糕。而且他也真的做到了。

但每當他潛意識感覺到危險時，那些情緒又會再次出現。只要他贏回獲利，問題便隨風而逝。可是都經過了這麼久，潛藏的情緒還是沒有解開。一旦察覺到可能崩潰的威脅時，聚積下來的潛在情緒隨時會出現，危機一觸即發。

第二種情況，**你的一個缺陷導致的情緒反應太輕微，所以你根本沒注意到。**儘管可以不予理會一陣子，直到你的生活、優先次序或目標出現變化時，原本微不足道的問題將不容你漠視下去。

舉例來說，高度期望會導致短期內情緒震盪，和多年來累積的一些情緒，不過你都表現得很好。你從不認為這是個問題。你賺的錢一年比一年多，而且每年都有達成目標。然後你迎來最豐收的一年，但令你驚訝的是，勝利的果實並不如想像中甜美。你不再像以前那樣興奮不已，只覺得目標又變得更高了。你不知道自己什麼時候才會感到滿足。

於是，你後退一步檢視自己的職涯，心想：**就這樣嗎？**就你的個人角度來說，你覺得自己被成就困住了。這是你表現最好的一天，你卻不再感到興奮，但大額的虧損將會帶給你加倍的痛苦。於是你在盤中表現得更易怒。投資交易不再那麼有趣，而且你還會把情緒帶回家。你慢慢發現自己變得不快樂，你懷疑自己是不是太過疲憊。

原本可以消化的短期情緒，現在已經慢慢聚積，使你愈來愈難以平常的標準進行交易。抱有高度期望本來不會產生情緒，但自從你對職涯有了更大的疑問，高度期望讓你的情緒開始累積。

無論情緒以什麼方式累積，關鍵在於你要清楚知道累計情緒是不是在影響你的表現。為了找出情緒的起伏模式，請試著回答以下的問題。只要有一題的回答為是，即表示你的表現會受到累計情緒的影響。

■ 你對特定事件做出的反應，會超過你所認定的合理範圍嗎？
■ 你會出現非常基本的錯誤，而且百思不得其解怎麼會犯那些錯？
■ 你發現在收盤後愈來愈難以平復心情，以及真正放鬆下來？
■ 總是輾轉難眠，或者思慮太多使你半夜醒來？
■ 你比平常更容易被激怒，也更容易反應過度？

當累計情緒對交易的影響無法忽略時，交易者通常很清楚自己應該怎麼做，可是他們卻不去做。我的客戶總是這樣回答的：「既然已經知道X的做法比較好，我怎麼可能心裡想著X，實際上卻採用Y的方式？」可見他們累積的情緒垃圾已經太多了，導致他們無法將想法轉化為行動。光說不練只會帶來混亂，並讓他們的表現愈來愈糟糕。

因此在心理戰中，最難改善的部分之一，就是累計情緒，又有人稱之為「情緒包袱」。我們必須處理在今天產生的情緒，以及隨著時間累積下來的情緒，所以我們得在交易時段以外的時間，減少自己的累計情緒。

在本書的第三章和第九章，會協助你制定策略，來滿足釋放情緒的短期需求，以及達成修正問題的長期目標。我們也可以採用空間時間策略，如打球、運動、跟朋友相聚等，來持續管理自己的情緒反應。與其讓自己情緒失控，不妨嘗試各種策略幫助自己恢復理智。要記得收集線索來繪製自己的情緒模式圖，否則我們永遠無法真正修正問題。

發現自己的情緒模式

我們如何追蹤自己的情緒，以繪製自己的情緒地圖呢？藉由觀察、檢視，以及記錄自己每次犯下交易錯誤的前後和期間中，以下項目出現了哪些變化：

- 刺激物
- 想法
- 情緒
- 行為

■行動
■改變決定
■改變對市場、機會或目前情況的看法
■交易錯誤

注意犯錯期間出現哪些變化，並且分析犯錯事件前後的所有細節。

即便你一開始只會捕捉到少數訊號。假設你有錯失恐懼症，那麼你可能會發現自己出現以下反應：

■胃裡有種緊張焦躁的感覺
■萌生「不要再錯過了！」的念頭
■改看一分鐘K線圖

這正是我們的起點。藉由持續密切注意，你將會漸漸看得到更多的訊號。接下來是你想要找出的訊號：

■**刺激物：**當日交易選擇權

■**想法：**「真不敢相信。我不會讓市場阻止我，我一定要做好這筆交易！」

■**情緒：**只要我發現沒賺到應該賺的，我就想要報復

■**行為：**我會特別專注地做某一個部位的交易

■**行動：**我會持續注意損益情況

■**改變決定：**我會盡全力把我的錢賺回來

■**改變對市場的看法：**過於注重價格變化，以為自己可以預測價格趨勢

■**犯錯：**我做了一次又一次同樣的交易，後來才發現自己錯了或者一無所獲

下一次開始交易前，不妨回想上一次犯錯時，是否有出現剛才所說的例子，並試著努力寫下那些細節。這麼一來，你就可以立即避免重蹈覆轍。

許多交易者在發現自己交易失敗之前，都還無法找出那些訊號。比方說，他們沒發現自己在生氣，直到他們發現自己完成了一筆絕對不該進場的交易，他們才一邊摔滑鼠，一邊大吼道：「在跟我開玩笑嗎？我他媽的怎麼又這樣做？」如果你還

無法找到所有訊號，那麼下次在你犯下這種錯誤時，就要準備好捕捉這些細節。犯錯的那一刻將成為一次絕妙的機會，讓我們去發掘自己到底是怎麼走到這一步的。是什麼迫使你、促使你完成這筆交易？是因為之前虧了數筆交易？或是之前了結一筆獲利豐厚的交易？還是看到別人賺錢，而你卻錯過了那次交易機會？那時候你有什麼想法、行為、行動、情緒，或者是不是改變了自己對市場的看法及決策？那時候你忍不住說出口的話是什麼？在你的理智斷裂時，這時候反而要像一名偵探一樣，收集以上的線索。此外，把這些細節寫下來，可以幫助我們消化情緒。

你要持續收集線索，包括初始刺激，直到得到一張完整的情緒模式圖。這份詳細的模式圖只是這個系統的第一步，所以這不是只會做一次而已的任務。

與任何的其他技巧一樣，辨識是我們即將透過反復過程而學會的另一種技巧。在你找到初始刺激以前，請持續努力勾勒你的情緒模式圖，並且把這個活動當作是開盤前的暖身操。在每天開盤前都要檢視一下情緒模式，因為這麼做將幫助你在交易時，看見自己的現有訊號，以及發現新的情緒訊號。

在交易時段，可以利用手邊的筆記來記錄新的細節，以免自己會忘記。之後還要回顧並整理自己的筆記內容，以便為下一次的交易做足準備。每天都要做這件事，並且持續一至二週的時間。儘管你還有其他的事情要做，但請務必確保自己投入時間完成這個步驟。

高交易量的當沖客會發現記錄當天的筆記，是幾乎不可能完成的任務，因為他們根本沒有餘裕時間來仔細寫筆記。因此，不妨迅速寫下一些內容，等收盤後再補充細節。至於交易量不多的人，雖然可以花更多時間寫筆記，但是我建議花最少的時間做分析即可。不要浪費太多時間，或者讓筆記分散你的注意力。我們最不想要的就是讓筆記害我們損失金錢。

在這個過程中，你也許會覺得自己沒有什麼收穫，因為錯誤依然在發生，你的情緒還是很強烈。要記住的是，我們最終的目標是徹底解決問題，而非暫時撫平情緒。

繪製情緒起伏圖的小技巧

不妨把這一個步驟想成是拼拼圖，可是這些拼圖片不是來自一個上面貼有完成圖案的精美盒子。反之，你不知道這些零散的拼圖片完成後會是什麼圖案。繪製自己的情緒起伏圖，就像收集所有的拼圖片，並且拼湊出問題的完整原貌。然後，你才能開始解決問題。

這裡提供幾個點子，幫助你收集所有的情緒拼圖片。

觀察早期出現的訊號。當你能發現圍繞在錯誤周圍的所有細節時，請仔細找一找錯誤發生之前出現的訊號。仔細觀察初始刺激，以及你直覺反應產生的情緒、想法、行為和行動。也許你會從中發現到更小的錯誤，或者注意到自己對市場的看法出現細微的改變，或你稍微改變了決策過程。比方說，過度解讀價格走勢，或者明明五項標準只符合其中四項，你還是進行交易了。

接著檢查次級情緒是如何產生的。有哪些想法、行動、決定等等，造就了次級情緒的出現？如果你還無法發現初始反應，不妨利用你能看見的訊號，那麼你也許就離初始反應不遠了。

設定計時器。有些交易者深受市場吸引，致使他們難以辨別情緒波動的內在訊號。如果你的情況正是如此，不妨設定計時器，但注意頻率要固定，而且不要太頻繁以免打斷你的交易（也就是說，以十五、三十、六十分鐘為單位）。當計時器一響，我們就要趁這個時候注意自己的思考過程、觀察自己當下的感覺，以及檢查是不是有任何問題的跡象。如果有，快點將細節寫下來。沒錯，這是短暫的中斷，但只要你學會不使用計時器也足以找出問題時，就無須再這麼做了。

考慮進行冥想或正念訓練。雖然這些不是非得要做的步驟，但我有一些客戶發現冥想和正念訓練可以建立更好的感受力。而有了更好的感受力，他們就能辨識出更多原本看不見的細節。

瞭解情緒的強度變化。交易者常常沒意識到那些情緒的名稱只是為了描述更強烈的情緒強度，而非另一種情緒。舉例來說，你也許會認為憤怒和挫敗是兩種不同的情緒，但其實憤怒是更大量的挫敗積累而來。

這一點認知非常重要，所以當你在尋找憤怒的前兆時，也要注意你從什麼時候開始感到挫折或惱怒——因為這些情緒將會累積成為憤怒。同樣的道理，不安、疑慮和擔心都是焦慮的常見成分。因此，藉由瞭解情緒的升溫過程，我們就能找出自己的模式細節，包含初始刺激。

辨識問題≠控制情緒

儘管情緒起伏圖可以讓我們更清楚地看見當下的情緒，可是這不代表我們可以控制情緒。也許這個概念有些難以理解——既然看得到，為什麼無法阻止？但是，在錯誤背後的情緒是強烈的，它們受到根深蒂固的模式所推動，一旦被刺激，「出現一如往常的情緒反應」是目前最可能出現的結果。

就算難以接受這個結果，但你還是要接受。如果你期待自己可以控制情緒，那麼你就會有更強烈的情緒反應。

話雖如此，有些人可能會感受到類似安慰劑的效果，使你誤以為自己能夠控制情緒。事實上，這種控制的出現是因為你對自己的情緒模式採取了新的策略，或者對情緒模式有了新的瞭解而啟發的。但是，控制情緒不等於修正問題。透過辨識的力量去阻止情緒升溫，不等於修正隱藏在情緒背後的表現缺陷。

很少人可以從辨識情緒直接學會修正問題。對於大部分的交易者來說，新鮮感會淡去、市場條件會改變，有的人會休了四天週末或因為其他緣故失去動力，於是這種安慰劑般的控制效果便消失了。

現實的情況是，大部分的人所面對的問題都太複雜，難以靠一張情緒起伏圖來解決。下一章才是這個系統的絕招，在那裡你將會挖出情緒反應的真正根源。

第3章

挖掘問題的根源

「真相是對現實更嚴謹、更準確的理解，是產生良好結果的必要基礎。」

——全球最大避險基金公司橋水基金（Bridgewater Associate）創辦人瑞・達里歐（Ray Dalio），出自《原則》（*Principles*）

你曾試著修正心理戰的問題嗎？如果有，也許你也跟我大部分的客戶一樣，嘗試過閱讀書籍、與其他交易者交流等數種方式，阻止情緒干擾你做交易。儘管你已經盡了全力，卻尚未成功。

這裡再舉一個比喻，說明為什麼你尚未成功修正問題。假設你牙齒已經痛了好久，而且你不覺得光靠刷牙能解決問題。於是你去看牙醫，並且請他為你拍X光片，這樣你就會知道到底是什麼原因導致牙痛。根據牙醫的檢查和X光結果，你終於知道真實情況，也才會知道如何解決問題——你需要做根管治療。

想要解決心理戰問題，道理跟治療牙痛是一樣的。現在的你已經知道了，情緒是隱藏在表現缺陷背後的訊號，以及當那些表現不佳的情況開始出現時，你該如何找出情緒模式。不過，我們還沒有檢查問題的根源。此外，我們也需要深入瞭解該如何自我改進成為一名更棒的交易者。換言之，問題不只是來自牙痛，最根本的是你的刷牙方式。這才是導致日後得做根管治療的原因。

在我的心理戰中，我會使用一些獨特的方法掃描正在發生的事情，藉此徹底解決問題。所以首先，我們要檢查日常的學習過程，找出那些學習效率不佳的地方，因為那些不足之處可能導致情緒起伏。無論專業程度高低，學習效率不佳會引發一連串的心理戰問題，或者大部分的問題都可以歸咎於學習效率不佳。我的客戶通常聽到這個內容都很訝異，但一旦他們深入探究，就會從中得到無價之寶。

你將會知道，透過一個更值得依賴的結構和一項核心概念——「毛毛蟲概念」，能改善你本來的學習方式。這個概念提供你一個直視學習過程的角度，並且檢測你的學習狀況，以及找出藏在背後的缺陷。

至於應該如何學習，每位交易者所採取的組織架構和方法大相逕庭，不同的組織架構和方法的效果也不一樣。但無論如何，透過更有組織且多變的方法來改進學習方式，你便可以：

- 遠離最常見的陷阱，使學習過程的效率最大化；
- 情緒更穩定；
- 以更一致的情緒來面對結果；
- 創造新的角度去評估進度和表現，不再以損益為出發點；
- 更容易維持在最佳狀態；
- 更容易適應瞬息萬變的競爭環境；

■保持興趣與熱忱，避免自己落入停滯、無聊和精疲力竭的劣勢。

我的客戶已經發現有一項工具能帶領他們突破進度——「心理手牌紀錄」，而你將在這一章學會使用這項利器。這項工具將帶你從另一個角度切入問題，進而優化我們從發現問題根源到決定修正問題的過程。

現在就讓我們從一些料想不到卻常見的學習缺陷開始，因為這些學習缺陷會影響我們情緒的穩定性和一致性。

常見的學習陷阱

我們一生學習了各種知識，從走路和說話的方式，到必備的交易專業知識，例如解讀各種指標或基本面資訊，這些都是我們不得不學會的。可是，你曾經想過學習也可以用在心理戰上嗎？大部分的交易者都不常這樣想。

不過，學習方面的缺陷很可能會導致情緒不穩定。這個概念至關重要。當交易者知道對自己的真正期望是什麼時，他們便不會再與自己認定的事實繼續對抗下去，而會在真正的現實中努力交易。

你很難察覺自己學習效率不好。許多交易者都有相同的經歷，他們會從模擬帳戶或模擬交易，過渡到現實的市場交易。這是一個重要的步驟，通常發生在他們剛開始進入交易這個職業的時候，但也可能在有些交易者採取任意決定型策略，或者實驗新系統的效果時發生。

許多交易者在模擬帳戶時表現得可圈可點，但到了現實市場上，他們的表現卻不能與之前相提並論。他們無法保持冷靜，精準出手。在模擬帳戶中，交易的績效沒有實際影響，所以他們不會猶豫不決、無法確定，也就不會過度思考。於是，他們很容易把那些訊號誤解為恐懼，而那些訊號簡單來說就是學習錯誤——還不瞭解如何過渡到現實的市場交易。

這是在各個領域都很常見的學習錯誤。高爾夫選手在錦標賽的成績比不上練習賽的表現。或者演員在排練的時候明明演得很出色，但一上臺就是發揮不出來。就像許多高爾夫選手和演員，如果你以為模擬市場和現實市場是一樣的，這表示你對表現的理解存在基本的缺陷。常常會有人說：「我做一樣的交易，所以應該沒什麼不同的地方。」儘管你交易的項目是一樣的，但不一樣的是你本身。

在現實市場上，你的交易績效當然有影響。你的金錢很重要，還有你的名聲、自信心和未來也很重要。現實市場與模擬市場之間的差異壁壘分明。無論你如何說服自己要把模擬市場當作現實市場看待，它們永遠不一樣，絕對不能相提並論。

我們一定會感到緊張，因為現實市場是高壓的競爭環境，這裡有許多至關重要的東西，以及你迫不及待要學習和證明的事情。這正是我們神經系統對這種情況做出的反應，所以我們可以利用緊張的情緒來促進學習。你對環境的感受和感知能力會變強，都得歸功於你的神經系統。

你會比平時吸收更多的數據，從而維持最佳狀態，以及獲得敏銳的直覺。壓力和緊張是這個過渡期的重要成分。但如果你認為壓力和緊張本身就是一個問題，或者你自認無法承受壓力，就會導致更強烈的次級焦慮，進而拖累你的表現。

這時候的表現不佳，並非來自於你感到有壓力或緊張，而是期望自己的身體能在沒有它們的情況下，對學習過程做出反應。

我可以多舉一些例子來解釋學習缺陷。假設你有投資指數期貨的豐富經驗，而且最近開始投資選擇權。當你犯了你認為是愚昧的基本錯誤時，比方說交易的部位太大，你會對自己感到格外挫折。你已經有豐富的投資經驗了，應該更瞭解投資交易的風險。

不過，實際上，這個錯誤證明了你在期貨的投資經驗，沒有完全過渡到選擇權交易上，所以你必須完成這個學習過程。

或者，你可能還沒發現高水準的投資能力可以為潛藏的情緒缺陷提供緩衝。比方說，因為你持有的部位太大，加上一連串的虧損，引發了你的憤怒。儘管之前這都不是問題，但剛接觸選擇權投資使你暴露出舊有的情緒缺陷。無論屬於哪一種狀況，如果你剛進入不同的市場就犯了基本的錯誤，只要能以正確的方式解讀，通常你都可以迅速修正這類型的錯誤。

也許你想要學習更多，所以你總是囫圇吞棗地吸收數據，卻沒有好好消化它們。你也不知道這個學習缺陷會使你的績效時好時壞。雖然有的時候你對市場的感覺很精準，但這種情況實在不常發生。相比之下，你更經常對自己的舉動感到疑惑，或者過度思考、事後猜測。我們的腦袋裡有太多的想法和角度，連自己都難以釐清。在感到挫折、壓力大時，我們通常認為最好的方式是花幾天的時間沉澱思緒。雖然短期之內也許有效，但這個問題一定會一次次地出現。

顯然問題在於次級挫折和壓力大，所以你會認為這是個心理戰問題。但其實它可能只是你在消化並處理資訊的過程中，犯下了一個基本的錯誤。

最後，如果想要修正關於貪婪、憤怒、恐懼、自信心或紀律的問題，學習是一條必經之路。常常有交易者認為自己很快就能解決這些問題，但實際上我們都需要經過學習，才有可能修正心理戰問題，一蹴可幾是不可能的。

不妨把修正情緒問題視為一個學習過程，這麼一來你就能知道自己是否有進步，以及視必要做調整。如果你不採取這種戰略性方法，那麼你的期望自然會與現實脫鉤。你不只要處理原本的問題，在你修正問題的同時，還會產生如憤怒、恐懼、自信心不足等等次級情緒。

你會因為還沒修正憤怒的情緒，或者違背紀律，感到憤怒。你擔心自己的恐懼感消逝得不夠快速。你沒把握能恢復自信心。少了對學習過程的瞭解，你會誤解或錯過進步的訊號，導致你中途放棄一個已經奏效的策略，但實際上你只是還沒學會如何看出進步的跡象而已。

很多人都屬於這種類型，試圖解決交易問題卻沒能成功。瞭解學習過程可以幫助我們省去這件麻煩事，使你正確判斷你所採取的心理戰策略是否奏效。

從下一段開始，我將分享我在職涯早期創造的一項概念，當時我正在思考該如何向撲克牌選手說明學習的過程。「毛毛蟲概念」成為了這個學習過程的基礎，促使我們能有條有理地學習。經驗豐富的交易者可能早就在運用這項理論了。但我有很多客戶發現，這個理論使他們清楚看見自己需要更努力的地方在哪裡，因此能夠提高他們職涯發展的效率。

毛毛蟲概念

「毛毛蟲概念」取名源自毛毛蟲，這種昆蟲有著獨特的爬行方式。如果你從沒看過毛毛蟲爬行的方式，它會先伸直身體，以「前腳」為定點，抬起後面使身體兩端靠近並呈現彎曲狀，接著固定後端，然後將身體延伸來向前移動一步。所以毛毛蟲在移動時，看起來就像一條鐘形曲線。

回到我們的交易表現，鐘形曲線可以代表存在於決策過程中的自然變化。在過去六至十二個月或者更長一段時間之內，如果你每個月只做幾件交易決策，不妨回想一下這些交易決策的品質。為了更清楚說明這個概念，我們先假設你可以精準地替這些決策評定一至一百分，一分表示最差勁的決策，而一百分表示最棒的決策，接著把這些分數繪製成一張圖表。那麼你就會看見一個鐘形曲線，勾勒出你從表現得最好到最差的變化，以及介於這兩者之間的所有決策。

這個鐘形曲線定義了你此刻的決策範圍。目前你所擁有的所有知識和技巧都在這個範圍之內，並且約束你每一天的投資交易。因而，你的決策有多糟是有下限的，而你的決策有多巧妙也有上限。

對一位擁有十年經驗的交易者而言，無論在任何的情況下，他都不可能做出當初剛踏入這一行六個月時的魯莽決策。從績效的角度來看，就好像那裡有一條眾所皆知的停損限制，阻止你做出超過範圍的糟糕決策。

另一方面，倘若你是剛進入市場六個月的交易者，你絕不可能某一天醒來就能擁有十年經驗交易者的思維。當然你可能會做同樣的交易，但為達成目標所採取的決策過程將大不相同。想一天就獲得九年又六個月的經驗，是不可能的事情。

在檢視自己逐漸改善的過程中，你就會看見這個毛毛蟲概念，而鐘形曲線指出了在特定時間之內，你的績效表現的靜態快照，從中你可以看到自己有多少次表現不俗、普通或欠佳。改善是一條隨著時間往前移動的鐘形曲線——就像一條行走中的毛毛蟲。

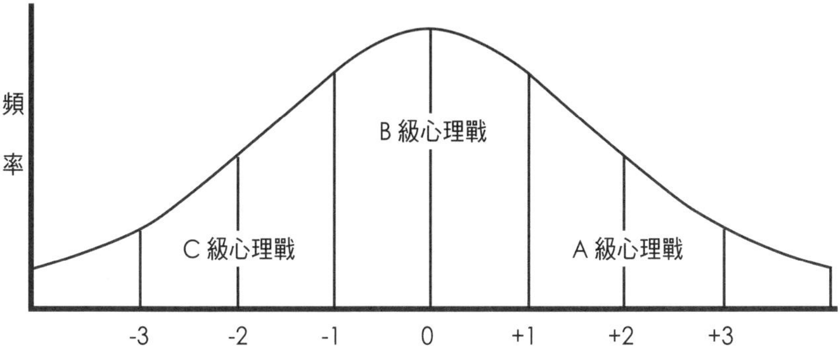

在第一章中，我們談到關於 A 級、B 級和 C 級心理戰。上面的鐘形曲線顯示出每一層級的分布模樣。透過這個毛毛蟲概念，可以幫助你時常看見、追蹤及改善自己的表現。

持續進步就是將鐘形曲線的前端往前跨出一步，使你在A級心理戰中表現得更好，接著將鐘形曲線的後端往前跨出一步，使你在C級心理戰中的表現不至於差強人意。

久而久之，這個範圍的兩邊都有了一定的進步，這個鐘形曲線也會往圖表的右側移動。到了那個時候，過去的C級心理戰消失了，因決策欠佳導致的止損情況已經獲得改善，所以你不會再讓那種交易錯誤出現，或者用過去的心態去思考現在的交易。過去的B級心理戰變成了現在的C級心理戰，而你現在的B級心理戰就是過去A級心理戰的水準。這麼一來，你便有機會追求更卓越的表現，這也成為了你現在的A級心理戰。

如果你跟許多交易者一樣，只注重前端的

改善，那麼你的範圍將會愈來愈廣，接著就會出現更多的問題，包括執行與否搖擺不定、表現停滯不前、倦怠，以及無法維持高度專注。許多交易者誤以為只要前端進步了，後端也會自動往前，但事實根本不是如此。

為了克服這項錯誤的信念，我們必須持續注意後端的進步，尤其是當你的能力達到新高峰時。有的交易者沒有察覺自己已經離危險太近，還想盡全力將前端推到最遠的距離，結果反被貪婪吞噬，一次大回檔就讓他們陷入危機。

瞭解後端有哪些弱點，以及它們會如何絆住你前進的步伐，我們才有可能避免犯下這些大錯。與其不斷督促自己追求更高的表現，不如專注在矯正自己當前最大的弱點。只要堅持不懈，這個鐘形曲線的後端就會往前移動，使你的前端往前延伸得更遠的同時，不會增加犯錯的風險。

每個人都希望自己能持續發揮真正實力，以及更快地改進。毛毛蟲概念能幫助我們，以有條理的方式誠實面對自己的弱點。學習能力是快速進步的關鍵，當你的學習能力達到高峰時，你就會發現自己每一天都在進步。

差異的原因

只要從事交易，我們投資交易的能力是處於高峰或低谷，都可以從表現中看出來。交易不可能都做到完美，因為完美的定義會持續進化。

有的時候你的投資眼光精準，使你做出超凡的決定，但其他時候卻無法做到。投資交易是一種動態的行業，而且競爭會不斷加劇。也就表示，完美的交易或穩健的表現，就像一個會不停移動的標靶。

當你的表現進步了，就表示你正在學習。只要你不斷學習，你的決策品質都會落在一個範圍之內。

我們的生活中也存在著差異，加上受到大量的變數所影響——包括我們有沒有睡飽、規律運動、均衡飲食、身體是否健康以及心情平穩等等。現在，再加上金融市場的複雜性。我們不只需要持續地思考如何才能在戰場上發揮實力，而且這個戰場還會隨時變化。在這個戰場上，牽一髮而動全身。因此關鍵在於，盡可能地解決這些變數，以及減少可能影響表現的變異量。

透過毛毛蟲概念，我們可以定義出自己的範圍，並以仔細且明確的方式找出那些影響表現的變數。舉例說明，像運動員那樣注重身體健康的交易者可以保持穩定的表現，他們的範圍會是一個比較窄的鐘形曲線。

我們可以藉由釐清變數的因果關係，來加強控制先前超出範圍的變數。所以這本書就是從情緒的角度——壓縮情緒起伏之間的變數，從而使範圍以外的變數受到控制。

以統計學的角度來看，這裡的鐘形曲線是為了說明我的概念，所以也可能不會是一個完整的鐘形。依據每個人不同的資料集，你的鐘形曲線可能因峰層決策的頻率較高而往右偏，或者可能因出現大量較差的決策而往左偏。如果你一連六個月都表現優異，那麼你的平均值將會偏右分布，左側的幅度則相較呈現扁平狀。

但另一種狀況也可能出現。當你長期處於低谷期，且表現欠佳時，這個曲線就會偏左，落在你的C級心理戰範圍。即便鐘形曲線可能偏某一側分布，但仍然適用這個概念。

透過不同層級心理戰的分析定義個人範圍

想像你獲得了一種超能力，能讓你看見差異與能力之間的界線。儘管這種超能力不會被拍成電影，但身為一名交易者，這是一項寶貴的超能力。擁有這股超能力，讓你非常清楚自己的能力上限。

這樣的能力可以消除許多交易過程中的不確定性，促進我們維持自信心。假使某一天你感到挫敗，可是在你反省過後，仍不會改變先前的決定，那麼你就不會像往常一樣難受。另一方面，假使某一天你實現了一大筆獲利，可是那是因為你犯了一連串的錯誤卻歪打正著才賺到的錢，你並不會為此感到開心。

顯然，沒有人有這股超能力。可是，以更客觀的方式評估自己的能力，這種想法很有吸引人，不是嗎？如果我們能以更清楚的角度，瞭解自己此時此刻的交易方式，那麼你就可以減少自己對損益的關注，把注意力放在交易的過程和執行。如此一來，你會更能忍受短期內的價格震盪，特別是當價格回檔或飆漲時，而且你的心情也會比較穩定。我們只要透過A級到C級心理戰分析，就能得到以上好處，所以這項工具是我這個系統的重點之一。

使用這項工具很簡單，而且透過收集來的細節，我們還可以找出問題。基本上，你要確定自己對每一個層級——A級、B級以及C級心理戰——的重點描述，接著在你採取的策略性技巧中，找出你有哪一些心理戰。我想配合第七十五頁的表格會更好理解這項工具。

就像你之前做過的那樣，在交易時段開始之前，不妨花一些時間想一想。如果你是在交易時段中察覺到這些事情，你可以寫下來，等之後整理筆記時再補足細節。如果你覺得自己很難做到，試著從最明顯的事情開始寫。先大略寫下草稿，晚一點再修改內容。

如果你在至少三個交易日內都沒有看到新的事情發生，你就會知道這是第一個經過仔細斟酌的工具。一旦你得到這份可靠的工具，無論在開盤或收盤後，你都可以拿它當量尺使用。

你也可以用這份分析結果來暖身，提醒自己有哪些心理和戰術方面需要改進，以及有沒有訊號顯示你退步了。還有，不需要經常修改這份分析結果，一個月之內都不要去改動它，因為樣本數還太少，難以評估自己的進步程度如何。我們只需要在旁邊寫下筆記，等到你取得足夠的證據證明心理戰已經改變了，你才需要更新這

A 級到 C 級心理戰分析

心理戰		
C 級心理戰	B 級心理戰	A 級心理戰
不專心	過度思考	非常放鬆
逃避風險（猶豫不決）	關注錯誤的市場	當機立斷
勉強做交易來克服猶豫	失去焦點	有耐心
沒耐心	錯失明顯的交易	有自信
消極地自言自語	盯著損益	相信直覺
懷疑自己	反應較慢	
拿損益來做交易	違背直覺	

策略性技巧		
C 級心理戰	B 級心理戰	A 級心理戰
不斷追著價格跑	對市場相對因果關聯性的理解較弱	對整體市場非常清楚
容易失去方向	多次短線交易，但獲利卻不豐厚	清楚瞭解流動性參考指標、ES 期貨和道瓊指數之間的關聯性
因為想入袋為安，很快就賣出	不知道該繼續持有或賣出	清楚瞭解位置和價格水平，以及現在落在圖表上的哪個位置
不遵守止損限額規則	太快結束交易，以至於沒有足夠的獲利空間	讓價格靠近我的目標
出於對某一個元素的過度反應而衝動交易	太注重市場深度	看見那些被套牢的交易者
當價格背離目標時，缺乏計畫性地加減籌碼	不懂得如何解讀價格波動	

份分析結果。

更進一步的做法是，我們可以試著找出目前C級心理戰背後還有哪些層級的心理戰。這是更重要的策略，因為這些心理戰分析能反映出，無論你有多麼害怕、憤怒或疲倦，你的知識面和決策面具備了哪些優勢。辨別這些優勢的方法之一，是在你感受到這些情緒，或者當你表現得最糟糕的時候，分析自己在這場心理戰中的本質。透過分析來穩定自己的信心，藉此為自己設下表現的止損點，你也更容易看清楚那些仍在學習過程中的事情。

要當心的是，不要過度依靠A級到C級心理戰分析。儘管它是重要且有用的評估工具，但如果你只重視這個測量指標而忽略結果，它可能成為你表現欠佳的藉口。好好利用這把量尺，但也不可以完全無視實際獲利的結果。A級到C級心理戰分析只是為了促進我們評估日常表現的準確性。

當你的範圍太廣時

當你完成了A級到C級心理戰分析（或者如果你還沒有做完這份分析，稍微想一下你的範圍大概是什麼樣子也可以），你也許會發現表現最好和最差之間有一道鴻溝。發生這個問題的原因有很多種，最主要是因為你總是無法提升C級心理戰。

身為交易者，想要持續進步，就必須努力消除自己的弱點。否則，你會落入常見的問題之一：範圍太廣。而這個問題的解決方法就是縮小範圍，做法是養成持續並專注地修正C級心理戰中的缺陷的習慣。這股專注力是所有行業的菁英都具備的特質，其中也包括交易者。他們都知道要在最高水準的領域中勝出，無論是技術上或心理上，決勝的關鍵來自他們在表現得最弱的一環所發揮出的力量。

「團隊的能力取決於其最弱的一環」這句諺語也適用於個人身上。比起不知道自己的弱點在哪，不想知道自己的弱點更糟糕。C級心理戰可能會扯你的後腿，如果你不能升級它，太廣的犯錯範圍導致的不穩定性將影響你所有交易表現。

克服弱點的想法已經是老生常談了。有太多很棒的建議，告訴我們失敗和弱點能帶來的收穫，但還是有許多交易者難以接受這些建議，特別是涉及到情緒的時候。這表示表現缺陷是存在的。正如鐘形曲線所顯示的，也許你還不曉得自己的優勢和弱點之間的關聯性，而且抱持著「發揮優勢」的心態。但實際上，無論你表現得多優秀，還是有需要改進的弱點。即使是你的優勢，也有相對較弱的地方。

當你犯了嚴重錯誤，卻還沒有辦法解決混亂的情緒時，不妨忽略那些情緒，先處理你可以改進的地方。也許你還存有老派的想法，認為示弱是軟弱的行為，所以挺起腰桿，別像個嬰兒哭哭啼啼的。

有的人會積極處理自己的弱點，卻沒意識到自己根本不接受弱點的存在。這裡我用一些常見的例子來說明我們正在逃避C級心理戰：

■你很努力，也看見自己在許多方面都有進步，但偶爾情緒爆炸時，你覺得自己好像什麼都忘了，之前所做的努力全都白費了。

■不斷找尋新的事情要學習，尤其當價格回檔的時候。

■告訴自己「那不像我會做的決定」來合理化表現糟糕的日子，然後繼續前進，不去思考發生的原因。

■不斷採取新的交易策略，以及你想到的重要見解：「現在我知道了！」，以為自己從現在起就會賺大錢。

■過度消耗在有益健康的活動，例如冥想、運動、打球或新的飲食方式等等，以為可以透過這些活動「克服」弱點。

■ 對自己的交易缺乏信任，覺得自己才是最大的敵人。
■ 無法持續維持在最佳狀態，或者無法經常進入最佳狀態。
■ 暗自相信自己永遠都能處在最佳狀態。

先不論是什麼缺陷導致這些問題發生，如果你選擇忽視、避開或否認自己的C級心理戰，你就會在不知不覺中浪費掉交易的機會。持續修正C級心理戰中的缺陷，是成長的重要關鍵。這裡的毛毛蟲概念可以用來瞭解我們的學成過程，以及誠實面對弱點和錯誤的價值。如此一來，你能更容易把注意力放在那些挫折、失敗或錯誤發生背後真正的原因，以及如何防範未然。

說了這麼多關於弱點的事情，我還有一件事要說明白。我的目標不是讓你接受自己的弱點，而是要你為它們感到開心，僅此而已。既然我們都擁有弱點，為什麼不持續渴望自己能除掉那些交易上的弱點呢？其實做法非常簡單，你只要減少犯錯就可以了。

讓毛毛蟲向前進的關鍵在於，在C級心理戰的關鍵時刻來臨時，你要減少犯錯。你必須利用這些關鍵機會來扭轉局勢。

關鍵時刻總是充滿挑戰。我們通常情緒高昂，而且很容易忽視長期的現實情況。如果你愈是屈服於那些錯誤，你就愈容易犯錯。學習從來不是一件中立的事情。再者，最佳狀態與毛毛蟲後端的力量之間，存在直接的關係和連結。只要在關鍵時刻減少犯錯，你就更容易進入最佳狀態。

「減少犯錯」這個簡單的想法對布萊恩而言意義重大。布萊恩是一位來自加拿大的期貨交易者，這已經是他成為全職交易者的第五年了。雖然他有貪婪和恐懼方面的問題，但因為那些情緒問題不是很嚴重，所以光靠著毛毛蟲概念，他幾乎能立刻解決大部分的問題。然而，專注力不足、拖延和缺乏結構，才是真正的罪魁禍首。

在盤中時，布萊恩總是想像未來會擁有一大筆錢，他將住在加勒比海島上，一邊過著海島生活一邊做投資交易。幻想使他分心，這個夢想已經分散掉實現夢想所需的專注力和強烈欲望。他略過了開盤前及收盤後的例行工作，也不看相關的影片，這些事情都有助於拓展他的交易敏銳度。在盤中時，他會分心去做一些無關交易的事情。

情緒看似在不經意的時候出現。有的時候，貪婪的情緒會出現，布萊恩覺得自己彷彿站在世界之巔，因為他認為這次不可能會虧錢，於是持有過大的部位。有的時候，他很害怕會虧錢、怕犯錯，只有建立完美的設定才會交易，所以錯過了許多機會。

每當他進場後，他總是過度關注損益勝於價格行為，所以不知道什麼時候該退場。一旦價格回落，為了不讓自己虧錢，他會立刻獲利了結或恐慌地賣出。或者，錯過那些機會使他感到恐懼（錯失恐懼症），他會試著挑出上方或底部的價格，可是後來又會因為與走勢相反而退場。

貪婪、恐懼，加上注意力問題和拖延，削弱了他的交易能力。他擔心會失敗、破產，會讓自己沒面子。儘管這一切聽起來很嚴重，但實際上是因為他抱持太大的抱負和過高的期望，卻缺乏實現夢想的框架和紀律，才導致他產生貪婪和恐懼的情緒。

在我們的第一堂課上，毛毛蟲的概念立刻引起布萊恩的共鳴。他知道自己已經陷入泥沼，因為他沒有積極要試著前進。他說：「當你已經被拖住，真的很難繼續往前走。」於是我們一起制定可達成的每週目標，並且搭配每一天的標準來衡量有沒有進步。這個做法讓他打破了「現在就要賺錢」的需求，並專注在「每一天都要減少犯錯」。

「不必要求完美、只要減少百分之十的錯誤」的概念點醒了布萊恩，他減少了自己百分之十的拖延行為。以前的他只要沒有做到完美的交易，他就會略過所有例行工作。現在他終於瞭解完美的標準會隨著時間提升，他必須減少犯錯才能做得更完美。

他自己設計的方法使他在交易日和交易市場大獲全勝。現在他會做更多的交易，使交易的盈虧比率更高，也就更有獲利空間——他的R因子大概從一・二五上升到二・二五。他待在交易場上的時間更長了，他會讓交易發揮其作用並信任這個過程。即便他知道自己需要做些什麼，但他不會那麼做。這不表示他已經知道所有的答案，但這個架構能清楚地讓他知道為什麼心裡會那麼掙扎，於是他找到方向，也更穩定地持續進步。

我必須老實說，毛毛蟲概念以及我在前面提到的工具並沒有讓他徹底解決自己的紀律問題。他用了不同的方法解決專注力和拖延的問題，所以我會在第八章繼續說完他的故事。

想要在心理戰中表現得更好，你也跟布萊恩一樣需要更大、更穩健的基礎。而你的C級心理戰就是這個基礎的裂縫。即使這一段內容沒有帶給你任何想法，也要仔細思考接下來的建議，因為這項建議將對你的學習能力產生寶貴影響。要避免犯下C級心理戰的錯誤，需要一些組織和準備，但就算一天只花一分鐘，已經足以創造足夠的動力來幫助你減少犯錯。

如果你不知道自己能做些什麼來改善交易，從改善C級心理戰開始是最有幫助、最有收穫的做法，而且也是最簡單的。雖然有時候學習會很困難又複雜，並且令人氣餒，可是讓自己能專心地處理三、四個非常嚴重的錯誤，是一個可靠且簡單的起點。

發現導致後端問題的原因

對許多人而言，讓毛毛蟲的後端向前移動的關鍵，就是修正那些令後端動彈不得的情緒問題。但想要修正那些問題，就必須先確認導致問題的真正原因。因此我設計了一套解決問題的流程，幫助你找出問題的根本原因。

我的這套方法本來是替從事職業撲克的客戶設計的，所以被稱之為「心理手牌紀錄」。這個命名是為了鼓勵撲克選手要像他們會回顧自己的「手牌紀錄」以修正技術錯誤一樣，使用同樣有結構且符合邏輯的方式來處理心理戰的問題。「心理手牌紀錄」可以幫助你分析釐清自己的情緒反應時收集到的資訊，並找出核心問題導致犯錯的模式。

這個工具也許會徹底改變你解決問題的方式，一共包含五個步驟：

步驟一：仔細寫下問題。

步驟二：解釋一下為什麼你認為自己有這個問題，或者你為什麼會有那樣的想法、感覺或反應。

步驟三：解釋一下為什麼上一步的邏輯是有問題的。

步驟四：想一想有什麼辦法可以修正有問題的邏輯。

步驟五：解釋一下為什麼這個修正方式是正確的。

想要完成這些步驟也許很困難。因此我準備了接下來的五個章節，讓你能更輕鬆地找出問題、釐清哪些是讓你掙扎的細節，以及完成你的「心理手牌紀錄」。你也可以參考其他來源的資料、建議或想法。還有許多很好的資料可以使用，只是缺乏最有效的運用方式。

現在已經有了這個系統，你可以儘管帶入你認為有助於完成這些步驟的內容。一定要寫下你自己的答案。否則，你會因為想得太多而無法深入有問題的邏輯，也就無法詳細瞭解你的問題和解決方法。也許要花上幾天的時間，以及多次嘗試來完成所有的步驟。把答案寫下來可以讓這個反復過程進展得更快速。這裡我用一些說明和舉例，來幫助你開始。

以下是心理手牌紀錄的簡單例子，讓你可以對這個工具有大概的認識。雖然這裡的答案看似很明顯，但當你實際完成這個過程，並以自己的答案回答每一個步驟的問題，你就會對造成問題的原因和修正方法有更深一層的理解。

接下來我提供如何完成每一個步驟的建議。在這一段的最後，我會提供一個更複雜的例子，我也會在接下來的章節，舉更多的例子來說明。

❶ **仔細寫下問題**：我無法接受高額的虧損。

❷ **解釋一下為什麼你認為自己有這個問題，或者你為什麼會有那樣的想法、感覺或反應**：只要我按照自己的交易策略，我的策略就可以替我賺錢。

❸解釋一下為什麼上一步的邏輯是有問題的：「我的策略就可以替我賺錢」的說法即表示，無論我有沒有完美地執行策略，我都不會產生高額的虧損。

❹想一想有什麼辦法可以修正有問題的邏輯：我必須學會如何承受虧損。接受打擊，並且接受那種感覺——好好地承受虧損也是交易的一部分。

❺解釋一下為什麼這個修正方式是正確的：即使是能替我賺錢的策略也會招致虧損，有時候還可能是高額的虧損。這也說明了我的狀態。更嚴重的問題是如果我讓虧損金額超過應有的範圍。

拆解步驟：如何完成自己的心理手牌紀錄

心理手牌紀錄是用來解決後端問題的重要工具。接下來的建議能幫助你更清楚理解如何完成每一個步驟，並且避開其他交易者在試圖完成這些步驟時經常會犯的錯誤。

步驟一：仔細寫下問題。首先，想像你要告訴我你在心理戰遇到的問題，並且把你想說的內容寫下來。如果你已經在建立這個問題及其周遭線索的細節圖，請利用這個步驟來清楚闡述問題。

來龍去脈有助於完成接下來的步驟，所以你可以試著寫下關於這個問題的時間脈絡。比方說，假設這個問題是在六個月前出現的，當時你正經歷重大的人生變化，例如離婚或小孩出生。寫下時間脈絡可以區分這個問題是何時發生的，抑或你一直以來都無法接受高額的損失。

步驟二：解釋一下為什麼你認為自己有這個問題，或者你為什麼會有那樣的想法、感覺或反應。通常這個步驟會難倒我的客戶，他們以為答案是：「我就是不理性」或「我就是沒邏輯」。這是另一種方式說**你自己**就是問題。這樣一來，解答是解決你自己嗎？這一點都沒道理。你才不是問題。缺陷、偏見和錯覺才是問題的根源，所以重點在於確認問題的來源。

心理戰問題的發生，背後是有邏輯原因的。因為邏輯存在某種缺陷，才會導致問題的產生，我們必須瞭解全貌，以理解其中的因果關係。只要知道發生的原因，就更容易知道出了什麼問題。

這個步驟困難的地方在於，你要解釋清楚「你所知道的真實情況」和「為什麼你會做出不同的反應」之間的差距。要避免回答「我就是笨」或「都是市場拖累我」之類的答案，因為那些答案會阻止你做分析。你和市場都不是問題來源。

花一些時間整理問題背後的邏輯。儘管你得出的答案可能有缺陷或不完整，但這個答案在某種程度上是合理的。不妨問一問自己：「為什麼我會有這個問題？為什麼我會有這樣的感覺？為什麼我會做出這樣的反應？」你的答案會成為你另一個思考的方向。這經常在我的客戶身上發生，原本他們以為問題不符合邏輯，但卻能從另一個思考方向獲得先前忽略的知識。

最後，複雜的問題通常可以分成數個部分或層面。如果完成這個步驟後，你發現有超過一個以上的原因，請針對個別原因進行接下來的步驟三至五。

步驟三：解釋一下為什麼上一步的邏輯是有問題的。我在這本書中會不斷重申一點，潛藏的表現缺陷是引起情緒反應的原因。所以接下來，你要找出潛藏的缺陷。

如果你還沒有在上一步得到好的答案，想要完成步驟三就像你蒙著眼睛投擲飛鏢。但如果你已經在上一步得到很好的原因，找出這個原因背後的缺陷就會容易得多。不過不用氣餒，接下來我會用五個章節來幫助你釐清為什麼你在上一步找到的邏輯或原因是有缺陷、不完整或不準確的。

更重要的是，我有許多客戶在這一步驟犯的最大錯誤是認為感到恐懼或其他情緒是一個缺陷。情緒從來都不是缺陷，而是訊號。這種想法就像是說發燒會導致感冒一樣。

步驟四：想一想有什麼辦法可以修正有問題的邏輯。接下來是重頭戲，我們要找出解決這個問題的方法。我們要以步驟二及步驟三為基礎，定義出直接且符合邏輯的方法，來修正導致心理戰問題的缺陷。

有時候只需要結合你已經知道卻沒有正確使用的交易概念或想法（例如變異數的概念），就可以修正問題。寧可在情況變得更複雜之前，提前認識這些交易概念，這是因為：

- 這些都是重要的概念，是你早晚都要掌握的知識。
- 這些概念和想法足以解決你目前面臨的問題。

■如果不足以解決問題，請仔細檢查真正的問題原因是什麼。

步驟五：解釋一下為什麼這個修正方式是正確的。這一步能帶來額外的好處。但對有些交易者來說，步驟五可以讓他們更徹底掌握新的邏輯，並讓新邏輯深植在腦海裡。

以下是完成五個步驟後的範例：

❶**仔細寫下問題：**當我沒有獲得成功，就會對這個交易策略失去信心，並且在尚未掌握所有市場情況的技術以前，切換使用另一種交易策略。我認為一定有某一種更通用、更有獲利空間的策略，而且我懷疑自己能不能有效地運用現在採取的策略。

❷**解釋一下為什麼你認為自己有這個問題，或者你為什麼會有那樣的想法、感覺或反應：**如果我沒有獲得成功，我應該要找到真正適合我使用的策略。我的經驗告訴我，一定有更好的方法——關鍵在於要找到適合的。我不能浪費時間使用那些已經被證明容易導致錯誤的策略。

❸ **解釋一下為什麼上一步的邏輯是有問題的：**要是每當市場一出現變化，或者當我不願意適應市場變化，我就改變採取另一種策略，那麼我永遠無法精通某一種策略，而且我會一直被困在新手階段，永遠無法實現以投資交易為職業的目標。

❹ **想一想有什麼辦法可以修正有問題的邏輯：**交易新手要盡可能探索並嘗試新的想法，但要成為一名專業的交易者，我必須致力於某一種投資交易方法，我要學著去適應這個方法和我自己，以及這個不停變化的市場。我需要對這個策略有信心，並盡全力瞭解這個策略在不同市場情況下的優勢和劣勢。

❺ **解釋一下為什麼這個修正方式是正確的：**當我找到可行且非常適合自己的策略時，我要繼續研究有沒有會增加失敗機會的其他可能性。只要我決定執行這個策略、做好必要的工作、對證據有信心，我就會有很高的成功機率。

比起心理手牌紀錄，交易者在用傳統方式解決問題時，基本上都是從步驟一直接跳到步驟四。這種方式得到的修正辦法理論上聽起來很不錯，但其實根本沒有修正到問題的根源。等你讀完這本書之後，你會發現學會並使用心理手牌紀錄，將能帶來數不盡的好處。

讓毛毛蟲的後端向前移動

我強烈建議你在接下來的五個章節，至少要讀完開頭的段落，因為這些內容所探討的是交易中最常見的心理和情緒問題。那些資訊將能幫助你辨識影響投資交易的真正問題。

要確認真正的問題可能很困難，即使經驗豐富的交易者一開始也可能會搞錯。比方說，交易者以為貪婪是主要問題，但實際上卻是憤怒。有些人的問題是過度自信，卻誤以為是紀律問題。儘管憤怒看似是顯而易見的問題，但背後潛藏的推手是恐懼。如果我們只看問題的表面，沒有去深掘根源，就很有可能會搞錯。

我們不能只看自己所犯的交易錯誤，就準確地得到結論。不妨試著思考一下以下的交易錯誤：

■ 勉強自己以平庸的設定去做交易

■猶豫是不是要進場
■太急著出場
■追著市場價格的起伏
■太急著改變停損（利）點
■太急著改變獲利目標
■說服自己錯過一次好的交易

交易者常犯的錯誤都可能來自於貪婪、恐懼、憤怒、過度自信、缺乏自信和紀律問題，而且我們還可能沒發覺潛藏在這些情緒背後的真正問題。除非你可以證明，否則你不能說自己是因為恐懼才會急著出場。憤怒、缺乏自信和紀律問題，都很容易成為罪魁禍首。我們無法光從表面來判斷問題的根源。

所以我們要做的第一件事情，就是找出錯誤周圍的細節——你對市場和決策的想法、情緒、行動、刺激和改變，然後一邊拿著這些細節，一邊閱讀完本書的第四章到第八章。

如果你想要搞清楚這些交易錯誤背後潛藏的原因，就從這裡開始吧。這是非常重要的，因為本書的第九章將教你制定一個可行且即時的策略，來徹底修正問題。

我們第一個要處理的問題是貪婪。你很快就會發現，貪婪的問題跟你想像的不一樣。

第 4 章

貪婪

「貪婪是一種動物天性。與之對抗，就好比要你不呼吸、不吃飯一樣，毫無意義。」

——美國財經作家班．史坦（Ben Stein）

許多交易者並不瞭解貪婪，也不知道應該如何解決這個問題。解決方法絕對不只是要自己變得更不貪婪——這就好像要我們不要有太多的野心。事實是：解決貪婪會如此困難，是因為這種情緒本身沒有任何缺陷。我們反而會發現那些導致恐懼、憤怒、過度自信和缺乏自信的缺陷、偏見和錯覺，它們才是貪婪問題的根源，而且大多數的時候是源自於過度自信。

過度自信令人感覺自己是無敵的，以為自己可以百戰百勝，輕輕鬆鬆就能獲利。因為「去他的」的心態而疏忽了，過度自信會使人對風險視而不見。擁有過度野心，就是對自己的賺錢能力和方法太有自信了。

另一方面，若是因為缺乏自信而變得貪婪，你會認為自己做得永遠都不夠好。誤以為賺錢就可以帶來滿足、驕傲感和自信，所以貪婪會不斷驅使你想賺更多的錢。或者，某一次價格回檔使你懷疑自己，於是你為了迅速消除對自己能力的疑慮而變得貪婪。

一連串不幸的損失可能招來憤怒與貪婪，使我們做出報復性交易——這類型的短線交易只會使你盲目追逐停利目標。這樣的情緒看起來像貪婪，但實際上是憤怒。報復性交易使你加碼交易，卻一下子就出場，結果你氣炸了，於是你為了彌補這個錯誤，勉強地進行另一筆交易。

另一種比較輕微的情況是，恐懼會躲藏在貪婪的衝動背後。錯失恐懼症就是最常見的問題。你擔心趨勢延續下去，加上不想錯過這次機會，所以你貪心地進場，可是卻為時已晚。當你看到其他交易者賺錢，而你也想要複製他們的勝利，就會產生這樣的恐慌感。結果因為你對這次的機會「有預感」，為了證明自己的預感是正確的，而追逐錯誤的價格。除了錯失恐懼症之外，害怕虧損、犯錯和失敗都可能導致我們出現貪婪的行為。

我們從事交易是為了賺錢，貪婪卻使我們**付出**代價。總是隨心所欲地交易，只會讓自己做出更無法成功的決定。想賺到每一分錢、想從每一筆交易中獲得最高報酬的企圖心，將會受到市場的懲罰。當然，也可能有例外情況，有時候貪婪反而使人成為大贏家，或者抓住完美的退場點。但如果你不認為貪婪是個問題，你現在就不會在看這本書了。

已經有許多關於貪婪會對我們的社會產生正面或負面影響的理論和爭論。然而那些內容已經超過本書的範圍。我的目標只是要幫助交易者改善執行力和表現。再者，對於許多人而言，改善意味著減輕貪婪對獲利能力的傷害。

在電影《華爾街》（*Wall Street*）中，高登．蓋科（Gordon Gekko）曾說：「貪婪真好。」這句臺詞表面上看似是在反諷，但我們必須牢記這句臺詞的全文。蓋科的原話是：「女士及先生們，重點在於，沒有比『貪婪』更適當的詞了，所以貪婪是好的。」關鍵在「沒有更適當的詞」，但**野心**就是一個比貪婪更適當的詞彙。

貪婪的本質

為了理解何謂貪婪，不妨看看辭典的定義：「一種自私且強烈的欲望，想得到遠超過自身需求的某種東西（例如金錢）。」因為我們是從表現的角度來討論貪婪，而不是從社會的角度出發，所以我們在這裡可以將貪婪的問題聚焦在「想得到更多的強烈欲望」。貪婪是一種情緒，白話來說就是有過多的野心。

野心令我們有動力去追求卓越、成功，或者賺更多的錢。野心會激勵你閱讀書籍（比方說這本書）來精進自己的能力。野心能使我們收獲勝利，同時我們也必須明白，失敗雖不可避免，但也可能幫助我們取得更大的成功。我們不會認為喬丹，或者任何想在最高殿堂上奪勝的運動員，他們所擁有的野心是貪婪。我們會說他們對勝利有強烈的渴望、意志或動力。我們會為他們努力不懈和遠大的夢想鼓掌喝采。那是貪婪嗎?當然不是。把自己想像成一名運動員，那麼貪婪就會變成一個簡單的表現問題。

每一個競爭場上都存在貪婪之心。雖然運動員對勝利的渴望不能算是貪婪，但這不表示在比賽時他們不會貪心。然而我們只是在一旁觀察，所以也很難斷定哪些是貪婪的決定。因為貪婪與否，取決於個人的意圖。

不妨想像一位運動員，試圖在一場大賽中取得勝利，例如一名進攻內鋒打算撿起自由球往前跑，或者棒球選手在九局下半二人出局而且平手的情況下，打算靠一支安打從二壘回本壘得分。無論他們是否成功，只要他們能以平常心評估風險，想獲勝的野心和動力就足以驅使他們做出決定。另一種情況是，如果是為了個人的榮譽，而非為了達成團隊目標，或者意圖向他人證明自己值得被歸類為專業人士，那麼決定就可能被某種程度的貪婪所影響。

貪婪是否過於強烈，每個人標準都不一樣，而且外人不可置喙。總是會有些少數情況發生——有些貪婪的交易者長期賺進了大筆財富。然而，也許對他們來說這不是貪婪，只是看起來很像而已。你無法從表面看出，某個人的野心是什麼時候變成了貪婪。不要與他人比較，把眼光放在自己身上。

對你來說，野心與貪婪之間的界線在哪裡？也許你現在已經知道了，就是當你無法阻止自己的時候。我們常聽到的簡單建議是：別讓貪婪影響了你。別急著一步登天，堅持你的交易計畫，遵守紀律、保持耐心。但在關鍵時刻，想賺錢的欲望會占領你的邏輯，所以很難知道什麼時候應該壓制這股欲望。

最後，那甚至已經不是你想要的交易方式——必須不斷地警惕是貪婪還是野心，並且控制自己的貪婪衝動。就像是賽馬場上的純種馬，比起騎師不斷地拉動韁繩，在能自由奔跑的狀態下，牠反而會盡可能地跑得更快。

即使我們能快速分辨貪婪是否影響了決策，但在經營公司時，財富的積聚或消散可能在眨眼之間。牠所以我們的目標是修正潛藏的缺陷、錯覺以及偏見，以防止野心變成貪婪。從此以後，因為你已經知道那就是能長期賺大錢的方法，你會知道要按照策略去做決定，那麼你就能盡可能讓自己跑得更快、跳得更高。

貪婪的常見訊號

當野心發展到你的決策需要妥協時，那就是貪婪了。比起百分比數字或價格行為，你開始更在意金錢以及帳戶餘額。你覺得自己需要賺更多的錢，所以你急著交易。當情況愈演愈烈時，你的判斷變得更混亂。你錯過一個明顯的出場點，心裡卻想著自己即將大放異彩，陶醉在幻想之中。

結果怎麼了？你做了一個從長遠看來是錯誤的決定，而且你明知道那是錯的，但你就是忍不住。貪婪使你想要獲得最棒的進場和出場價格，賺進高額的報酬，而且每一筆都是獲利交易。這是一種永遠無法獲得滿足的強烈渴望，使你為了賺錢連風險都看不見。

貪婪使你忽視風險，為了賺錢而不顧任何優勢、策略或系統。就像有的人是樂觀主義者，盲目地認為事情永遠會照自己想要的方式發展。有的交易者會幻想自己能從一筆交易獲得高額的報酬，並想像自己將如何運用這筆報酬，於是將停利目標設定得太高。諸如此類的情況不勝枚舉。這些都不是在評估整體狀況，也不知道值不值得冒險。貪婪使你只看得到金錢，卻看不見虧損的可能性。

貪婪會使你過度運用槓桿、超額投資、加碼、建立太多部位，以為自己比市場更聰明。你決定不要賣出，「抱緊賺錢部位」是你應該要做的，所以你改變了停利目標，以為自己可以敲出全壘打。或者你賣出之後又馬上買回來，因為這筆交易可能是特殊情況，如果錯過了你會很懊悔。

對一些交易者來說，只有在出現價格回檔或一連串損益兩平的交易時，貪婪之心才會浮現。你認為自己現在必須賺到錢。你以金錢論英雄，看到別人的交易賺了錢，就忘了其他更適合你的機會，迫不及待地追了上去。但你又被迫出場了，然後接著以兩倍的規模重新進場。也許你的運氣還不錯，在上漲的時候進場。現在你還想要更多，試圖賺到每一分錢，並希望價格不會跌落。

還有其他的貪婪訊號，比方說吹噓自己的獲利、談論自己增加了多少部位，聽起來好像一切都掌握在自己手中。建立的部位太大或太集中，以為自己絕對不可能失敗。因為看到別人搶著交易，便急著縮減你平常的交易過程。感覺自己總是能賺到錢，想要賺更多錢，永遠不會感到滿足。然而，有的時候腳踏實地和紀律才是正途。

現在你應該大概曉得哪些是貪婪的訊號，接下來我們要找出自己的貪婪模式。

發現自己的貪婪模式

當野心變成貪婪，明知道錯誤卻仍做出不明智的決定。貪婪已經影響了你，迫使你做交易、繼續持有、加碼、增加槓桿、急著短線獲利。情緒有很強大的影響力，特別是貪婪。所以為了修正貪婪的問題，我們需要辨認出哪些是貪婪情緒增強的訊號。

你可以利用以下步驟做成一份文件來發現自己的貪婪模式。

步驟一

在接下來的幾週，格外注意自己的**貪婪模式**。檢查並寫下那些關於貪婪問題的訊號，包含以下：

- 想法
- 情緒
- 令你大聲說出來的話

- 行為
- 行動
- 你的決定的變化
- 你對市場、機會和目前部位的看法的變化
- 交易錯誤

還有，要找出所有引起貪婪的事情，例如獲勝、一連串的失敗，或感覺出現不容錯過的機會。利用電腦或電子記事本，一邊交易一邊寫下你的觀察。等到收盤後，回顧你記下的內容，並補上額外的細節，盡可能寫下完整的內容。

第一次寫筆記時，有可能會想得太多。我不是要你第一次就找出所有的細節。如果你覺得這麼做很困難，請不要擔心，每個人都有自己的起點。利用你這次發現的內容，隨著時間讓筆記更完整。即使要花三個月才能做到，那又如何？只要你不放棄，繼續思考下去，你就會學到更多，並且更接近完整的樣貌。這裡我提供了一些問題幫助你開始寫這份筆記：

- 哪些情況通常會令你變得貪婪？
- 你會出現哪些反應？比方說，你會變得激動、準備隨時反擊，或者超級專注？
- 你能不能描述當野心轉變為貪婪的情況？
- 當時你的心裡在想些什麼？
- 你的決策過程有哪裡變得不一樣嗎？
- 是什麼訊號讓你發現貪婪成為問題？

找出貪婪的模式是一個反復的過程。當你找到新的細節，即便是輕微的調整，也一定要寫下來。細節雖小但很重要，可以幫助我們判斷自己是不是有進步。

步驟二

現在是時候把你的筆記整理成一張圖表，並且依照一到十級為你每一條紀錄標示出野心的**增加程度**。比方說，層級一表示稍微感到衝動去做一件事情，而層級十則表示無法克制的貪婪情緒。找出每一個層級的細節，因為這些細節將幫助你區分其中的差異。

在你寫下野心程度時，還要把這些內容區分為兩種：心理與情緒面的貪婪，以及技術面的貪婪。而且這兩種分類的層級數是一樣的，所以層級一的心理與情緒面會對應到層級一的技術面，以此類推。

比較的基礎一定是基於**你**對於貪婪的個人經驗。每個人都有自己的範圍，但如果你拿自己跟其他交易者相比，就很可能會低估或高估貪婪的嚴重程度，這種比較基準將影響你之後的策略效果。

還有，不需要寫出這十個層級的所有細節。與我共事的交易者之中，絕大部分的人都無法如此清楚地區分自己的貪婪模式。盡力完成就好，每一層級至少寫出三項細節。你也可以透過以下的問題，來找出不同層級的差異：

■ 是什麼刺激使你感受到層級一的衝動，想要確保自己獲利？這股衝動是怎麼變得更強烈，或這股情緒如何持續累積到更高的層級？比方說，今天你完成的二筆交易都有獲利，你開始考慮要不要以交易為職業，而忽略了你的策略。於是你把現有部位的停利目標往上調。當得到好的結果後，你便認為自己一定會贏，所以你開始盲目地進行交易。

■有哪些訊號讓你認為貪婪的程度很低，還在可控制範圍中？

■有哪些訊號讓你認為貪婪已經失控，完全打亂了你的投資交易？

■當你的貪婪程度變高時，你對市場、機會或目前部位的看法會有什麼不一樣？

■層級一和層級五、層級十的決策過程有什麼不一樣？

按照以下的格式來整理分類後的細節：

貪婪程度

描述你在不同程度的貪婪，會有哪些想法、情緒、會說的話、行為和行動。至少完成三個層級。

層級一：開始思考要如何運用金錢。我想要守住獲利，想做高額的交易來增加獲利，得到更高的回報，看到自己的財富增加。

層級二：

層級三：

層級四：

層級五：在想應不應該移動我的停利目標。現在已經很接近了，我可以確保獲利入袋，但我也可以把目標訂得更高。如果我加碼，我將會繼續持有更長一段時間。

層級六：在想應不應該移動停損，但我不想有去無回。當有人問起我的投資表現時，我會很容易生他們的氣。

層級七：

層級八：放棄了自己的交易計畫，但依然維持一個清楚的停損和停利目標，所以目前還算安全。我想知道市場是站在我這邊，還是在跟我作對？

層級九：

層級十：現在就想要獲得最高的報酬。不管其他事情了，我現在只在意有沒有賺錢。對未來沒有長遠的看法。

技術面的貪婪程度

依不同層級描述決策的品質，以及個人對市場、機會或目前持有部位的看法。

層級一：沒有變化。

層級二：

層級三：

層級四：

層級五：開始對我的交易計畫有一些情緒，有想要改變一些事情的衝動。

層級六：

層級七：

層級八：沒有計畫。一切憑感覺。我會移動停損和停利目標。想法大多跟錢有關。

層級九：

層級十：手動管理交易。隨時盯盤，緊盯市場的每一次變化，以拿到最佳價格。檢視五分鐘或十分鐘的K線圖，以及一到四小時的K線圖。（這樣的交易過程通常會持續一天到兩週不等。）

有些人會認為完成步驟二是不可能的任務，因為那些貪婪的訊號都很極端。當然也有很輕微的訊號，只是你還看不見而已。這是一個反復的過程，你需要一邊密切觀察貪婪積累的情況，一邊繼續完成步驟二。要記住，最好的時機是當你發現自己已經變得貪婪。不妨試著成為一名警探，分析一下自己為什麼會變成這個樣子，以及找一找有哪些訊號可以做為下次的觀察重點。

完成步驟二之後，你就會得到一份可靠的草稿，幫助你**辨識自己的貪婪模式，以及迅速進行修正**。我們需要擁有豐富的經驗和訓練，才能夠修正這個模式，所以除非你已經得到一致的證據顯示問題已經不存在了，否則在這之前都不要修改這份草稿。

引起貪婪情緒的真正原因

在練習這些步驟時，也許你已經能判斷是什麼因素——貪婪或其他情緒——在驅使你做出決定。但想要評估是不是貪婪，就必須知道是什麼驅使你做出貪婪的決定，而且是由你親自做出的決定。對一位交易者來說是貪婪的交易，對另一位交易者來說可能是一次執行得很好的交易。這個關鍵區別在於，要弄清楚在你所認為的貪婪表面底下有哪些潛藏的缺陷。

為了更清楚說明這一點，接下來有四個故事，這四位故事的主角在接受指導前，已經發現自己有貪婪的問題。他們各別有著與恐懼、憤怒、過度自信和缺乏自信相關的缺陷，所以才導致他們變得貪婪。

第一個故事是關於艾力克斯，他是一名擁有十六年豐富投資交易經驗的德國人。他曾在一間大公司任職，擔任電力及天然氣選擇權的造市者（Market maker）＊。目前他就職於一間石油投資集團，主要負責他們的演算選擇權交易。他也有私人的操作帳戶，這也是他來找我指導的主要原因。

對艾力克斯來說，貪婪會以特定的方式出現——當他在獲勝的交易上，沒有賺得足夠的獲利。他發現自己會幻想那些想要賺取的盈利數字，而且每當他太早出場，或者談到那些本來可以讓他大賺一筆的交易時，他會容易感到後悔。

跟接下來的故事相比，艾力克斯的情況乍看之下比較輕微。但他的故事也很重

＊指在證券市場上，由具備一定實力和信譽的獨立證券經營法人作為特許交易商，隨時買入或賣出證券來「創造市場」，從買賣差價中獲利，並透過增加流動性使市場受益。

要，因為即便是再渺小的心理戰，也會有需要修正的貪婪問題。下一章還會繼續講艾力克斯的故事，他的憤怒是一種害怕犯錯的訊號，這導致他出現表現低於預期的嚴重結果。他有充分的理由去想像那些高額的盈利數字，因為他已經錯過了太多潛在的獲利。

羅德里克是來自美國的資深交易者，他投資的產品包含全球的芝商所（CME Group）*產品、美國股市、外匯，所以他的貪婪問題更加明顯。他是個特別努力的人，對損失或犯錯的反應非常糟糕。他會立刻強行交易，試圖戰勝市場。他會試著恢復損失，但結果總是失去控制，最終又虧掉一大筆錢。相反地，在順風的日子裡，他會做更多交易。他從來不會感覺賺到足夠的金額。

當羅德里克變得貪婪時，他會想在沒有優勢或系統的情況下交易賺錢。他知道自己貪心了，而且他原本以為問題是出在他擔心生活和帳單支出。他曾試過先存到一整年照顧自己和家人需要的錢，但結果還是一樣。他推測：「也許是知識方面的差距吧。」這個想法驅使他深入瞭解市場，試圖累積更多知識，可是事實上無論他學到再多東西，他對賺錢的貪婪欲望依然會出現。

在開始指導後，我們很快就發現羅德里克以為自己有貪婪的問題，但真正的問題來自於憤怒。他很討厭犯錯，而且認為虧錢**等於**犯錯。他期許自己每一次交易都能獲利，做更好的交易、賺更多的錢，而且永遠不會錯失任何機會。無法達成任何一項期望，他就會認為自己不完美，從而引爆他的憤怒。我會在第六章繼續講羅德里克的故事，到時候你會看到他如何解決自己對完美的不切實際的期望。

接下來是來自法國的外匯交易員邁克斯。為了向他的朋友證明自己會投資交易，他在大約五年前開始進入市場，並從此迷上交易。最近兩年以來，他已經能以投資交易維生，他希望能為投資人操作資金。因此，他必須先懂得控制自己的情緒，也就是貪婪。

邁克斯表面上對自己的進度很滿意，但他其實一直在對抗內心的衝動。比方說，當價格進入不錯的區段時，雖然他知道自己應該繼續等待正確的進場價格，但他又會想要賺很多錢來扭轉這個月的表現，所以他直接進場了，生怕錯過這次的機會。賺錢能帶給他快樂的感覺，而且這就像是在告訴他自己正在進步以及清楚自己在做什麼。

＊最早為芝加哥商業交易所（Chicago Mercantile Exchange），隨著業務擴充，與芝加哥期貨交易所（CBOT）、紐約商業交易所（NYMEX）和紐約商品交易所（COMEX）等建立合作夥伴關係，成為指定合約市場。

對邁克斯而言，在一連串的不賺不賠或虧損的交易之後，貪婪的情況會變得更嚴重。他現在就想賺取絕佳的報酬，於是他拋棄了自己的長期策略，忽略制定交易計畫的優勢。他等不及了，迫切地想進行融資交易。

在第二次課程之前，邁克斯特別努力找出自己的貪婪模式，而且他已經能夠分辨十個層級的差異。前面的例子就是他在第一次課程之前寫下的草稿，我們來看看第二版的內容：

貪婪程度第二版

層級一：登入我的證券戶，稍微看一眼目前的損益狀況。如果是正的，我會很愉快，但即使是負數，也無損我的心情。

層級二：開始思考如何運用金錢。想要守住獲利。我想做高額的交易來增加獲利，得到更高的回報，看到自己的財富增加。

層級三：考慮我需要賺得多少獲利，才能夠支付這個月和下個月的支出。這些交易令我感到興奮，我覺得棒極了，我很有把握。

層級四：想知道別人（例如其他交易者、家人和投資人）是怎麼看待我做的這些交易。與其簡短並謙虛地說明，我更樂於與他們深入討論我持有的部位。**我想跟他們分享，炫耀一番**。

層級五：在想應不應該移動我的停利目標。現在已經很接近了，我可以確保獲利入袋，但我也可以把目標訂得更高。如果我加碼，我將會繼續持有更長一段時間。

層級六：在想應不應該移動停損，但我不想有去無回。當有人問起我的投資表現時，我會很容易生他們的氣。我一直待在電腦前，但我根本不需要緊盯市場趨勢。

層級七：我不想虧錢，不想把錢還給市場，所以我不停地思考我的交易。我駝著背盯著螢幕，什麼都不做就是盯著圖表看。我無法讓自己放下。

層級八：**我有我自己的看法，市場要不是站在我這邊，不然就是跟我作對**。我放棄了自己的交易計畫，但依然維持一個清楚的停損和停利目標，所以目前還算安全。

層級九：我認為市場是可以控制的，並認為我理解市場的趨勢——無論市場走揚或走跌，我都可以預測。我盯著螢幕看，只要一有人來跟我講話，我就會惱火。

層級十：我現在就想要獲得最高的報酬。不管其他事情了，我現在只在意有沒有賺錢。對未來沒有長遠的看法。

在邁克斯的第一版草稿中，第一個貪婪的訊號是思考如何運用金錢，但在第二版中，變成了層級二的訊號，而層級一的訊號是檢視積極型投資的損益。這一點很重要，因為這麼做可以幫助他在貪婪程度還算輕微時，提醒自己即時做出修正。

接著來看助長貪婪的深層情緒，我們可以從那兩句粗體字來觀察線索。使貪婪加劇的根源是自信心不足。儘管邁克斯擁有合理的期望，但他迫切地想證明自己，於是他做了超過策略範圍的決定。我們會在第七章繼續說完他的故事，到時候我們就可以知道他是如何消除貪婪，以及增強自信心。

這裡還要提到另一位交易者，是來自美國的克里斯。我認識他的時候，他已經有七年的全職交易經驗，他通常採取的交易方式為當日沖銷股票和美國指數期貨，以及波段買賣外匯和選擇權。對克里斯來說，貪婪使他漠視先前計畫好的目標，他只想著要敲出全壘打。儘管貪婪經常為他帶來傷害，他還是無能為力。成交後的悔恨實在太沉重，以至於他又急著想翻本，因為他更擔心自己會錯過另一次全壘打的機會。

在他成為全職交易者之前，克里斯曾經太早賣掉他計畫要繼續持有的股票，在當時貪婪就已在他心裡扎根。就在賣掉後不到一個月，那間公司就被收購了，要是當初能按照計畫繼續持有，所產生的獲利足夠改變他的一生。

十年過去了，但痛苦依舊在。當我們一起分析原因時，也檢視了他為什麼會陷入過度自信與缺乏自信的循環中，以及那些令他生氣並且開始懷疑自己策略的情況，我們發現原因都指向同一處——對完美的期望。我們會在第七章看到克里斯如何消化賣掉那支股票的痛苦，並如何撫平為了追求完美而產生的情緒起伏。

你也許已經注意到了，這四位交易者中有兩位因為完美的期望，導致他們變得貪婪。對積極進取的人來說，期望達到完美是導致情緒不穩的常見原因，所以我還會在有關恐懼、憤怒和自信的章節提到這個議題。我欣賞他們對完美的渴望，以及在最高殿堂獲得成功的欲望，但期望自己做到完美無瑕又是另一回事了。因為那是不可能的，期望完美只會讓我們在心理戰中情緒不穩。

如同我們剛才看到艾力克斯的故事，貪婪和恐懼有密切的關係。害怕失敗、害怕表現不佳、害怕收盤後的錢比本錢少——投資交易和各種恐懼不可分割。事實上，你可能已經對恐懼太熟悉了，以至於你認定恐懼的情緒一定存在。一定程度的緊張是好事，這點沒說錯。但透過深入瞭解讓你恐懼擴大的具體內容，我們才能確保恐懼不會影響我們的獲利能力。這也是下一章我們要研究的內容。

第5章

恐懼

「小孩子害怕黑暗情有可原，但最大的悲哀是成人懼怕光明。」——古希臘哲學大師柏拉圖（Plato）

雖然我們都知道投資交易會令人感到恐懼，但這份恐懼感可能被過分渲染。而且更重要的是，如果想要清楚辨別並解決恐懼的問題，我們必須具體瞭解恐懼。你也許已經知道自己有一些恐懼方面的問題，比方說害怕失去、害怕犯錯、害怕失敗等等。這些都是真正的恐懼，也是我們接下來將要談到的話題。

但我們也需要導正自己對恐懼的解讀，釐清恐懼**到底**是什麼。如果無法區分什麼不是恐懼，我們就無法找出並修正那些會導致真正恐懼的表現缺陷。

由於投資交易比一般工作還要更困難，所以很容易導致錯誤解讀。想像一下，如果領固定月薪的員工改用個人的日常表現來計薪，會對企業界產生多大的影響。要是他們表現不佳，就會被扣薪水怎麼辦？考量這樣情況，即便不是職業運動員也會面對同等的壓力。如果傳奇四分衛湯姆．布雷迪（Tom Brady）的傳球被截，他就會被扣薪水；如果美國高爾夫球名將老虎伍茲（Tiger Woods）沒取得錦標賽第一輪的資格，就得自掏腰包五萬美元的參賽費。

即便你是來自自營交易公司或機構法人，操作的不是你自己的錢，犯大錯或者屢次表現不佳，仍會使你的操作金額變少，甚至讓你被解僱。這些都是為了告訴你，從事交易本來就會令人感到緊張，而且很容易被誤認為是因表現缺陷而產生的焦慮和恐懼。

另一種並非來自表現缺陷的起因，是交易策略欠佳或者交易策略不完整，如果我們搞不清楚如何透過交易賺錢、該進行那些交易，或者是因為犯錯還是運氣不佳而導致虧損，那麼我們勢必得面對更多的不確定性。而且這些不確定性會加劇你感受到的緊張、疑慮和恐懼，因為你尚未學會如何正確地衡量以及評估投資交易。這些情緒表面上看來都在說明：你的策略有弱點。

來自英國的交易者維沙爾就是一個例子。維沙爾大概是在六年前開始從事投資交易，他運用技術分析來買賣外匯和期貨。他的策略是依靠自己評判，也就是憑直覺決定自己要不要進行交易。所以維沙爾經常感到極度焦慮。

在執行交易的那一刻，維沙爾會猶豫，他的心中出現許多疑問：「還是做另一筆交易呢？還是這個？還是那個？」他會突然懷疑自己的交易設定。如果他決定不交易，結果價格後來跌了，他會覺得自己這麼做很有道理；但如果後來價格漲了，他會自責地說：「你明明可以做得更好。你知道這是一筆不錯的交易。」

一開始，我們花了一些時間釐清維沙爾的恐懼，發現他過度要求自己要做正確的事情。但情況的轉折點發生在，當我明白地告訴他，現在你的交易應該是百分之十靠心理戰，百分之九十靠技術面。這句話將他帶回到投資交易的基礎，他才發現自己的策略不夠妥善。他會猶豫並決定不交易，是因為有太多未解的問題。那些疑慮和猶豫即是他的策略欠佳的訊號。

他讓自己放寬心去做交易。猶豫和虧損原本會令他感到自責以及格外恐懼，現在卻成為一次次的機會，提醒他去釐清每一筆交易的技術成分、優化自己的策略，從而得到更系統化的交易方法。

他還減少待在螢幕前的時間。維沙爾關掉螢幕，並花時間精進自己的優勢，直到他聽到聲音提醒他要開盤了。他開始花時間找出在執行交易那一刻可能會遇到的各種問題，從而強化他的策略。

一邊維持可量化的優勢，一邊依靠技術分析而非自行評判來做決定，他付出了相當程度的努力。現在維沙爾的情緒已經有很大的變化。他會利用許多實際的數據來評估投資，他也對自己的技術優勢有足夠的信心，即便錯過幾筆不錯的交易，他也沒關係。

更重要的是，在執行交易的那一刻，他的腦海中不再浮現各種問題，因為他已經回答了所有問題。現在，當他反思該如何改進時，問題**才會**出現。他已經消除了許多在交易過程中的噪音，進而提升他的執行力，也改善了他對直覺的信心，還能從中學到經驗。

消除恐懼不一定要透過這樣的交易計畫，或者一一解決交易策略中的不足之處，這並不是我要建議的方法。我真正要表達的是，建立交易計畫可以讓我們更清楚地看到自己的恐懼從何而來。如果你的交易計畫是經過研究並證明具備一項優勢，你就擁有可以信任的基礎，或者你知道這個計畫有效，這個認知可以消除一些不確定性。接下來，若因為感到緊張、疑慮、擔心、壓力或焦慮，使你無法執行交易，你就能清楚知道這份恐懼感是來自本章節即將探討的缺陷之一。

在理想的情況下，焦慮和恐懼是為了提醒我們對市場、部位的看法有錯誤或不清楚的地方，或者你的策略不符合這個市場。如果沒有這些感受，就表示你的心理狀態很穩固，沒有什麼缺陷、信念或幻想會令你產生恐懼感。不過，大部分的人都會有以下常見的情況：

- 擔心自己會搞砸
- 總是建立太小的部位，特別是在你感覺這次很有可能全壘打的時候

- 因為擔心犯錯而不敢交易
- 不斷想著自己可能快破產了
- 避開那些可能起伏太大的交易

為了看清楚自己所面對的問題是什麼，我們需要先排除自己不是因為正常競爭的緊張，或者交易計畫欠佳才會感到恐懼。那麼，我們接著就可以深入探討恐懼的原因了。

恐懼的本質

想要解決對交易心生恐懼的問題，就得先瞭解恐懼從何而來。基本上，減少不確定性就能阻止恐懼浮現。沒錯，這也太簡單了。但你也可以這樣想：當你有把握時，就不會有恐懼。未知數不存在在這個等式之中。

假設你會害怕虧損，因為最近價格回檔而特別緊張。但在開盤前幾分鐘，有一位交易小精靈出現在你的肩膀上，告訴你今天的交易結果——開盤後的第一個小時雖然會有一些損失，但下午會有兩筆勝利的大交易，所以你今天肯定能有獲利。

那些壓力、緊張和恐懼一瞬間都消失了。你會很開心，因為今天是有獲利的一天，而且更重要的是，你很肯定自己不會受到上午虧損的影響，那些虧損不會令你心生恐懼，也不會讓你損失下午的獲利。

當然，哪可能會出現交易小精靈。可是有些交易者甚至可以承受高額虧損，而不會感到恐懼。他們是如何辦到的？這些交易者的共通點是：有把握。他們確信自己的策略會產生回報，他們根本不用擔心短期的虧損。他們也確信自己有辦法找出賺錢的方法，如果市場出現變化，他們具備適應能力，或者能制定新的策略。

確信是恐懼的解藥。我並非建議建立確信是我們的終極目標，這反而是不實際的。相反地，我認為確信和恐懼不能共存，而不確定性會孕育恐懼感。

說白了，不確定性是沒有答案的問題，或者沒有足夠的經驗來證明你的答案是正確的。只要這些問題尚未解答或缺乏證明，腦海中的疑慮就會揮之不去，擔憂也會漸漸滋長，最後積累成焦慮。如果情況持續下去，就會變成恐懼。

恐懼跟其他情緒一樣，都是可以被衡量的。我們需要深入瞭解自己的恐懼感，並找出那些尚未被解答、需要被證明、不清楚或不確定的問題，因為那些問題說明你有更想瞭解的事情。所以我列出了一些交易者經常遇到的問題：

- 為什麼我虧錢了？
- 為什麼我會犯那個錯誤？
- 這是我可以憑靠自行評判去做的決定嗎？
- 這件事情值得我關注嗎？
- 萬一我的分析有遺漏之處怎麼辦？
- 我做錯了什麼？
- 什麼時候我才會重新開始賺錢？
- 我怎麼會那麼蠢？
- 我做得到嗎？要是賺不到錢怎麼辦？
- 這次交易搞砸了嗎？我能想出解套辦法嗎？

這些都是可能會出現在你的腦海中，卻沒能得到解答或尚未被解答的合理問題，從而導致你對交易更沒把握。有的時候，這些問題會被自動回答，比方說「就是因為我太蠢，才會犯下這些錯誤」、「我再也不會獲利了」，或者「我以後就會變成某個沒靈魂的公司員工，因為我是不夠格的交易者」。這些回答會使你產生次級情緒，進而導致恐懼感不消不滅。

更重要的是，表現缺陷往往會影響這些問題。出現「我做錯了什麼？」或「我怎麼會那麼蠢？」等等問題時，會使你認為自己做錯了，而且很愚蠢。出現「什麼時候我才會重新開始賺錢？」的問題時，你會以為自己可能知道問題的答案。

不確定性是這項職業的核心成分。你需要徹底接受這項事實，就好像是你DNA的一部分。但身為一名拚命想控制恐懼感的交易者，僅僅接納這項事實是不夠的。我們必須找出並糾正那些需要得到確定的潛在缺陷，以免在還沒有得到答案時受到它們的影響。

恐懼的常見訊號

恐懼會對我們評估風險、思考、決策、相信直覺和預測的能力產生不利影響。

瞭解恐懼發展的過程和原因，可以幫助我們找出潛藏的缺陷。在分析自己的恐懼模式時，不妨想一想以下五個關於恐懼的常見訊號。不要將這些訊號視為負面的，它們的出現只是為了告訴我們，心理的某種功能出錯了。

風險趨避

投資交易是一種以風險為代價的賺錢機會。有許多交易者處理不好這些重要的機會，儘管這聽起來似乎不太合理，卻是屢見不鮮的事實。你會看到交易者犯錯，比方說：不繼續持有獲利的部位，以防未來可能失敗；因為害怕未來價格可能再次崩跌，於是深信自己不應該加碼投資；或者，拒絕進行看似投機成分較高的交易。正如你已經學到的，這類的錯誤其實是一種訊號。

想瞭解風險趨避（risk aversion）的作用，我們需要先從更客觀的角度看待風險趨避行為背後的原因。你是為了避開什麼樣的傷害而保護自己？你試圖避開什麼？從前面一段列出的三種錯誤中，我們可以看到交易者想要避免自己虧錢、失敗和投機。這些是大家不樂見的下場，也是風險趨避的重點。

基本上，風險趨避是為了保護自己免於受到負面事物帶來的痛苦，而做出的一種自然反應。就好比有人想往你的臉上揮拳，你會本能地舉起手來保護自己。然而，如果是一位只有兩歲的小孩要打你一拳，你有可能會本能地舉起雙臂來防禦嗎？（除非是為了逗孩子笑，你才會故意誇張地做出反應。）既然沒有疼痛的威脅，也就沒什麼好怕的。兩者之間的區別很重要，因為不是每一次交易都會做到風險趨避。

有時候我們會出於實際原因而進行風險趨避，比方說當我們還不是非常瞭解市場，難以評估風險的時候。對風險的厭惡感是沒問題的，但也許你曾經有幾次交易的結果不佳，一些不必要風險使資金縮水。現在你變聰明了，需要將過度自信的狀態調整為謹慎行事。然而，審慎可能使你產生恐懼感，或者厭惡風險，尤其當過去的陰影不斷提醒你不要再犯相同的錯。

經過一段時間後，當你可以證明即便自己對市場的看法不明朗，仍可以做出正確的決定，這時候你對這種風險的厭惡感才會消失。到了那個時候，你厭惡的真正風險是過度自信對你的資金帶來的威脅，而非市場風險。

本章節提及的所有恐懼類型都會導致風險趨避行為。事實上，不只是恐懼，還有貪婪、情緒化和缺乏自信也會致使風險趨避，尤其是當那些問題已經無法忽視也不受控制的時候。

有的交易者會逃避風險來保護自己，讓這些問題不再出現。他們不一定能意識到這些問題發生的風險變高了，也不一定能納入那些問題來衡量風險。若因逃避風險而發生虧損，並且引起貪婪或情緒化，就很可能導致情緒進一步反轉，或者傷害個人的自信心，於是他們可能接連好幾個禮拜都不會做交易，進而導致隱含價值（Embedded value，EV）的流失。

- **心理戰妙計：**只有當你開始解決恐懼、情緒化、貪婪或自信心問題，矯正風險趨避的態度才有意義。否則，你可能會製造更多的混亂。當你的情況有所改善之後，風險趨避可能會自動消失，或者你需要鼓勵自己去承擔更多有利可圖的風險。一開始你可能需要勇敢放手一搏，所以不妨把那當作是一筆投資，用來鼓勵自己承擔更多的風險。也許只要知道自己的潛在損失有限，就足以使你不再厭惡風險。

過度思考

在最理想的狀態時，我們可以控制自己的思緒。你想思考就可以思考；你想要思考特定主題，你就可以思考那個主題的事情。當然，你可能隨時會出現其他的思緒，或者你的思緒發展方向可能無法預測。但無論是做一般性或針對特定主題的思考，只要你想要停止思考，你都可以輕鬆地停下來。

可當你的思緒被焦慮和恐懼帶領時，情況就不是這樣了。相反地，你的思緒無法沉澱下來。市場可能出現你意想不到的狀況，於是你一時之間毫無頭緒。又或者，在經歷一連串的失敗後，你彷彿又進入那個惡性循環，不斷地捫心自問：「我還有機會賺錢嗎？我的策略還有效嗎？為什麼我總是那麼衝動？」每一次循環都不會產生新的答案，結果只會使你更難將注意力放在市場上以及執行自己的交易策略。

等到收盤後，雖然你試著清空思緒，好好與家人或朋友一起度過美好的夜晚，可是你就是忍不住思考你所擔心的持有部位已經變得太大了。你變得焦躁不安，幻想著萬一市場崩盤，或者價格突然對你不利該怎麼辦才好。即便你想放鬆心情，大腦卻不允許你休息，連睡眠也變得困難。你心事重重，而且你愈疲憊，你的思緒就愈難以控制。

當你找不到潛藏問題的答案時，過度思考的情況就會發生。如果說恐懼的解藥是獲得確定性，那麼過度思考就是指你的大腦正在拚命地尋找確定性。當恐懼特別強烈時，因為大腦在找到答案之前無法停止思考，於是你不是精疲力盡，就是心煩意亂。會發生這種情況的原因之一，是因為大腦中的某一部分受到侷限，也就是所謂的工作記憶（working memory）。

工作記憶的功能是思考。它是你大腦裡的聲音，就像是大腦中的白板，幫助你有意識地拼湊問題碎片。

在正常的情況下，大腦可以同時處理工作記憶中五至九項訊息。然而，工作記憶的能力有限，於是當焦慮和恐懼特別強烈時，能處理的訊息數量就會受到影響。我們之所以會難以解決引起恐懼的問題，是因為我們的大腦已經沒有餘裕考量所有相關數據。不妨想像一下，如果要你完成一幅一千片的拼圖，可是你一次只能看其中的三片拼圖——你的大腦很快就會超載，因為它拚命想找出必要的拼圖來解決問題。

• 心理戰妙計：要讓思考不受限，寫作是一項很有用的工具。既然過度思考會令我們心煩意亂，不妨試著透過寫作找出答案。當你發現你的思緒已經難以控制，無論是在開盤中或收盤後，試著寫下你擔心的事情以及原因。透過雙眼閱讀自己的想法可以提供你另一個視角。這就好像同時能看三片以上的拼圖。有些造成恐懼的問題，只要透過寫作就可以解決了。

事後揣測

在做出一個決定後，無論是在心裡或建立部位之後，你會立即質疑剛才的決定是否正確。在進場之前，你已經把這筆交易分析透徹了。如果是一項下方風險*較高的交易，徹底分析一番是合情合理的做法。但過度分析日常交易是不必要的，這麼做可能會讓你以錯誤的價格進行交易，或者錯失良機。

每一次你進場之後，你就會忍不住反復思考，應該了結還是繼續持有才好。倘

＊金融投資風險分為上方與下方風險（Up and Down Side Risk）。「上方風險」是針對放空、避險或投機的投資者，他們害怕股價或指數上揚；而做多或長期投資者，擔心股價獲指數下跌，就是所謂的「下方風險」。

若再加上恐懼，會使我們極度不願意犯錯或虧損。於是你開始擔心自己是否錯過了什麼、質疑自己的推理和對市場的看法是否正確，或者懷疑自己是否過於自信。如果壓力大到無法承受，甚至會使人坐立難安。

事後揣測是發生在你的決策過程之後，你仍會對同一件事情反復思索。雖然這也算是過度思考，但過度思考的範圍更廣，而且可以是思考任何事情，比方說：美國聯準會（Fed）會怎麼做？老闆會怎麼唸這次的價格回檔？我要不要投資另一個市場？為什麼沒人知道蝙蝠俠就是富豪布魯斯・韋恩？

相反地，事後揣測是針對特定的決定。有些交易是直接了當的，所以就不會出現事後揣測的情形。然而，當不確定性愈高，就愈有可能在事後進行揣測，那麼你就有可能改變心意。

- **心理戰妙計：**試著仔細寫下你理想的決策過程。接著開始事後揣測，問問自己反復考慮是否有必要性，還是是出於恐懼的心理。如果你的決策過程有漏洞，那麼事後揣測的情況就會更嚴重。請試著整理自己的決策過程，讓事後揣測更不容易發生，即便發生了，你也可以更容易發現是出於潛藏的恐懼心理。

不相信自己的直覺

恐懼能摧毀你依直覺做決策的能力。即便你有強烈的感覺這是正確的決定，你還是無法釐清為什麼這個想法是正確的。因為缺乏確定性，使你以為直覺可能有風險，於是你反其道而行。

結果呢？也許你已經很懂得辨別市場趨勢變化，但就是無法說服自己進行交易。也許你一開始跟著直覺去做，但是你太早退場，而且即便你已經發現價格即將上漲，也沒有再次買進。

交易者不相信直覺的常見理由是，他們根本不知道直覺到底是什麼。當你的目標、生計和自信心都岌岌可危，為什麼要去相信你不瞭解的東西？如果有一位陌生人建議你，現在正是做空石油期貨的好時機，你肯定不會相信他。如果你不知道直覺是什麼，相信直覺似乎是危險的做法，反而會滋生恐懼感。

一邊是要你相信直覺，另一邊是你不知道直覺到底是什麼、為什麼直覺是正確的，以及擔心萬一出錯了怎麼辦，於是緊張的情緒逐漸升高。再者，當我們感受到壓力時，自然會退回到自己最熟悉的領域：標準的投資決策過程。於是，就像陌生人給你的意見一樣，憑直覺做的決定被認為是不值得信任的。

當犯錯的弊端大於做對的好處時，特別難以說服自己去相信不熟悉的事情。尤其當你即將做出高額的打賭，或者需要向某人證明你的決定是合理的。

• **心理戰妙計：**當你狀態正好時，你的直覺通常不會出錯。不過，這不表示狀態好的時候，直覺就一定是對的。當你在C級心理戰時，你對潛在機會的直覺往往是錯的，或者是依據偏見而產生的直覺，所以此時的感覺是不準的。試著瞭解當直覺準確和不準確時，自己會有什麼想法和感受，藉此區分兩者之間的差異。舉例來說，我有一位客戶發現當感覺像是好幾片拼圖突然同時拼湊在一起時，他的直覺就是正確的——那是一種瞭若指掌且思緒清晰的感覺。如果直覺是錯的，他會感覺胸口和肚子有股緊張感，而且心裡會充滿許多「萬一……」的問題。在他發現這項區別後，他更容易相信自己的直覺了。

悲觀的通靈者

思考的基本功能之一，是預期、預測未來。在正常情況下，運用這個能力當然沒問題。但對於不知道自己心有恐懼的交易者來說，預測未來很可能會出錯，並製造更多恐懼感。

當我們不帶有恐懼感地去評估一項投資交易時，我們便可以客觀地考慮所有可能的結果以及評估風險。然而，一旦有所恐懼時，交易者會高估負面情況發生的機率，進而扭曲他們對風險的看法。更糟糕的情況是，他們可能還以為自己會某種通靈法術，深信一定會發生嚴重的事件，比方說在還沒有交易前，就已經預言這筆交易一定會事與願違。高估未來可能發生的負面後果只會徒增恐懼，進而影響你的決策過程。

那些錯誤預測可能就藏在最顯眼的地方。你會不會問自己「萬一這筆交易的錢虧掉了怎麼辦？」問這個問題的你其實是在告訴自己，做這筆交易是錯誤的決定，若你還堅持去做就是自己愚蠢。

「萬一……」的問題通常等於負面的預測。萬一我又虧五萬怎麼辦？萬一我無法反敗為勝？萬一我的帳戶又歸零了？這些都不是真正需要思考的問題。你不需要問自己未來的結果會如何。你已經假設那些負面後果都會成真。如果你一開始就惴惴不安，那些假性問題將會引起次級恐懼，使你犯下額外的錯誤並且承受虧損，也就是你所擔心害怕的未來，將成為真實的現實。

• **心理戰妙計：**與其讓「萬一……」的問題愈演愈烈，不如把它們寫下來並一一回答。如果真的發生了，那有什麼含意？你要怎麼做？顯露出恐懼的心理可以釐清真正害怕的原因，從而找到導致恐懼感的潛藏缺陷。

發現自己的恐懼模式

發現自己的恐懼模式實際上就是創建一張情緒模式圖，這張圖是為了幫助你隨時確認恐懼感的發展情況，藉此迅速修正心理，或者至少將恐懼的影響降至最低。

此外，恐懼模式可以幫助你瞭解導致恐懼的潛藏缺陷，以及引導你找出本章有哪些段落可以幫上你。

你可以利用以下步驟，做成一份文件來發現自己的恐懼模式。

步驟一

在接下來的幾週，格外注意自己的**恐懼模式**。檢查並寫下那些關於恐懼問題的訊號，包含以下：

- 想法
- 情緒
- 令你大聲說出來的話
- 行為
- 行動
- 你的決定的變化
- 你對市場、機會和目前部位的看法的變化
- 交易錯誤

利用電腦或手邊的筆記本，一邊交易一邊寫下這一天的觀察紀錄。

等到收盤後再回顧你這一天的發現，並補上其他細節。盡可能寫下完整的內容。記錄那些不常發生的事件也沒關係。

如果覺得很難，請不要擔心。第一次很難做到完美。（而且如果你過度擔心自己會在這個過程中犯錯，那麼擔心犯錯顯然就是需要修正的問題。）

每個人都有自己的起點。只要持之以恆，你的筆記就會愈來愈完整。就算花一個月才能做得好又如何，這是很常見的事情。在這期間，只要你記得堅持下去，你就會學到更多。即便每個人學習的速度不同，進步就是進步。所以這裡我提供一些問題幫助你開始寫筆記：

■ 哪些情況通常會令你感到不確定、疑慮、焦慮或恐懼？

■ 當你感到緊張時，會出現哪些反應？比方說，心跳加速、冒汗、噁心、口乾舌燥，或不斷用手或腳輕拍發出聲響？

■ 你能不能描述是什麼樣的情況，會讓你的緊張感變得強烈，並且開始引起恐懼？

- 當時你的心裡在想些什麼？你想到什麼？你的決策過程有哪裡變得不一樣？
- 是什麼訊號讓你發現自己有恐懼的問題？

在上一段中，我描述了五種恐懼的**常見**訊號。總而言之，就是風險趨避、過度思考、不相信直覺、事後揣測，以及對未來抱持悲觀看法。相較之下，接下來是一些我們都可能經歷過的**具體**訊號：

- 不敢按下確認鍵，深怕自己會錯過什麼
- 即使從事交易許多年，加碼時心跳還是會跟著加速
- 愣在原地，既無法決定是否減少籌碼，也無法妥善管理風險
- 懷疑自己的看法是否正確
- 在自己的系統之外找機會，或者使用你通常不會用的指標或圖表
- 說服自己放棄一筆好的交易機會
- 為了確保自己不會虧錢，立刻決定獲利了結

■因為有幾天的成績不好，使你難以入眠
■注意力太狹隘，目光短淺使你看不見重要的因素

無論那些訊號造成多少不確定性、焦慮、擔憂或疑慮，你都要盡可能捕捉所有的刺激因素。如果你需要確認那些刺激因素，不妨仔細看看你的想法和那些你想大聲說出來的話。要記住，不要批評或挑剔你的想法或你想說的話。你之所以會產生那些想法是因為某一個表現缺陷受到了刺激。以下是一些常見的刺激因素：

■預設自己會虧錢
■發現自己犯了錯
■「別搞砸了」的念頭
■擔心會丟臉
■認為這個月的損益會是負數
■認為某一個部位的獲利就快變成虧損了
■無法阻止自己賣掉獲利的部位

找出恐懼的模式是一個反復的過程。當你找到新的細節時，即便是稍微做調整，也一定要寫下來。任何小細節都很重要，會帶來不可小覷的改變。在找出恐懼感和改善執行力的方面取得進步，是非常重要的。這值得我們努力找出所有的小細節。

步驟二

當你得到更多細節後，接下來要**依嚴重程度來整理這些筆記**。用層級一到十來區分每一條細節的嚴重程度，層級一表示稍微有點懷疑或擔憂，而層級十則表示極度害怕這件事情會成真。找出每一層級中，足以與其他層級明確區別的細節。

在你區分其中差異時，還要把這些細節分為兩種：心理與情緒面的恐懼，以及技術面的恐懼。這些分類的層級數會是一樣的，所以層級一的心理與情緒面的恐懼，會對應到層級一的技術面，以此類推。

比較的基礎一定是你**親自**經歷過的恐懼感，不要跟其他人的做比較。每個人都有自己的範圍，但如果你拿別人的範圍來評斷自己，那麼你很可能會低估或高估自己的恐懼程度。這麼做會影響你的策略效果。

你可以不必寫出這十個層級的所有細節。與我共事的交易者之中，大部分的人都無法如此清楚地區分自己的恐懼模式。每一層級至少寫出三項細節就好。你也可以透過以下的問題，找出不同層級的差異：

- 是什麼刺激使你感受到層級一的擔憂或疑慮？這些心情是如何累積成為焦慮或恐懼的？比方說，一開始你只是對市場沒把握，這是正常的反應，可是當你連著兩天都虧損時，你開始對未來憂心忡忡，這份擔憂讓你害怕也許將來難以認賠賣出，於是你覺得自己**必須**在下一筆交易賺到錢。
- 有哪些訊號會讓你覺得恐懼的程度還很低，還在可控制的範圍中？有哪些訊號會讓你覺得恐懼彷彿變成了一頭野獸，完全打亂交易執行？
- 當你的恐懼程度變高時，你對市場的看法會有什麼不一樣？
- 有哪些你在層級一時會避免犯的錯，但是到了層級十時卻忍不住？

接著按照以下的格式來整理你的分類結果：

恐懼程度

描述你在不同的恐懼程度時，會有哪些想法、情緒、會說的話、行為和行動。至少完成三個層級。

層級一：一邊看著走勢圖，一邊捫心自問建立這個部位是不是正確的決定。我做對了嗎？會不會讓我虧錢？

層級二：

層級三：我在想為什麼市場要跟我唱反調？我比平時更頻繁地盯盤。開始擔心自己不得不接受那百分之一的虧損。

層級四：

層級五：登入我的證券戶頭，看看過去那幾筆交易已經虧損了多少錢。

層級六：

層級七：急著停損（利）以守住損益兩平；真的不想要再次蒙受損失了。

層級八：只要價格收漲就會想停利。我想守住獲利，以證明我還是辦得到，我可以藉著投資交易賺錢。

層級九：

層級十：即使盯著自己的圖表看，也不是真的在思考。

技術面的恐懼程度

試著依不同程度的恐懼，描述決策的品質，以及個人對市場、機會或目前持有部位的看法。

層級一：無法客觀看待事情。悲觀地認為，只要市場有變化就表示我哪裡做錯了。

層級二：

層級三：一想起過去的虧損，心情就變得很差；開始否定那些虧損有可能是機率問題。

層級四：

層級五：比起相信自己的策略，開始收集其他人的意見，例如詢問我的投資導師，以確保自己擁有那些優勢。

層級六：
層級七：更關注保證獲利或損益兩平的投資交易。
層級八：不再理性思考。
層級九：
層級十：連思考都不思考了。

步驟三

進行到了這裡，你已經得到一份可靠的草稿，來幫助你**辨識自己的恐懼模式，以及迅速進行修正**。我們需要豐富的經驗和訓練，才能夠修正這個模式，所以除非你已經得到一致的結果證明問題已經不存在，否則在這之前都不要修改這份草稿。

這份草稿可以幫助你聚焦，關注那些與投資交易最相關的恐懼類型。因此我強烈建議你閱讀完以下的分類內容。為什麼？因為透過閱讀接下來的內容，你可能會發覺先前沒意識到的部分。說不定你還會發現，你的恐懼模式還需要補上其他細節，那麼請你再回到那一段落，重新讀一遍那些與你最相關的內容。

錯失恐懼症（FOMO）

我們需要尋找哪些訊號來判斷自己是否有錯失恐懼的問題呢？

這裡舉一些典型的例子。錯失恐懼會使你難以集中注意力關注那些你通常會留意的產業、投資代號及市場。你覺得某件大事正在醞釀，你可以感覺到腎上腺素上升，你非常專注，害怕錯過另一個重要機會。之前你曾錯過一次機會，所以「這次一定要好好把握」的念頭十分強烈。你知道自己不應該追高，但另一方面又擔心價格錯過就沒了，於是你**現在**就要進場。

又或者，突發新聞讓你反應過度。感到一陣恐慌，還來不及完成分析就匆促做出決定。你決定賣出，可是後來價格馬上出現回檔，於是你說服自己可以再次進場，因為你「覺得機會來了」。

當市場沒有符合你的方式走時，就很可能引起錯失恐懼的心理。市場裡有太多機會，但卻都沒有如你所願。身為一名交易者，你需要做交易，所以你跳進下一個市場，說服自己現在進場也沒關係，即便已經錯過幾個價格檔位。又或者，市場起伏太大，所以你只先建立一部分，然後逐步買進剩下的目標。你看到其他投資人賺錢，於是不顧風險過度加碼，因為你想要藉此賺到你認為應該能賺到的獲利。

無論發生什麼事情，錯失恐懼症會迫使你進行系統之外的交易，而且是你知道不應該做的交易。最可惡的是，即便你試著去瞭解為什麼自己難以控制這股衝動，但原因卻在於你根本沒察覺到情緒的累積，所以你才無法阻止自己。

光是平時的交易，就已經讓你愈來愈緊張，比方說，當你看到價格已經進入你的理想範圍，只要出現更好的價格就是進場時機。可是當你等得愈久，就會累積更多情緒。接著，如果你剛好虧了幾筆交易，或者錯過幾次機會，焦慮感就會變得更強烈，最後你顧不了太多就急著跳進去，還說服自己市場前景看好，或者你觀察的市場多到超過你能控制的範圍。

在狀態不佳、一直拚命或需要錢的時候，也會累積緊張和焦慮。對有些人而言，投資交易就像去遊樂園玩——像喜歡坐雲霄飛車時的快感。當市場沒有太多機會時，太想要做出行動反而會令人失去控制權。

重點是，我們要時時注意自己的情緒起伏。如果你想知道自己會不會對錯過感到恐懼，試著密切注意是什麼會觸發這種情緒，以及有哪些訊號顯示這種情緒正在升溫，藉此瞭解情緒背後的起因。

找出 FOMO 的真正起因

太多人在談到投資交易時都會提到「錯失恐懼」，導致它變成一個缺乏明確含意的統稱。對我而言，錯失恐懼唯一的潛在缺陷是：假設未來永遠不會出現下一次機會。如果這正是你的問題，那麼即便你知道未來一定會有更多機會，你還是看不到除了這筆交易之外的機會。錯失恐懼使你變得十分專注，足以說服自己必須好好利用這次機會，因為將來不會再有第二次機會了。

這種情況最常發生在市場處於平緩期，交易機會不多的時候，或當你處於低潮期，對前景感到悲觀的時候。但事實上，未來還會有更多的機會。當心態正確時，我們都明白這項事實。因此關鍵在於，我們必須在錯失恐懼症有機會茁壯之前，好好提醒自己這事實。這麼一來，我們會比較容易避免自己陷入不該陷入的情緒。

除了那個缺陷以外，引起錯失恐懼症的主要原因還會與不同的恐懼、憤怒和自信心問題有關。錯失恐懼和貪婪一樣，都是真實存在的情緒，但想要解決錯失恐懼的問題，我們就得先找出哪些缺陷、偏見和幻想會助長它。

雖然一開始聽起來有點古怪，但如果你覺得很困難的話，不妨試著這麼做：當你的情緒升溫時，先讓自己保持觀望態度。這麼做的原因是當你的情緒變得強烈時，反而比較容易找到刺激來源。

實際運用會是什麼情況？首先替你即將要進行的交易，定義一組比較狹隘的標準，比方說在這一天（或幾天、一週的時間內）只能做最佳交易。你也可以刻意刪掉一些可能會因為害怕錯過而依自己心情決定去做的交易。

利用記事本或日記，隨時捕捉自己當下的情緒和想法。這些紀錄能幫助你奠定更可靠的基礎，幫助你找到導致錯失恐懼症的根本原因，以及解決方法。

如果你發現自己會擔心這項練習會帶來的財務影響，請記住你的出發點是為了做研究。這麼做是為了長遠地改善自己的投資交易能力，如果成功的話，將來的效益不只能彌補短期內錯過的機會，還可能創造好幾倍的回報。

完成這項任務後，也許你會發現錯失恐懼是因為你相信「錯過後會發生某種**結果**」而產生的。錯過獲利感覺就像是失敗，而你害怕失敗，於是你提早下結論。你也可能看到別人賺錢而你卻沒有，使你產生對失敗的恐懼，導致你認為自己不夠好。如果你認為錯過等於犯錯，而且會害怕自己犯錯，那麼你就會試著逃避批評自己。

然而諷刺的是，害怕犯錯本身就會逼你去犯錯。

錯失恐懼也可能由想要補償損失的憤怒而產生。這是一種完美主義，你期望自己能抓住每一次機會，並從每一筆交易中賺到最大化的獲利。然而，如果你缺乏自信，卻又迫不及待進場，錯失恐懼症就可能會出現，因為錯過機會會讓你覺得自己很愚蠢或尷尬。也許會像我們的下一個例子卡洛斯一樣，你們的錯失恐懼症實際上跟技術性錯誤有關。

卡洛斯是一名來自美國的全職交易者，他操作的市場包括外匯和期貨。他跟我本來一起處理一些與失敗和犯錯有關的憤怒問題。後來他的憤怒問題改善許多，但錯失恐懼卻成為另一個更大的問題。雖然錯失恐懼已經不是新問題了，但以前恐懼不像憤怒那樣會支配他的投資交易，所以錯失恐懼原本不是需要優先處理的問題。當你在心理戰的表現有進步時，這是很常見的現象。一旦你處理好第一個問題，你就可以著手處理下一個問題。

在處理他的憤怒問題時，心理手牌紀錄是一項很重要的工具，幫助他切入問題並找到問題的根源。心理手牌紀錄不只幫助他辨識自己的情緒，還讓他瞭解並解決那些情緒的起因。有一次我們一起想出了一句標語：「不要隱藏，要問為什麼」。

卡洛斯能夠堅定地重新塑造自己的想法，也就是情緒是需要被理解的訊號。他把這一點銘記於心，促使他從全新的觀點出發，成功靠一己之力解決錯失恐懼的問題。

某一天，他發現某一個交易設定使他產生錯失恐懼的問題——他正在等價格跌入理想範圍再進場，只要價格回檔到他的範圍就很有可能飆升。

以前只要是因為這類的交易設定而退場之後，當市場價格又開始回溫時，他都會想到：「噢，要是不進場又要錯過機會了。」所以他會重新進入他所說的賭徒模式，他沒有對那一個價格樞軸點（Pivot）有任何計畫。下一筆交易機會可能突然出現，使他的錯失恐懼感更強烈，促使他做了幾筆更糟糕的交易，結果導致他的情緒化反應——那時候他的籌碼又增加了兩倍，虧損也更慘重。

不過這次不一樣，卡洛斯一發現自己覺得緊張，就馬上拿出日記寫下自己的想法和情緒，然後離開現場。他的做法本身就是一種進步，因為至少他想要阻止情緒變得更強烈，以及後續可能做出更糟糕的交易。當他讓自己離開螢幕前，他問自己：「為什麼我會感到錯失恐懼？它在表達什麼樣的訊號？」

他發現五分鐘的走勢圖無法讓他看出市場的轉折，而這是他需要看到的，因為他的策略是十點停損（10-point stop loss）。這個想法使他在正確的時機，改為使用三十秒的走勢圖。他還停止使用限價單（limit orders），改用限價停損單（stop-limit orders）來尋找進場交易。以往他的交易都要花十五分鐘思考，新的策略只需要三到四分鐘就搞定了。恐懼感消失了，交易的精準度也非常高。正如他說的：「我的策略沒理由不中啊，因為我已經看到市場的動向了。」

以卡洛斯為例，他的錯失恐懼感是在告訴他，錯過這次機會的風險相當高，因為卡洛斯不覺得價格已經達到適合他進場的範圍。他的錯失恐懼感是對的，但這並不是情緒問題。這份恐懼感是在告訴他，他的交易執行還有努力的空間。

也許我們的錯失恐懼是在說，我們需要改善自己的執行能力。如果你還無法完成心理手牌紀錄的每一個步驟，你還是可以利用技術面的恐懼模式，就像卡洛斯和我許多的客戶做的那樣。試著從步驟一開始，將錯失恐懼視為問題，從技術面去看一看自己能找到什麼。如果沒有找到技術面的問題，那麼可以試著利用這個系統來檢視情緒面，找出問題的根源並設計一套修正方法。

虧損恐懼

失敗的威脅一直都在。在極度競爭的環境中進行投資交易，有時候失敗在所難免。我們都知道，但仍會害怕。甚至就算當天虧損的金額不大，還是會帶給我們恐懼感。恐懼感就潛伏在底下，因為每一次交易都有可能會虧損。

虧損恐懼迫使你做出，你明知道不是最理想的決定。你很快就賣掉賺錢的部位，以防價格回檔會讓贏家變輸家。你在虧損的部位加碼、攤平成本，讓這筆交易比較容易達到損益兩平，或者至少不要虧那麼多。

當價格下滑時，可能出現更強烈的虧損恐懼。因為擔心事與願違，你選擇略過那些高品質的交易設定。你變得更保守以對，比平時交易得更少。而當你一進場，你就被黏在螢幕前了。你移動止損點來保住獲利，結果卻導致更多的損失。你的壓力已經無法忽視，甚至已經影響睡眠。

隨著恐懼感變得更加強烈，你的大腦不禁湧現各種念頭：我已經失去優勢了嗎？我該怎麼做才能挽回？已經無計可施了嗎？我還能做點什麼？有的時候，強烈的虧損恐懼感會產生莫大的壓力，讓你只敢觀望而不敢下手，你就快要無法承受了。虧損的恐懼感不一定是真正的虧損，但它卻會變得十分強烈，使你忍不住對自己說：「去他的」，旋即按下交易確認鍵。你不在乎會發生什麼後果，你只是不想繼續害怕下去。

為了瞭解投資交易，你曾試著去接納那些現實面的建議，像是損失是無法避免的，以及投資交易會伴隨風險。即便你可以承擔損失的金額，但還是難以保持心平氣和。那些建議根本無法抹去你的恐懼，因為它沒有辦法告訴你虧損對你而言是什麼意思。

什麼事情讓你感覺備受威脅？

為了瞭解虧損恐懼的來源，首先要問自己：「虧損或損失，對我來說代表什麼？」當我問我的客戶這個問題時，他們一開始都會告訴我是金錢。但通常隨著我們的談話，他們的回答都會變成：「損失的不僅僅是金錢。」金錢代表著其他同樣岌岌可危的東西。金錢代表我們養家餬口的能力。而對你來說，金錢可能是啟發你想成為全職交易者的原因，從而向質疑你的人證明，他們的看法是錯的。一連串的失敗交易會讓你感覺，自己離短期和長期目標愈來愈遠。虧損會讓你覺得能力或地位不如同儕。

連續的虧損交易會使我們過度反應，漸漸失去控制，結果虧損恐懼會變成失控恐懼。因為金錢正是我們的交易「成績」，如果成績不好，我們就會失去身為交易者的自信心，或者對交易系統和系統的獲利能力沒有信心。虧損會令我們感覺時間被浪費了——既然沒賺到錢，那你花那些時間到底在做什麼？

用一些時間好好思考，有哪些事情會讓你感覺備受威脅？是可用的金錢？目標？自信心？紀律？地位？還是其他東西？或者以上皆是？

如果你發現自己無法回答這個問題，或者現在還沒有什麼想法，那麼下次當你遇到損失時，試著回顧接下來的問題。問一問自己這些尖銳的問題：

- 你覺得自己還失去了什麼？
- 你是不是會害怕告訴別人這筆損失？
- 你是不是會擔心自己賺錢的能力？
- 你是不是會擔心自己將會犯更多的錯？

■ 你是不是覺得自己不太可能會進步？或者不太可能實現目標？

交易者恐懼損失的程度，經常會出乎自己的意料之外。為了讓自己做出合理的反應，我們必須先找出並接納哪些東西會引起威脅感。然而，對許多人來說，這還不足以消除恐懼。很多人經常會犯的錯誤是，以為拋開謹慎就能破除恐懼，但這麼做只會導致情緒更無法恢復平衡。與之對抗雖然可以消除恐懼感，但你卻更有可能犯不同的錯。

我們必須修正那些汙染你對虧損看法的缺陷，才能找到恐懼和對抗它之間的最佳平衡點。這邊我列出幾項會導致虧損恐懼的表現缺陷。特別害怕虧損的交易者通常會受到不只一個缺陷影響。所以請務必完成所有相關問題。

那麼我就以心理手牌紀錄來舉例，說明可以如何修正虧損恐懼的表現缺陷：

❶**問題是什麼**：我需要我的投資交易從一開始就是正面收益。每次我一進場，我的心臟就跳得很快，要是價格立刻滑落，我的心跳彷彿就要停止。每當價格往錯誤的方向移動，我就會緊張到想要賣出。

❷ **為什麼會有這個問題：**有的時候，我會覺得一買進的那一秒就已經決定這筆交易的成敗。如果獲利，心情會比較放鬆，這實在很蠢，但我就是只想要實現目標。每一次虧損就像在倒退一樣，讓我覺得需要花更多的時間來達成目標。

❸ **哪裡有缺陷：**我無法控制每一次交易的結果。如果做得好，那就是我能控制的範圍。否則我就會虧很多錢。那不代表我的目標風險很高。光靠一筆交易，是不可能知道今年的結果是好是壞。這就像從第一局來判斷這場球賽的勝負一樣不可能。

❹ **有沒有修正方法：**持續注意自己的交易執行品質。一旦進場了，我會看交易的即刻損益，來評估這筆交易的品質，以免被圖表分散焦點。如果我的交易做對了，也達到了目標，就開始尋找另一個機會。

❺ **為什麼這個修正方法有效：**留意短期的交易品質是我達成長期目標的方法。虧損和回檔都是投資交易的一部分，任何事情都一樣。贏家不要怕輸，為贏得勝利，贏家要竭盡所能。

虧損的痛苦

虧損是如此痛苦，使我們害怕失敗帶來的感覺。從事交易的人往往好勝心強烈。即使知道不可能每一次交易都獲利，我們就是不喜歡輸的感覺。虧錢從來不是會令人開心的事情。

我們討厭虧損，有的交易者會反射性地試圖逃避虧損帶來的痛苦，就像當我們不小心拐傷了腳踝，會立即直覺性地跛著腳走路，以避免扭傷帶來的疼痛感。虧損恐懼也是一樣的，是在保護自己不會因為虧損而感到痛苦，所以跛腳走路就像迅速獲利、減少籌碼或避免高風險交易等等的行為。

減少虧損的痛苦有更好的方法。不過在某種程度上，對於高度好勝的人來說，痛苦是不會消失的。痛苦永遠不會是甜美的，但也沒有關係。因此，他們的目標就會變成如何處理這份痛苦。既然我們永遠無法徹底消除虧損所帶來的痛苦，就必須試著理解痛苦本身不是問題，才能讓自己熬過這一關。

不妨想像自己是一名職業馬拉松選手。在大賽來臨之前，你發現跑步時左腳非常痛。你正在等醫生通知核磁共振的檢查結果，同時心裡出現許多想法，比方說是不是要退賽，或者萬一需要進行手術，將花上幾個月的時間才能完全康復等等更糟糕的念頭。不過，你收到的是好的消息。雖然還是需要進行手術，但出席這一場比賽並不會讓傷口惡化，只不過你得忍著劇痛跑步。

對你而言，虧損都是痛苦的，但那又如何？這都是來自於你的好勝心，以及想要贏的欲望。不要被誤導，以為痛苦等同於壞事。有時候痛苦只是痛苦，而你必須繼續前進。你就像一位拳擊手，只是還沒學會如何一邊出拳，一邊保護自己的下巴。

有些人在從事交易之前，因為缺乏失敗的經驗，才會難以忍受虧損的痛苦。也許你在求學和求職上一路順遂，收獲了許多稱讚。又或者，也許你在進入投資交易這個行業之前，已經有相當成功的事業，以為投資交易也會一樣成功。也許你也曾經歷過失敗，可是交易虧損的頻率比你以往經歷過的還要更高。

無論如何，你需要變得更堅強。接納痛苦，它就會變得更容易忍受。當你習慣了這種感覺，你就更有能力消化它。當你變得堅強以後，本來是為了保護你遠離痛苦的恐懼感也會跟著減輕。

要變得堅強，有一個實用的方法，那就是當虧損發生時，用一分鐘的時間去體會那份痛苦並安慰自己，就像你的教練或導師那樣。試著去理解虧損的意義——它可能什麼意義都沒有，只是一定會發生的尋常事情之一而已。

在接下來的幾次交易中，要明白自己一定要避免犯錯。保持專注，並且要求自己按照策略執行交易。如果遇到失敗，要接受它。比起為了避免痛苦反而犯下更多的錯，一次虧損交易的痛苦不會比那更難受。

對未實現收益的迷戀

另一個造成虧損恐懼的原因是過度迷戀尚未實現的收益。不妨參考一個例子：這是你生涯表現最好的月分，你持有的部位表現太好了，而且你相信還有更多獲利空間。問題是，有些部位還暴露在風險之下，但你已經開始覺得那些未實現的收益已經屬於你。你忍不住，操之過急。後來，你的損益開始下滑，有一個部位從高獲利下滑至損益平衡點。

即便這個月的成績依然亮眼，但你總感覺那些獲利被奪走了。恐懼使你難以清晰地思考。於是你反應過度，雖然知道還有獲利空間，但為了保住獲利，你還是恐慌性地賣出其他的賺錢部位。

無論在你的認知上還是潛意識裡，你相信那些未能實現的獲利是你的，這改變了你的看法，導致你做出恐慌性反應。如果能不執著那些不屬於你的錢，你一定能保持頭腦清楚。所以，與其修正自己的**恐懼感**，這時候真正需要處理的是瞭解自己**為什麼**會執著於那些不屬於你的錢。

那是為什麼呢？是不是因為你在價格回檔時退場，鬆了一口氣才會產生這種感覺？因為你太急著想達成目標，甚至想突破紀錄，絕對不想要自己退步？還是因為你才剛成為交易者，還沒有真正瞭解已實現與未實現收益之間的區別？

無論是什麼原因，要留意自己是否有迷戀未實現收益的訊號，那些訊號是你修正這種恐懼感的機會。如果你可以修正——或更理想的是防止——自己先入為主地認定那些獲利已經屬於你，你自然能倖免於損益回檔的恐懼感。

總是做最壞的假設

在經歷過幾次虧損後，你是不是非常容易聯想到最壞的情況：流落街頭、身無分文，而且無法養家餬口？是不是彷彿陷入黑暗漩渦，不知道該如何解釋為什麼虧損了那麼多？是不是突然間認為自己不能繼續從事交易，必須另尋出路？你會不會認為，你持有的所有部位都將歸零？

在那個當下，那些亂七八糟的想法會癱瘓你的思考能力，使你無法明辨是非。讓你覺得這些可怕的潛在結果是無法避免的。

像這樣的過度反應都是因為你還惦記著過去的失敗。舉例來說，如果過去你曾慘賠過一次，那時候你很拚命想找份新工作，並試著重建自己的財務狀況，那一連串的慘痛記憶已經深埋在你的腦海裡。當你一發現自己有可能回到那個地獄，你嚇壞了。雖然每個交易者的嚴重程度可能不一樣，但你會發現自己心情墜落的速度有多快。對有些人來說，就算只有一次稍微高於平均的虧損就夠令他們驚慌失措了。

即使我們真的需要搞砸很多事情，才有可能真的破產，可是從過去累積到現在的情緒可能會迅速感染你的思考能力，因為無法冷靜思考，讓你以為自己真的就快要破產了。降低過去的痛苦，才能徹底解決這個隱憂。你不會忘記過去，你只是要阻止過去繼續困擾你。記取教訓或無法釋懷情緒，將會帶給你截然不同的影響。

然而，有許多交易者不吸取過去教訓，他們試著忘掉那些失敗經驗，繼續往前走。可是他們不可能真的忘記。恐懼不會同意他們這麼做。你必須**學會**過去的教訓，才可能減輕這份恐懼感，否則你很可能會重蹈覆轍。

為了修正這個問題，請試著寫下過去失敗發生的原因。利用這份理解制定一個完善的計畫，以達成你這次的目標。

還有另一件需要思考的事情是，最糟糕的情況是不是真的那麼糟糕。研究發現，人類傾向高估不幸事件對幸福和生活品質影響的時間和嚴重程度。[1]「影響偏誤」（**impact bias**）這個詞是由《快樂為什麼不幸福》（*Stumbling on Happiness*）的作者，同時也是哈佛心理學教授丹尼爾・吉伯特（Dan Gilbert）和他的同事提姆・威爾遜（Tim Wilson）共同提出來的。

影響偏誤也適用於不幸事件，例如失去四肢或半身不遂。跟中透樂相比，我們會認為失去四肢或無法行走會對心理造成更大的衝擊。但你可能想錯了。他們的研究發現，在極端事件發生後的一年內，大部分人感受到的幸福程度都會恢復到事件發生前的水準。[2]

假如你也認同這項研究結果，不妨利用這個結論來降低你對不幸事件的預估。每當你發現自己又開始幻想那些最糟糕的情況時，請試著告訴自己為什麼情況不會發展到那個地步。積極地去思考你現在可以做些什麼，才能更接近自己的目標。吉伯特和威爾遜認為：「人類天生就非常懂得製造感覺，我們能將新奇、產生情緒的事件轉換為看似平凡無奇的事情……。」

換言之，如果發生最糟糕的情況，你一定會先找出理解事件的方法，並且繼續前進。經歷不幸事件並不好玩，但也不一定會**那麼糟糕**。我們不會知道將來會發生好事或壞事。不過，無論發生什麼事情，你一定都會盡全力走出來，就像你過去做的那樣。

另外，值得注意的是，極端事件能幫助我們創新和適應。舉例來說，有一位交易者因為投資失敗，必須暫時另尋一份新工作。新的工作為他帶來不同的觀點，使他理解情緒穩定的重要性，他的行事紀律也進步了。當他又再次開始交易時，那些進步的技巧促成他長期的成功。沒有人知道成功的路上是否要經歷災難，但也許那些磨練正是他們需要的。

犯錯恐懼

對有些交易者來說，犯錯是學習過程中不可或缺的一部分。所以，也就表示害怕犯錯即意味著你也害怕學習。任何有正確心態的人，都不會害怕如此有幫助的事情。但重點來了：當犯錯恐懼出現時，你並沒有用正確的心態去面對它。對於潛在的交易機會，你可能選擇退場或略過進場時機，這些反應都表示你對學習過程的看法存在錯誤。而這些錯誤或者潛在缺陷，導致你害怕犯錯。

我們難以察覺犯錯恐懼，從表面看會以為是虧損恐懼，所以很難發現它的訊號。不過，還是有一些事情可以留意：

- 不斷懷疑自己是不是做錯決定了
- 急著賣出部位，以終結不確定所帶來的痛苦
- 以相同的態度看待所有錯誤——任何不完美的決定都是不可以接受的
- 猶豫、過度思考，做出決定後還是繼續猜想另一種後果會是怎樣
- 盡你所能地去學習和努力，藉此防止自己犯下任何錯誤
- 只要犯一次錯就放棄
- 願意做任何事情來避免他人的批評，也不想被別人認為很愚蠢
- 為了避免犯錯，應該拋售時不拋售

簡言之，恐懼是因為有所預期。緊張、焦慮和恐懼基本上都是基於對交易日、特定時間，或者當你感覺到交易機會出現時的預期而建立的。然而，從表現的角度來看，預期犯錯尤其具有挑戰性，因為這種類型的預期會影響我們的執行力，還會讓我們所害怕的事情——犯錯——更有可能發生。

這類型的恐懼感可能只是一時的，可能是在你猶豫不決或事後猜測時發生，但即便如此也已經足以影響執行力。因為你害怕犯錯，甚至可能沒察覺自己變得神經兮兮。但直到你開始分析自己之所以猶豫、事後揣測或不相信直覺的原因，你會發現證據顯示犯錯恐懼確實存在。

每一個決定都有犯錯的可能，但這不表示每一次決定都會令你**恐懼**犯錯。所以我們需要透過一些線索，來找出潛藏的恐懼。也許是某一種交易或設定，也可能是價格回檔或財務壓力比較大的時候，因為容易犯錯而產生恐懼。又或者是，每當你決定加碼時，犯錯的可能性也會增加。

犯錯恐懼也可能跟時間有關，比方說財報季節到了，或者有突發新聞。有些交易者會認為犯錯恐懼跟一天中的時段有關，比方說當他們感到無聊或分心的時候。犯錯恐懼也可能是在告訴你交易策略有某個弱點，比方說在開盤時或收盤前的交易總是讓你惶恐不安。

我們能做的是找出並且瞭解有哪些更可能感覺到恐懼的情況。這麼做能讓我們發現犯錯的關鍵原因，因為恐懼是一種訊號，是為了告訴你，你的策略、系統或執行方面有弱點。你還可能會發現，是因為表現缺陷才導致不必要的犯錯恐懼。假設少了那些關鍵，你的恐懼很可能看起來不合邏輯。但是，避免犯錯的龐大壓力並不是一時發生的。這份壓力是來自我們用錯誤的方式反省和評估錯誤，日積月累才造成的。

一旦找出潛藏的缺陷，我們就可以透過慢慢減少自己對犯錯的預期，讓恐懼漸漸恢復正常。隨著犯錯恐懼減輕，過度思考、猶豫和事後揣測將不復存在，你就會重新回到順暢的操盤狀態。

你知道有哪些評估表現的方式會導致犯錯恐懼嗎？如之前提到的，害怕犯錯就是害怕學習，所以接下來列出的表現缺陷，多少都跟這個概念有關。

期待完美

期待完美的另一個說法是，認為自己絕對不能犯錯。期待完美與渴望自己在最佳交易上表現完美，兩者之間存在很大的差異。

當你**期待**完美時，要避免犯錯的壓力可能會成為負擔，使你舉步不前，而且更諷刺的是，壓力仍會使你犯其他錯誤。比方說，除非你覺得自己有足夠的知識，或者足夠嚴密的策略可以確保自己不犯錯，否則你將不會交易新的股票，或者進入新的市場。因此，動作太慢將會使你失去機會。

再者，恐懼本身是會愈來愈強烈的情緒。只站在岸上看，是學不會游泳的。你必須親身參與市場交易。但在深入市場之前，你要盡可能地學習以避免犯錯。這似乎是一種理想的開始方式，但如果你期望一切都很完美，那麼所有你學到的知識將成為你決策過程中的絆腳石，你很可能會過度思考、猶豫不決，或者事後揣測自己的策略，從而使你的焦慮加劇。你必須做好事情，但你的大腦卻不支援。於是你又回到岸邊，繼續努力學習、確立你的策略，然後再返回市場。

期待完美也會使你無法探測錯誤的嚴重程度，你會認為所有的錯誤都一樣糟糕。

於是，你沒有轉圜的餘地。把事情做好的壓力龐大，因為即便是最小的失誤，也會像犯了大錯一樣令你畏懼不已。

避免犯基本的錯誤是合理的期望，但如果把輕微的失誤拿來跟大錯相提並論，投資交易就會像走鋼索一樣，一不小心你就會從高空摔落。

也許你對完美的期望沒有那般非黑即白。你知道犯錯在所難免，但你還是希望自己永遠不要再犯相同的錯誤。因此，當相同的錯誤再次發生時，你很震驚，這不在你的預料範圍之內。各種問題不斷縈繞在你的腦海中：這是怎麼發生的？我怎麼會那麼愚蠢？我還能做什麼？你加倍努力，試著做更好的交易來彌補，但你仍犯了同樣的錯誤。你感覺無法控制自己的表現，害怕犯錯的恐懼感倍增。

當我們犯錯時，修正錯誤是我們的責任，以免自己再次犯相同的錯誤。但有些交易者以為只要知道自己哪裡做錯了，就足以修正錯誤。有的時候，投資交易的錯誤更複雜，如果沒有真的下功夫瞭解問題根源，我們就會一而再再而三地犯錯。

為了更好地修正這份情緒，不妨更仔細看看期望的含意是什麼。期望的另一種說法是保證。我不是在咬文嚼字，這有一個很關鍵的區別。當你說：「我期望自己做到完美。」基本上你想表達的意思是「一定會是完美的」。你期待完美發生，但現實上你真正能期待或保證的只有最糟糕的情況。雖然聽起來很可悲，但這就是現實。

之前我們已經討論過A級、B級和C級心理戰的概念，也教你如何區分不同層級的心理戰。你唯一能夠保證的是C級心理戰，因為在那個層級的交易技巧，無論好壞，都在你的掌握之中。你可以熟練地展現那些交易技巧。

另一方面，在A級和B級的心理戰中，你需要透過學習和回溯測試，努力讓身心靈都維持在最佳狀態，你花許多時間與其他交易者合作，並且盡力成為更優秀的交易者。總而言之，每一天這些努力和實踐都在助你脫離C級心理戰。從那個角度出發，每一次當我們犯了錯，我們必須化身為偵探，好奇地檢視自己落敗的原因，並找出改善的方法。

正如我的毛毛蟲概念，我們很難持續做到完美，因為完美是一個移動的目標。我們要追求完美，而不是期待完美。犯錯是無法避免的，所以我們的目標是更快地從錯誤中學習。

我的意思不是要你降低期望，那不是我希望你們得出的修正方法。相反地，我們要把這份期望轉變為抱負與目標。我們要以完美為**目標**，而不是**期待**完美，這樣你自然能以正確的方式看待犯錯，這也是成長的必要過程。當你接受犯錯是這個過程的一部分時，你的目標就是要盡快修正錯誤。

挨過打的小狗

犯錯恐懼可能源自於長期強烈的自我批評。恐懼並不是這個問題的起點。然而，自我批評會加劇痛苦；久而久之，我們會為了避免自我批評，產生恐懼。這就像經常挨打的小狗，因為長期受主人打罵，一看到主人進房間就會變得無比害怕。牠緊張得就快要崩潰了，深怕只要有任何錯誤的行為就會挨打。如果你對犯錯也有這般強烈的負面反應，即意味你在逃避自我鞭撻。

雖然我們不一定會認為自我批評是個問題，但有時候恐懼會因它而生。而這種「挨過打的小狗症候群」的解決方法絕對不是修正自己的恐懼。犯錯恐懼是因為渴望逃避自我批判，因此你的任務就是找出自我批評的來源，並且予以修正。

憤怒會引起強烈且痛苦的自我批評。當你自我批評時，想一想你會用什麼樣的口吻，是不是既嚴厲又冷漠，或使用懲罰性的字眼？如果是，就表示背後的情緒正是憤怒。關於憤怒和修正自我批評的內容，我會放在下一章。如果你和許多人一樣，認為自我批評是達成目標的必經過程，那麼下一章的〈美化自我批評〉的內容也許能幫助你解決這個問題。

在你開始消除憤怒並有所進步之後，請保持耐心。就好比一隻曾挨過打的小狗，雖然你把牠帶離原本的主人身邊，並且送給一個充滿關愛、溫暖的家庭照顧，牠也不會立即變成一隻快樂無比的小狗。牠必須先瞭解到，新的主人不會讓牠感到痛苦。同樣的道理，我們必須先學會如何對錯誤做出不同的反應，恐懼才會消失。

我們需要先處理好自我批評的問題，才能破除犯錯恐懼。然而，與挨過打的小狗相比，我們無法替換自己內心的批評聲音（小狗的主人）。因此，突破恐懼的過程你需要雙管齊下。首先，是在犯錯之後，我們必須努力降低憤怒。再來，假設憤怒的程度降低了，請特別注意情緒發展的過程，並讓自己相信下一次你會用更好的方式來處理錯誤。只要有條理且專注，你一定可以創造一個能迅速建立信任的循環。

我要再次聲明，這不是在為犯錯找理由，或者自我感覺良好。但你處理犯錯的方式，將決定你從錯誤中學習的速度。減少自我批評，以更好的方式處理錯誤，從而加速自己的學習效率。犯錯時愈難以停止自我批評和恐懼的人，他們的學習過程就會愈慢，甚至完全停止，而且他們仍會持續犯錯。因此，我們必須好好地處理錯誤，才能更迅速地修正它們。

接下來用以下的例子，來說明批評恐懼的心理手牌紀錄：

❶ **問題是什麼：**犯錯讓人焦慮和恐懼。當我看到機會出現，我懷疑自己的看法是不是正確，而且即使我進場了，持有的部位也小得多。在我獲勝之前，我都會非常緊張又猶豫不決。

❷ **為什麼會有這個問題：**苛責自己犯錯是很自然的事情。在求學時期，我就是在批評的威脅中長大，現在輪到我對自己做一樣的事情。

❸ **哪裡有瑕疵：**批評自己根本沒用！這麼做根本沒辦法讓我做得更好。我當然有動力去修正錯誤，但那些錯誤一再發生，而且還變得更頻繁。一直自我批評一點幫助都沒有。犯錯的循環沒有停下來，也沒有好轉的跡象。當然了，我可以做得更好。可是，如果我要為每一次犯錯自責，事情只會變得更糟糕。

❹ **有沒有修正方法：**自我批評無法幫助我發揮潛力。我的訓練不足。我不知道搞砸的時候應該如何對自己喊話，但我會想出辦法的。

❺為什麼這個修正方法有效：我發現自己已經陷入一個永無止境的循環，這份認知讓我有動力去修正更大的錯誤——自我批評。我相信情況時好時壞，但我絕對不要再犯相同的錯。

過程中存在弱點

犯錯會導致恐懼的另一個原因是，過程中存在缺陷；比方說，在決策過程、在發展專業投資交易能力的過程，或者在為了適應市場而調整策略的過程。那些缺口會放大不確定性，尤其當紀律不夠嚴謹時。你需要補強缺陷，但你也很清楚自己沒有盡全力去做。

你似乎可以感覺到哪裡怪怪的，而且很擔心自己會搞砸。你變得更猶豫不決，即便是符合條件的交易，也不會那麼容易按下按鈕。你很快就鎖住獲利，即便連續獲利了好幾天，卻還是會感到不安。

第四章提到的德國選擇權交易者艾力克斯，他在數筆高額交易上都表現欠佳。但他從沒想到自己的交易過程有不足之處。儘管他明顯需要改善心理戰方面的問題，但經過我們的第一次會談後，他發現了幾個不起眼的過程缺陷，這些缺陷才會使他無法充分掌握那些絕佳的交易機會。

艾力克斯發現自己每一年都有四到五次的絕佳交易機會，他很有信心他應該放手一搏，但是因為害怕犯錯，最終他還是錯過了。他腦中充斥各種念頭，像是要是慘賠怎麼辦？我不想賠那麼多錢。要是我想錯了怎麼辦？我不想再次發生慘劇了。於是，他會更關注產業新聞，以及尋求其他交易者的意見，即便他知道這麼做沒什麼幫助。

接下來幾天，這些念頭在腦海裡揮之不去，讓他漸漸高估危險的風險，同時低估了做正確的交易的價值。艾力克斯有百分之八十的獲利是來自他其中百分之二十的交易，所以他知道每一筆交易會產生巨大的影響，但他就是無法依機會好壞來決定籌碼。

在我們的第一堂課上，我們就發現了第一個問題。對艾力克斯而言，當他害怕在重要的交易上犯錯，即表示他的優勢已經消失了。在一般情況下，他可以在六十秒內輕鬆說明自己的核心能力。但如果是在龐大的交易壓力之下，他的腦筋就好像打結似的，無法清楚又簡潔地描述自己的技巧。

這就是他的決策過程中第一個缺口，所以我鼓勵他不妨用一些時間思考自己的交易策略、成就和能力，好讓他發現潛在的全壘打機會時，可以清楚解釋為什麼他的看法是正確的。

這是一項很簡單的功課，他只需要寫下他心裡的無數想法，並補充更多細節讓他的優點更清晰。整理這些想法讓他更加確定自己正在進行的事情，進而使他擺脫焦慮。

這項功課讓他思緒變得清晰之後，他想嘗試切斷外部的資訊來源。雖然剛開始的幾天會感覺很奇怪，但後來他發現自己的心理能力有了很大的進步。他可以更長時間地維持專注力，不容易分心。而這個改進很快地帶來下一個改善方法。

切斷了外來的資訊，使他可以專心聆聽自己的意見和直覺，而直覺能強化他的交易能力，從而區分直覺以及阻止他採取行動的質疑聲音。當他的直覺就像拼圖被拼湊在一起時，他能知道接下來會發生什麼事情，所以只需要等待訊號出現就好。

這是截然不同的體驗，相較於過度思考和自我質疑的恐懼感，以及強烈的生理反應：恐懼會使他胸口緊縮，感覺胃都打結了。一一寫下這些想法之後，讓他可以當下察覺差異，並依觀察採取行動。

艾力克斯收穫這些改善之後，證明它們正是克服障礙的關鍵。在我們培訓期間，雖然沒有遇到最佳的交易機會，但後來我有問過他，而他是這樣說的：「這真的讓我大開眼界。我掌握了狀況，又等了幾週，直到條件對了才行動。後來，到了對的時機點，我毫不猶豫地完成交易。我看得很清楚，當其他人都還站在船的另一側，但我知道進場的時間到了。我已經做好交易的計畫，通通寫在紙上——我應該投資哪些標的、交易的原因和條件，以及投入多少百分比的資金。所以當時機成熟時，我就行動了。」

艾力克斯不只加足籌碼，還持有它們一段時間。以前的他估計自己只能把握三分之一的潛在獲利，這也誘使他出現貪婪的想法。現在有了退場機制，他能將獲利推高至三分之二。至於剩下的三分之一，他採取「順其自然」的做法，並且將底線設定在損益兩平。

艾力克斯是注重精確的人。因此，這些細微的弱點所造成的問題，才會遠超過他的想像。這些問題也都是恐懼的訊號。如果你的過程中存在缺口，你必須用非常強烈的自信，相信自己沒有感到恐懼，但這不是理想的修正方法。實際上，我們必須將這股恐懼視為訊號，來幫助我們找出過程中有哪些需要改善的地方。

假設有錯誤存在

我們唯一能真正確定的是，市場是完全不受控的，對吧？然而，有的交易者會假設變異因素不會影響他們的結果，否定這項確立的事實。他們相信每一筆損失或者獲利未達預期，都代表他們犯了錯。

在盤中交易時段，這樣的假設會刺激你產生緊繃、緊張和壓力，使我們極度容易犯錯，比方說因為猶豫不決而以錯誤的價格做交易，或者在最有餘裕的價格空間卻持有太少的籌碼。基本上，不考慮變化因素的影響，就是在高估自己的控制力。你會為自己的結果承擔過大的責任。而從另一個角度來說，盲目地責怪變異因素也是一種缺陷，會導致不必要的錯誤。

高估控制力的這種模式，通常是來自幾次連續獲勝的交易，也就是你精準地抓住完美的進出場交易。這時候，有兩件事情會發生：

一、你不考慮正向的變異因素，而且無論你自己有沒有發現，你都會認為那些超過預期的獲利都是是因為你具備優異的交易能力。

二、你開始相信每一筆交易都應該得到最大化的獲利，或至少最高報酬的情況應該要更頻繁。

結果，只要你沒有獲得最大化的獲利，即便已經獲得可觀的報酬，你仍會認為是因為自己的失誤。儘管沒有那麼黑白分明，但當你愈常認為自己有失誤，你就會開始變得猶豫不決，並且開始在交易後懷疑自己的進出場價格、風險計算等等，因為你不想要再次「犯那樣的錯誤」。

對完全控制的渴望會使交易者以正確或不正確的二方法來編碼自己的表現。然而現實是，投資交易沒有那麼簡單，有太多事情是我們無法控制，也不歸我們控管的。不過，想要得到更多的控制有其他的方法，其中之一就是改變自己看待犯錯的方式。接下來的這張表格已經在第一章出現過，而且這張表格比二分法更好的是把錯誤分成了三種類別。

再次提醒，在A級心理戰中，我們所犯的錯都可以歸因於技術因素，例如你尚未學到的知識，或者你還沒發現市場最近出現了變化。這些「學習錯誤」是無法預防的，而且都是學習過程的必經之途。

A級心理戰	B級心理戰	C級心理戰
學習性錯誤	輕微的錯誤	明顯的錯誤
起因： 戰術上的決策有無法避免的弱點	起因： 戰術上的決策有弱點，加上心理或情緒欠佳	起因： 心理或情緒狀態欠佳，導致你的情緒太緊繃，或者精神不好

而在B級心理戰中，是因為些情緒上的混亂，才導致我們無法回到A級心理戰，但也不至於落入C級心理戰。加上還有一些戰術方面的錯誤，你還有需要學習的地方，但也許不是太明顯到很容易發現。雖然這些錯誤也曾在C級心理戰中發生，但是那時候犯的錯非常明顯，基本上沒有什麼可以從中學習的。相反地，心理和情緒缺陷會導致這些錯誤的發生。

為了解決這個問題，首先需要訓練自己用這種方式找出並分類錯誤。這張表的優勢在於可以減少誤會自己犯錯的機率。所以如果你還沒有完成A級到C級心理戰分析，不妨現在就寫下你容易犯的明顯錯誤，以及那些輕微的錯誤。如果你還能找到最近遇到的學習錯誤，那也很好。如果沒有的話，就先留著不用寫。

如此一來，當你認為自己犯錯時，請回頭檢查這張表。如果沒有符合明顯或輕微的錯誤，那麼請花一點時間思考造成損失的原因，是不是來自你不瞭解的領域，或者出現了能強化你現階段能力的新事物。如果是，那就很有可能是學習錯誤，而恐懼這類型的錯誤即表示害怕學習。

明顯的錯誤

「害怕犯明顯的錯誤」的意思再明顯不過，指的是你害怕犯太顯而易見、令你簡直難以置信為什麼會發生的錯誤。

更令人惱火的是，你明知道自己做錯了，可是你仍然那樣做了。你感到震驚和懷疑，因為你無法阻止自己明知故犯，結果導致相當程度的憂慮和緊張。這一天才剛開始，你已經很緊張，擔心萬一哪件事情跟你唱反調，你就會立刻失控，並犯下一些嚴重的錯誤。

即便你刻意預防自己犯錯，但你的恐懼卻分毫不減。你不希望自己的努力白費，不希望自己被打回原點，不願意看到自己除了變得更畏懼，一點進步都沒有。

害怕犯明顯的錯誤是沒有問題的，因為我們阻止自己的能力很薄弱。然而，交易者通常會過度關注實際的錯誤，而非造成犯錯的**原因**。正如我在上一節提到的，我們之所以會犯明顯的錯誤，都是因為參雜過多的情緒，才沒機會阻止錯誤發生。而且，交易者容易將心理和情緒因素排除在外，尤其是對於比較明顯又基本的錯誤。於是當他們**的確**犯了明顯的錯誤時，他們無能為力，因為他們認為自己已經具備足夠的知識，能夠阻止自己犯那種錯誤。他們認為這只不過是湊巧，或者認為自己可以很輕易彌補。

你必須知道，這些錯誤不是在控訴你的交易能力，而是像一把手電筒，讓你聚焦在導致這些明顯錯誤發生的心理和情緒問題上，例如貪婪、損失恐懼、憤怒、失去自信心或過度自信等等，這些問題先逼迫你犯明顯的錯誤，然後才衍生出你對於明顯錯誤的恐懼，因為你無法阻止它們發生。我們必須先解決真正的問題，才能阻止自己犯明顯的錯誤，進而使恐懼永遠消失。

你可以透過同時做以下兩件事情，加速消除恐懼的過程：制定策略來解決造成明顯錯誤的原因，以及重新建立你對自己表現的信任。也許一開始你還是會擔心這些錯誤仍會發生。這是很合理的想法，因為犯錯的風險仍然存在。但隨著你漸漸進步，你會知道明顯錯誤發生的時間和原因，以及即時阻止它們發生的方法，於是發生明顯錯誤的機率就會降低。

失敗恐懼

成功與失敗就是硬幣的兩面。只有一支隊伍可以贏得超級盃冠軍，只有一名高爾夫球選手能夠在美國名人賽獲勝。若以這個觀點出發，體壇中大部分的人都是失敗者——這正是競賽的本質。然而，我們詮釋失敗的方式將會決定未來。

沒有選手是為了失敗而奮鬥，但只有菁英分子知道，在追求卓越的路上，失敗所扮演的關鍵角色。失敗會指出我們在技術方面和心理層面的不足之處。失敗會讓我們明白，自己有多渴望成功，驅使我們加倍投資時間和努力來精進自己的能力。

喬丹剛開始他的職業生涯時，曾經連續輸了六年的NBA季後賽。那些失敗的經歷成為他進步的動力，它們沒有阻止他成為一代籃球之神。他從失敗中學習，並以此突破困境，最後連續六年蟬聯NBA總冠軍。那些追求卓越之人不會逃避失敗，他們勇於接納失敗，因為失敗能使他們變得更強。

投資交易上的成功與失敗，雖然沒有像運動場上那樣涇渭分明，但在你重新建立資本或名聲時，對失敗抱持正確的心態也能帶來同樣的影響。可是，如果你畏懼失敗，即表示你對失敗的詮釋存在缺陷。這跟你過去是否曾經經歷失敗無關，問題在於你看待失敗的角度。

失敗對每位交易者的意義都不一樣。對有些人來說，失敗只代表他們沒能達成自己的目標，但有些人則會以失敗來定義自己。恐懼失敗不一定是壞事。這份恐懼可以成為無比的動力，驅使我們更努力去贏得成功，也能促使有勇無謀的交易者學會如何控管風險。

然而，有些人特別希望遠離失敗，龐大的壓力反而會使他們崩潰。當你對失敗的看法太過沉重，讓你過度思考決策，只在自己覺得完美的時機點進行交易，為過小的籌碼找理由，以及太執著於虧損部位和錯過的機會。於是，當遇到價格急跌的時候，你會不知所措，只想到要控制虧損以及如何不做傻事，或者更糟糕的是，你恐慌地賣出後，卻看到價格起死回生。諷刺的是，對於有這個問題的交易者來說，害怕失敗的壓力反而使他們更容易操作失敗。

無論是在交易和表現上，都很常見到恐懼的情緒，所以相信你已經聽過許多關於這個問題的建議，像是「追求小一點的勝利」、「勇於接納失敗」、「失敗為成功之母」、「從失敗中學習並繼續前進」等等合乎邏輯的正確建議。可是，如果在失敗恐懼的背後潛藏著尚未被發現的缺陷，這些建議就無法幫上忙。以下是最常見的缺陷，如果你想要征服這個問題，就必須先揭開這些缺陷的面紗。

期望太高

期望太高的意思，其實是期望太難達成，所以多年來你仍然辜負了期望。一直無法實現期望，讓你開始懷疑自己的能力不足以達到標準，最終演變成恐懼。

這裡的缺陷不是你目標設定得太高。擁有愈遠大的抱負，你才能飛得愈高。這個缺陷是指你**期待**自己達成最高的目標。實現抱負是一個過程，即便你還不知道需要經歷哪些步驟。相較之下，達成期望則不在於過程，因為期望注重的是結果。

打個比方，為了成為公司第一名的交易者，你設定里程碑、尋求其他同事的反饋並與他們合作、檢視自己的交易結果，以及優化你的每一筆交易執行，你所做的一切都是為了達成這個抱負。每一天，你都按照這個流程，勤奮地想方設法求進步。從那個角度來看，儘管不樂見失敗，但你會學到教訓，並利用那些教訓追求隔年的目標。

另一方面，如果無論自己有多努力工作，或者市場環境是好是壞，你都期望能發生同樣的結果，如此一來，失敗會讓你極度震驚，並認為這段時間的經歷都白費了。時間久了，如果這種失敗或其他事情的失敗持續發生，恐懼感將會油然而生，使你妥協不再追求實現抱負。高度的期望可以提振士氣，但也可能導致自我傷害。

這正是弗拉德的問題。弗拉德在南非擁有一間交易公司，這間公司利用演算法交易系統來管理他們的投資組合。這個系統的效果很不錯，而且對他們的投資組合特別有效。然而，弗拉德的問題在於如何辨別人工干預的正確時機。他經常在錯誤的時間手動干預系統。他對市場趨勢的偏見取代了這個系統，而且有足夠的證據證明他不適合用自己的偏見介入操作。

為了弄清楚為什麼會發生這些錯誤，他製作了自己的恐懼檔案，並利用電子試算表來追蹤情緒變化。身為一名凡事都用系統解決的人，他喜歡用量化和衡量的方式來看待情緒，藉此即時看見錯誤是在哪裡發生的，標記出那一個錯誤，然後在收盤後，利用心理手牌紀錄深入探究。此外，他也追蹤自己的日常生活習慣、睡眠品質和其他情緒會如何影響他在交易時的情緒，還有交易時的情緒對睡眠和從事其他活動時的情緒的影響。

他發現自己會不斷地想要證明自己是對的。在我們的課程開始之前，他經歷了一段極度焦慮的時期。他總是在想像最糟糕的情況：其他人都能安全下莊，只有他的公司賠光所有資金並宣布破產。他無法入睡，就算他睡著了，他也夢見自己在做交易。他說那時候就好像沒有「關閉」鈕似的，他的心情很糟糕，所以他一邊緊盯著螢幕，一邊害怕看到不好的結果。

自從我們開始培訓後，他的情緒已經有很大的改善，但他還是沒找到問題的根源。幸好在完成接下來的心理手牌紀錄之後，我們發現了真正的原因：

❶**問題是什麼：**我最害怕的是失去價值，以及與投資人之間的關聯性。擔心我的客戶不知道會在什麼時候對我說「不必了，謝謝。」這已經不是有來有往的情況，因為我無法客觀看待交易結果，也不認為我的系統能夠長期獲利。別人的話使我變得情緒化。我不能輸掉這些錢，因為我的客戶很害怕，進而加劇我對失去價值的恐懼。

❷**為什麼會有這個問題：**當我回頭看我過去曾做過的決定，我不明白自己為什

麼會感到害怕，因為客觀來看，我從未失敗過。不過，我倒是沒有如期在二十五歲前成為百萬富翁。我相信總有一天我能達成這個期望，但我的內心非常害怕自己會偏離這條道路。我不認為自己是個失敗者，但就算只有一丁點的失敗機率都足以讓我嚇破膽。

❸ **哪裡有瑕疵：**我對自己的期望太高了。我真的相信自己有一天一定可以實現我的期望，但時間框架的限制，反而增加了不必要的負擔。

❹ **有沒有修正方法：**更明確瞭解我的價值在哪裡。我擅長減緩下行風險、建立新的系統，也懂得作為一名優秀的執行長，應該如何帶領公司持續成長。

❺ **為什麼這個修正方法有效：**期望使我看不見自己的價值有多可貴，因為我太注重結果，那樣反而不利於我持續發展專業、充實價值，以及對公司的成長做出貢獻。

弗拉德依照他的邏輯思考，以有組織的方式檢視情緒反應的根源，於是他才能阻止自己在不應該干預的時候介入。他也能夠利用自己所瞭解到的情緒，調整他在公司扮演的角色，促進公司持續成長。

當弗拉德終於明白自己傾向避開風險，而且對他人的情緒和期望容易過度反應，於是他改變了自己的工作方式。例如行銷決策，當他參與時，總是過度積極又霸道，所以他決定退出這個過程，並選擇相信自己的員工。正如他所說的：「這就像一個經營模式的多元化過程。我將注意力放在經營這間公司，退出行銷決策過程使員工的表現更好。放手讓他們去做，我只要專注在我主要的貢獻上，這個方式大幅降低了我的焦慮程度。」

當然，成功沒有奇蹟，只有靠努力打拚。弗拉德還有一些控制方面的問題，不過現在他睡得著了。他的生活品質改善許多，工作時也比較能集中注意力，現在他已經不會再為了控制一切而壓榨大腦了。

除了弗拉德採取的方式，這裡也有一些方法可以讓你遠離期望過高的負面影響。正如我在犯錯恐懼的段落提到關於完美期望的內容，首先是將期望轉變為抱負，藉由遠大的抱負來維持高昂的鬥志，而免於期望造成的壓力。因為你接受犯錯是過程的一部分，你還能更快地從錯誤中學習。

不過，轉念還不夠。失敗恐懼還可能來自過去的失敗經驗。為了修正那些累積下來的情緒，我們需要回顧自己的交易歷史（可能也包含個人經歷）來檢視過去的失敗。接下來的過程就是為了幫助你：

步驟一：試著列出你認為是失敗的事情，無論是在交易或其他方面。檢視這份清單，並試著問自己現在還會想起哪一件事情？你會不由自主地想起哪一件事情？現在當你想起這些事情時，哪一件事情仍然會刺痛你的心——雖然已經過了好幾年，但彷彿還能感受到當時的痛苦？

步驟二：請將注意力放在最痛苦的那一次失敗上，或最近讓你感覺到最負面的事情，並回顧自己失敗的原因。你犯了什麼錯誤？有什麼事情是以前的你還沒搞清楚的？你從中學到了什麼？這件事情讓你在交易上，或者其他方面有所進步嗎？

步驟三：想一想那一次的失敗經驗，讓你至今無法忘懷的原因是什麼？如果當初沒有發生那件事，你覺得自己的人生會有所不同嗎？你是不是感到遺憾？你是不是尚未原諒自己犯了錯，而導致那次的失敗？

步驟四：利用心理手牌紀錄檢視一下，現在還無法放下這一次失敗的原因有哪些，接著修正潛藏在那些原因背後的缺陷。

直到你可以對過去的失敗不再感到痛苦之前，請定期回顧你所寫下的內容。某一天你可能會對這件事情感到開心，因為那次失敗已經教會了你，或者你所學到的事情最終讓你賺進了財富。但我們的主要目的是，不要為過去的失敗感到氣餒。

低估自己的成就

有些人會害怕失敗，是因為他們過度關注失敗勝過關注自己的成功，從而放大失敗的痛苦。這種模式通常是發生在期望過高的人身上，因為他們認為自己一定能成功實現期望，卻沒有給情緒相對應的關注；也就是說，當有所成就時，他們不會感到滿足、自豪、有成就感，以及喜悅。如果我們能確實體驗到這些積極正向的情緒，負面情緒就不會持續太久，我們很快就能朝著下一個目標努力。

我並不是建議你要陶醉在自己的成就之中，因為那麼做可能會使自己變得驕傲自大或過度自信。只是，我們需要維持情緒平衡，否則過度關注失敗將會使你陷入不斷放大失敗的循環，最終導致自己的觀點失衡。

不妨嘗試接下來的方法，恢復你對成功和失敗之間觀點的平衡。請寫下你的成功經歷，並試著檢視有沒有尚未被承認或低估的經歷。給自己幾週時間持續做這件事，因為我們很難一次記住這些經歷。為什麼這項成就值得被重視和欣賞？為什麼這是個有困難度的挑戰，而且不一定能實現？有什麼讓你覺得開心的地方？

然後再次閱讀這張成就清單，想一想自己是如何辦到的。你付出了什麼？在過程中學到了什麼？

這麼做的目的是為了以同樣的態度看待成功和失敗。從失敗中學習往往比較簡單，因為失敗會突顯我們的不足之處。可是，從成功中學習更為重要，因為我們不只可以實際學到經驗，還可以重塑自己的觀點。

定期複習自己寫下的內容，直到你懂得從這個新角度思考過去的成就。更清楚地說，新的角度會突顯你已經獲得的知識、技巧、習慣和過程，並且賦予你追求下一個目標的能力，進一步使你沉澱情緒面對下一個目標，以及減輕對失敗的恐懼。

低估自己的能力

相信你已經明白，不確定性是孕育恐懼的溫床。在一些情況下，不確定性的出現是因為你不知道自己具備哪些投資交易的技能。因此，熟識自己的能力範圍能增添這份確定性，當交易過程中的不確定性減少了，你就不容易害怕進行交易。我不是要你發明或編造原本沒有的技巧，你只需要知道有哪些潛在的缺陷會使你看不見自己的長處，然後試著修正那些缺陷。

想像你站在高聳入雲的山頂。對你來說，山下的一切事物都被雲霧遮蔽了，你還以為自己站在雲上。因為待在山頂太久，你已經忘記山有多高，甚至覺得山下是一片虛無，你隨時都可能穿透雲層，直接掉到地面上。但就在這時候，雲層完全散去，你又可以看見腳下的高山。而且，你正踩在結實的土地上。

這座高山就是身為交易者的人，在投資交易過程中收獲的知識。你已經爬升到一定的高度。（也許尚未到達你想要的高度，但也沒有關係。）若你忽視自己的能力，你就會在不必要時感覺到不安，就像當你看不見腳下的基石時，心裡就會滋生恐懼。無論你在這座知識之山爬升到多高，請花一些時間鞏固那些被忽略的知識、技能和經驗，你才能提高處理不確定性的能力，減少恐懼。

認為自己不夠格

失敗是什麼樣的感覺？虧損和不成功讓你受到打擊，覺得自己是個失敗者？如果你的回答是肯定的，那麼當你從事交易時，有失敗風險的不只是金錢而已。你會透過交易塑造自己對交易能力的看法。

為了保護自己不被列為失敗者，也許你在不知不覺中減少研究新想法或改善交易策略的時間，你阻止自己盡全力發揮，這讓你沒能發現自己害怕成為失敗者。因為一旦你盡全力去做，仍然失敗了，你很可能會難以消化不管有多努力還是注定要失敗的念頭。

這裡的潛藏缺陷是，你相信自己總是會失敗。你會用失敗定義自己：你就是失敗的原因。失敗就是你，永遠都不會變。當你戴著這樣的眼鏡檢視自己時，就永遠看不見成功的可能性，充其量也只會將成功當作暫時逃過失敗的宿命而已。或者，你從未用這種方式去看待失敗。很少有人會將失敗視為自己的特質，失敗也不是人們常常會思考的事情。但當你深入探究恐懼以及失敗所招致的威脅，你會發現自己在某種程度上，也是用同樣的方式看待失敗。

如果你也抱持這種信念，就不可能認為失敗是可貴的事情，當然也不會認同失敗為成功之母。所以，為了破除你的恐懼，我們需要先修正「失敗是注定的」的錯覺。為什麼你要死守這個信念呢？

在這裡我們同樣要利用心理手牌紀錄來整理內心的想法。就像接下來的例子：

❶ **問題是什麼：**我很害怕，要是我加碼後失敗了，一切都沒了，好像一架飛機已經開到懸崖邊，飛不起來就等著摔到谷底。

❷ **為什麼會有這個問題：**我知道必須加碼才能達到目標，實現我的夢想。這是殘酷舞臺，要是我失敗了，就好像世界末日一樣，我做不到。

❸ **哪裡有瑕疵：**雖然加碼是取得未來成功的關鍵，但不是決定我的交易績效的關鍵。如果加碼失敗了，那也不會是終點，我還有很多的機會。這不是不起飛就等死的情況。雖然我不知道接下來會怎樣，但我知道那裡不是懸崖。

❹ **有沒有修正方法：**無論籌碼多寡，每一筆交易都是發揮優勢的機會。加碼不是絕對要做的事，無論輸贏，這趟旅程都會繼續下去。

❺ **為什麼這個修正方法有效：**這不過是一次障礙。我已經征服那麼多的障礙，

接下來還會有更多要跨越的難關。如果我這次沒有過關，將來還會有很多機會……但讓我看看現在有沒有機會跨過去！

表現失常

你曾經像參加大賽的運動選手那樣，在關鍵時刻卻戲劇化地表現失常（也就是在壓力下發揮失常（choking））而失敗過嗎？這就像知名高爾夫球選手吉姆．弗里克（Jim Furyk）在二〇一二年美國公開賽上，明明只剩六個洞就能奪冠，卻接連出現不尋常的失誤最終將冠軍寶座拱手讓人。如果你也曾經歷過類似情況，你會害怕失敗完全合情合理。

你曾經在關鍵時刻愣住、無法思考，並且無力執行嗎？當這種情況第一次發生時，我們可以輕易地忽視它，把它當作是一次性的意外事故。但後來卻又上演了相同的情況。沒有明顯的刺激因素，你也不知道什麼時候還會再發生；更糟糕的是，你不知道為什麼會發生，也不知道如何阻止。那些未知數會孕育恐懼，並且持續潛伏在你的腦海裡。也許這就是為什麼弗里克明明是當代最優秀的高爾夫球選手之一，他在那之後又參加了幾場大賽，卻從此再也沒有贏得冠軍。

在交易的關鍵時刻，表現失常是一個很複雜的問題，而且每個人失常的方式和原因都不相同。但唯一的共同點是，強烈的情緒（通常是恐懼）會迅速壓垮理智，並且關閉大腦的思考功能。為了修正這個問題，首先我們需要辨別自己有哪些累積的情緒可能會導致我們無法發揮平時的水準。那些情緒正是導致失常的原因。

我們大多需要處理多種情緒因素以及缺陷，包括憤怒和喪失自信心。好好剖析問題，並且逐一解決問題的每一個部分。同時，你需要縮減規模或風險，以暫時降低投資交易所刺激引發的情緒。需要處理的情緒愈少，失常發生的可能性就愈低，從而製造喘息的空間來修正你當下的情緒反應。

等情緒累積太多到爆發時，那就太遲了。你會被情緒壓垮，而且肯定會再次失敗。再者，你還得處理混亂的後果。一旦你在情緒較輕鬆的情況下，證明自己已經有所進步，請慢慢地推砌你的籌碼，就像傷口需要時間復原一樣慢慢來。最後，你會發現失常再也不會發生。

正如我們在這一章看到的，恐懼可能身兼數職，也有很多原因潛藏在背後。利用心理手牌紀錄和辨識工具，以系統性方式找出恐懼的根源，才能更有效戰勝心理戰。

我們即將探討下一種情緒——情緒失控，也就是憤怒，使用這些工具將更加重要。憤怒可能會以近乎與恐懼相反的方式出現，所以探究憤怒的模式將變得更複雜。一旦憤怒被點燃，我們會比較不願意努力解決相關的問題。然而，為了獲得長期的解決方案，我們必須層層拆解問題。那麼讓我們一起進入第六章〈情緒失控〉吧。

第6章

情緒失控

「憤怒是糟糕的顧問。」——捷克諺語

在撲克牌的世界裡，我們會用英文字「tilt」來形容因為生氣而胡亂打牌的玩家，意思是他們因為情緒過度緊張或焦慮而產生糟糕的表現，例如我們常常會說玩家「情緒失控」（on tilt）。還有一些很有趣的衍生用法，比方說「發瘋的猴子失控了（raging monkey tilt）」形容玩家不只做出最糟糕的決定，輸掉一大筆錢，還讓自己在眾人面前出醜。正如你能想像的，太多人都迫不及待要跟這種狀態的玩家比賽。

tilt 的意思本來不是源自於撲克牌，這個字其實來自彈珠遊戲，玩家真的得讓遊戲機臺傾斜（tilt），才不會讓彈珠掉進兩片撥板的中間，或者利用傾斜來控制彈珠的滾動方向。我知道有些交易者有在使用這種說法，所以我想要讓這個撲克牌術語也成為投資交易的術語。與其說「我生氣了，所以做出一些糟糕的決定」，「我失控了」聽起來更貼切又有趣。畢竟，如果你有憤怒的問題，在討論這個問題時增添一些趣味，何樂而不為呢？

有些人已經發現憤怒會影響表現，也敏銳地察覺到憤怒行事的代價。憤怒在交易日中累積，或者接連好幾天慢慢增溫，直到情緒到達沸點，這時候你變得容易投機，獲利和虧損的部位都持有太久，或者變得過於激進。你追逐虧損並急著下決定。突然之間，你的情緒爆炸了，而且似乎一點徵兆都沒有。

也許在你還沒發現時，情緒就已經在內部失控了。因為你不像其他交易者會表現出自己的憤怒，而是將挫敗和怒氣通通掩飾起來，甚至對自己也是這樣。你的情緒失控不太明顯，在憤怒累積的過程中，你會比平常更安靜、更緊繃，就像一個即將爆開的壓力鍋。

這可能是因為你的風格、個性，或照顧自己的方式。也許你總是讓自己默默承擔。有些人所在的環境不允許他們展現憤怒，所以你很快便學會在交易中要好好控制怒氣。

有許多方式可以讓情緒失控。你可能會因為交易成果、市場或你自己而感到挫折。雖然你不會隨便生氣，但總有一些事情會點燃怒火。也許是市場情況對你不利，價格與你期望的走勢相反。或者，當你送出委託單並成交後，那筆報價就不見了。或者，你很惱火，因為有一支基金正在大量交易，使得市場劇烈變動。

受到這些刺激時，接下來你可能會：

■ 因為挫折感而送出過多交易

■ 在心裡咒罵著：「去他的市場，根本狗屁不通。這是在開我玩笑吧！真不敢相信我那麼背！」

- 勉強成交，試著彌補損失，好讓今天至少能達成零虧損
- 偏離你的交易策略（不守紀律）
- 採取明知道是錯誤的交易設定
- 一邊追逐市場，一邊心想價格不可能再漲上去（或不可能再跌）
- 相信自己可以戰勝市場：他們怎麼能以這個價格水準買進（或賣出）？這不合理啊，價格就要回檔（回升）了
- 一旦你做了一筆糟糕的交易，你就不想思考太多，反而像打開防水閘門般一筆接著一筆完成交易

當你做出這些反應之後，你也許會轉為採取像是深呼吸、休息一下、暫時離開、去健身房運動，或正面思考等等的策略。這些策略可以使你的情緒暫時恢復平穩，但卻不是永久的解答，你必須找到真正的解藥。**要記住，憤怒是訊號，不是真正的問題**。想要消除憤怒，我們必須先瞭解自己在對抗的潛在缺陷。

情緒失控的本質

生氣並不是壞事。憤怒能使我們發揮驚人的能力採取行動以及進步，但它也可能導致表現問題，所以你才會拿起這本書。因此，要解決情緒失控問題的第一個關鍵在於，瞭解自己生氣的具體原因。當潛在缺陷、偏見或想像與現實有所衝突時，就會導致憤怒；也就是說，憤怒是衝突的訊號。當憤怒被引爆時，正是我們找出真正原因的機會。

存在兩人之間的衝突是最明顯的，比方說爭論誰才是史上最偉大的運動員、稅務政策的優缺點，或者與伴侶一起決定金錢的運用。當衝突加劇時，你很容易就會誤解對方，或者無法理解他人的觀點。如果再加上額外因素，例如時間壓力，雙方都會漸漸感到挫敗，導致衝突變得徒勞無功，甚至演變成對立。

然而，當你們理解彼此的不同，並解決衝突後，憤怒就會消散。所以實際上，有時候衝突能幫上忙，而且無論衝突是否愈演愈烈，都能促進互相理解。

在投資交易時，會演變成憤怒的衝突往往發生在你和市場、以及你和你自己之間。可以理解你想要與市場對抗，但關於內心的衝突呢？與自己的衝突可能會使你不斷撓頭苦惱。如果你曾感覺像在「與自己為敵」，那就是非常精準的描述。實際上，你在對抗的是我一再提到的表現缺陷，例如你相信自己運氣比其他人差、你認為自己絕對不能犯錯，或者你明白接下來將會發生的情況。

從邏輯上來說，我們都知道思考和反應的正確方式，而且利用這份知識來對抗自己的缺陷。比方說，在連續虧損四筆交易後，一邊的你希望不要再承受損失，另一邊的你知道這個想法有多荒謬。這就是你與自己發生衝突的例子。你正在努力阻止自己，不要對損失過度反應。當獲勝者是你的時候，就能把心中的野獸關在籠子裡。但有的時候，強烈的憤怒會支配你的理智，使你失去控制。

比起其他類型的衝突，這些衝突不一定會惡化。情緒失控不是無法避免的結果。然而，未知的衝突來源會使我們產生挫折感，進而轉變為憤怒。而憤怒是真正問題的訊號。

不幸的是，交易者通常不認為憤怒是一種訊號，而是將它當作問題本身，於是便引發「比失控更失控的情況」。老實說，你是因為你生氣了而生氣——因為你無法控制憤怒而生氣，因為你做了一筆照理說絕對不會進行的交易而失控，或者因為你根本不知道該如何解決情緒失控的問題而發火。

這種次級憤怒就像在提油澆火。所以這一章是幫助你利用頭腦來滅火，澆熄憤怒對交易執行的影響，以及防止未來發生火災。

憤怒可能持續數週，甚至好幾年。如果你是很容易情緒失控的人，從心平氣和變成暴跳如雷，就是因為累積下來的怒氣失控了。經歷長時間的價格回檔，經常會使我們的憤怒積累，你會發現自己一天比一天更容易生氣，這是因為前一天的怒氣也被帶到隔日。憤怒就像一個裝滿水的杯子，雖然每天都有把水倒掉，但還是會有一些殘留在杯子裡。這也意味著，在杯子的水滿出來以前，不要再往裡面倒更多的水。

實際上，在一個糟糕的交易日收盤後，你可能會發洩掉一些情緒，但你的情緒並沒有真正歸零。即使隔天你帶著積極的心態展開新的一天，但情緒失控的速度又比前一天更快了。這就是累積而來的情緒失控，這些憤怒會潛藏在深處，並在瞬間影響你的交易執行。

憤怒的常見訊號

就某種程度而言，憤怒出現的方式剛好與恐懼相反。在前一章中，我解釋過恐懼會支配我們評估風險、思考、決定、相信直覺以及預測的能力，甚至讓這些能力與我們為敵。然而，憤怒會使我們無法發揮這些能力。

在恐懼的壟罩之下，我們必須面對過度思考和事後揣測的風險；而憤怒讓人無法正常思考，因此我們容易不假思索地進行交易。一旦被恐懼壓得喘不過氣，風險趨避是個大問題；而情緒失控會蒙蔽我們的視線，使我們看不見風險。當你正在氣頭上，你會認為自己的決定和想法都有正當的理由，而且不認為自己有可能會做錯。這正好與恐懼時不敢相信自己直覺的情況相反，恐懼會使你認為自己的直覺是不正確的，所以你反而會拒絕依循直覺。

大部分的交易者直到看見自己身邊出現嚴重情況，比方說虧損、犯錯、對同事過度反應、破掉的咖啡杯等等，才會注意到自己的憤怒訊號。但事後才發覺自己的情緒失控，就像在機會已經消失後看到自己本來可以做的交易。

你需要一份明確的失控模式圖，才能即時發現訊號，以避免情緒爆發。那麼現在讓我們深入瞭解幾種憤怒的常見訊號，藉此更瞭解生氣時的情況。雖然這些跡象有的重疊而且看起來很類似，但它們之間的差別可以幫助我們更容易分辨自己情緒失控的模式。

偏執不變通

憤怒的特色標誌之一是，你對某件事情的執念非常強烈，強烈到你無法放下，甚至可能危害到自身。最常見的就是對特定成果或過去曾犯的錯誤的執念。

對成果的執念：你知道你想要的是什麼，至死方休。專心致志可以被視為一種優點，在平常的情況下，這份專注力能驅動你追逐成功。但要是其中參雜了憤怒，這項優點就會變成缺點。

這種一意孤行的思維會使人做出糟糕的決定，而被誤會為缺乏紀律。即使你知道自己不應該再做另一筆交易，但在那個當下，把錢賺回來是唯一重要的事情。有人會稱這種情況為「見樹不見林」，就像一隻獅子鎖定牠的獵物，眼中除了獵物之外什麼都看不見。

對曾經犯的錯的執念：這是另一種很常見的執念。在犯錯之後，你一整天都只會惦記著這件事情，甚至接連好幾天、好幾週都縈繞在你的腦海中。要是你仍無法置信自己有多愚蠢才會犯下那個錯，那麼即使過了好幾年，這件事都還是會引起你憤怒的情緒。你的思緒會像滾雪球般失去控制，試圖找出自己犯錯的原因。這些思緒會影響你，使你無法看清市場的現況。雖然知道自己不應該這樣執著，但你無法阻止自己不去想。你愈不能放下，就會愈痛苦。

- **心理戰妙計：**清楚知道自己有哪些執念。把執念當作是提醒自己的訊號，執念的出現即表示憤怒已經癱瘓你的思緒，而你卻還沒意識到。當你發現那個訊號出現時，先活動一下身體，例如深呼吸或站起來，加強自己的意識再開始處理那些憤怒。在開始放下執念之前，你要先準備好自己的心理狀態。

風險盲點

憤怒還有另一種常見的訊號，那就是看不見風險，或者不在意風險控管是否適當。這種訊號有兩種表現方式。憤怒會蒙蔽你的雙眼，讓你看不見平時顯而易見的風險，這好比你正在開車，卻沒看見停車的標誌。在盛怒之下，你不僅看不見危險，還會忽略那些平常會考慮的因素，或者你忘記了現有的風險限制。

另一種風險盲點的情況是，你知道風險的存在，或許你也意識到自己所做的事情可能是錯誤的，但正在氣頭上的你根本不想理會。你認為自己的決定是正確的，因此承擔額外風險在當下看來似乎也是合理的。你就是想要你想要的，管它什麼風險。

• **心理戰妙計：**在第一種風險盲點的情況下，雖然你看不見任何風險，但仍然有個限度。想一想什麼風險是你不願意承擔的，接著想出最簡單的修正方式，讓你犯錯的機率降至最低，就像我們在毛毛蟲概念那一段學到的那樣。而在第二種風險盲點的情況下，如果你已經不再在乎風險，請寫下你通常是基於哪些理由而願意承擔風險。將這些內容添加到你的模式圖中，這樣以後當你在說服自己相信一些不對的事情時，你就能對這類的情況更瞭然於心。

不多加思考

憤怒會讓你停止思考，使你不再考慮平常進行投資交易時，通常會列入考量的那些因素。這可不只是無視風險的存在而已，而是關乎整個決策過程，以及為什麼整個過程都消失了。就意義上來說，原本你會在自己的思緒護欄內做出決策，並阻止自己衝動進行交易，比方說為了當下能賺到錢、修正錯誤、糾正不公義的事情，或證明其他人是錯的，而憤怒將會剷除這些護欄。這就像行駛在高速公路上，所有的車道線和護欄都被拆除，讓你更容易開到對向車道，碰上迎面而來的車流。

雖然你的行為看似隨意，但其實只是缺乏平時考慮因素的約束，以及沒有按照策略執行進場及出場的交易。憤怒與恐懼會引起相反的效果，恐懼會導致過度約束，如過度思考及事後揣測，而憤怒則會消除那些約束。

• **心理戰妙計：**既然平常就存在這些護欄，請寫下在你的決策過程中，存在哪些關鍵因素，即便你沒有在生氣，也能經常提醒自己。這麼做有助於強化整體護欄，之後當憤怒試圖破壞它們時，你才有機會好好考慮要不要進行交易。

糖衣毒藥

當我們無法用平衡的方式思考損失、犯錯或情況時，我們的思緒就會被裹上一層糖衣毒藥。你會執著於發生的事情，並且編造一個故事，比方說自己是多麼愚蠢、市場是如何被操控，或者大公司是如何盯上你的。於是你無法抽離自己用這個方式去看待事情，即便其他人的努力也無法使你擺脫這個負面的思考循環。

從某個角度來說，這就像毒藥把你拉入水中，你甚至沒發現自己已經被責難、悔恨、假設和藉口淹沒。你陷入這個混亂的髒水之中，無法抽離。你相信自己的想法沒錯，並說服自己你的看法是正確的。

• **心理戰妙計：**基本上，這些包裹著糖衣實際上有毒的故事會一再上演，因為你會重複用同樣的理由說服自己，或者同一件事情會以不同的方式發生。請寫下你的故事或情況。自我認知永遠是第一步，當你淹沒在憤怒和負面情緒之中，自我認知可以讓你浮出水面呼吸。

發現自己的失控模式

儘管有許多共通點，但每個交易者情緒失控的方式都不一樣，理由也大不相同。由於憤怒會影響交易執行，失控模式可以幫助我們找出這個情緒的指數，藉此隨時觀察自己的憤怒程度。再者，失控模式可以幫助你瞭解導致憤怒的潛藏缺陷，以及引導你找出本章有哪些段落可以幫上你。

你可以利用以下的步驟，做成一份文件來發現自己的失控模式。

步驟一

在接下來的幾週，格外注意自己的**憤怒模式**。檢查並寫下那些關於憤怒問題的訊號，包含以下：

- 想法
- 情緒
- 令你大聲說出來的話
- 行為
- 行動
- 你的決定的變化
- 你對市場、機會和目前部位的看法的變化
- 交易錯誤

利用電腦或手邊的筆記本，一邊交易一邊寫下這一天的觀察紀錄。等到收盤後再回顧你這一天的發現，並補上其他細節。盡可能寫下完整的內容。別忘了，瞭解

自己憤怒的最佳時機之一就是在情緒失控之後。

這個過程就像腦力激盪，第一次總是無法盡善盡美。如果覺得很難，也請不要擔心。每個人都有自己的起點。只要使用你發現的東西，並以此為基礎持續發展，持之以恆下來你就會學到更多。即便每個人學習的速度不同，進步就是進步。所以這裡我提供了一些問題幫助你開始寫筆記：

■ 哪些情況通常會令你感到挫折、憤怒或情緒激動？
■ 當你生氣的時候，會出現哪些反應？比方說，雙手緊握、頭昏腦脹，或激動地摔滑鼠。
■ 你能不能描述什麼樣的情況會讓挫折感變得強烈，並且開始影響你做決策或執行交易？
■ 當時你的心裡在想些什麼？你有什麼想法？
■ 你的決策過程有哪裡變得不一樣嗎？
■ 最早是什麼訊號讓你發現自己有憤怒的問題？

還有一些你可能會遇到的具體訊號，包括因為挫折而進行交易，或者心想「去他的市場，根本狗屁倒灶。」你也許會發現自己老是在抱怨運氣差，以及怎麼又搞砸了。於是你開始追逐市場價格，因為你認為價格不可能更低了。

你可能會說，「這個市場已經瘋了！他們怎麼可以用那個價格買入／賣出？太不合理了。」有時候感覺就像防水閘門忽然打開，你迅速加碼虧損的部位，不多加思考地進行交易，藉此攤平之前的虧損。

盡可能捕捉所有的刺激因素。如果你需要確認那些刺激因素，不妨仔細看看你的想法和那些你想大聲說出來的話。要記住，不要批評或挑剔你的想法或你想說的話。你之所以會產生那些想法是因為某一個表現缺陷受到刺激。

以下是一些常見的刺激因素：

■ 一買入就有未實現虧損
■ 敲定交易價格後，報價就消失了
■ 連續虧了幾筆交易
■ 明知故犯的錯誤

■ 看到其他交易者賺到錢，你卻不在螢幕前
■ 發生意外事件，使你的交易大跌
■ 因為憤怒犯了愚蠢的錯誤，進一步讓你情緒爆炸
■ 有交易者質疑你的操作，感覺就像在攻擊你不夠聰明
■ 設想你應該要從一筆交易賺到多少錢

找出憤怒的模式是一個反復的過程。當你找到新的細節時，即便是稍微做調整，也一定要寫下來。任何小細節都很重要，都能帶來不可小覷的改變。在找出憤怒的情緒和改善執行力方面取得進步，是非常重要的。

步驟二

當你得到更多細節後，接下來要**依嚴重程度來整理這些筆記**。用層級一到十區分每一條細節的嚴重程度，層級一表示稍微有點挫折，而層級十則表示情緒十分激動。找出每一層級中，足以明確與其他層級區別的細節。

在你區分其中差異時，還要把這些細節分為兩種：心理與情緒面的憤怒，以及

技術面的憤怒。這些分類的層級數會是一樣的，所以層級一的心理與情緒面的憤怒，會對應到層級一的技術面，以此類推。

比較的基礎一定是你**個人**經歷過的情緒失控情況，不要跟其他人的做比較。每個人都有自己的範圍，但如果你拿別人的範圍來評斷自己，那麼你很可能會低估或高估自己的憤怒程度。這麼做會影響你的策略效果。

你可以不必寫出這十個層級的所有細節。與我共事的交易者中，大部分人都無法如此清楚地區分自己的憤怒模式。每一層級至少寫出三項細節就好。你也可以透過以下問題，找出不同層級的差異：

- 是什麼刺激使你感受到層級一的挫折感？這些心情是如何累積成為生氣或憤怒？比方說，可能是一次普通的虧損讓你生氣地往桌子捶了一拳。接著，你又虧錢了，但這次你感覺更不服氣；你可以感覺到自己頭暈腦脹，而且想勉強進行交易的欲望很強烈。現在你還沉得住氣，但你的大腦正在積極地尋找一個看似能夠全壘打的機會，好讓你可以加倍布置籌碼。只要一找到機會，你就會進行交易，然後很快就被三振出局，又是一次虧錢的交易。

■有哪些訊號會讓你覺得憤怒的程度還很低，還在可控制的範圍內？有哪些訊號會讓你覺得憤怒彷彿變成一頭野獸，完全打亂你的交易執行？

■當你的憤怒程度變高時，你對市場的看法有什麼不一樣的地方？有哪些你在層級一時會避免犯的錯，但是到了層級十卻會忍不住？

接著按照以下的格式來整理你的分類結果：

憤怒程度

描述你在不同的憤怒程度時，會有哪些想法、情緒、會說的話、行為和行動。至少完成三個層級。

層級一：緊握滑鼠，不停移動游標，像大海撈針似地尋找交易機會。打開我的操作表格，但沒有在做任何分析工作。心裡想著「怎麼就沒有自動找上門的機會呢？」能感覺到自己腦壓升高。

層級二：

層級三：做了一筆很普通的交易，然後又賣出止損。如果我沒有使用止損點，價格會走到我應該賣出的位置，但我會繼續持有。腦壓又升高了，讓我覺得頭暈腦脹。

層級四：

層級五：

層級六：我加碼了，為了盡快彌補虧損。我罵自己：「你現在就得賣出！」「不要，我要把錢贏回來。」我只在意價格，根本不管圖表的內容。

層級七：

層級八：

層級九：

層級十：不管了，我一直敲委託單，直到收到保證金補繳通知。我一邊咒罵自己，一邊砸壞東西。我真想不幹了。

技術面的憤怒程度

試著依不同程度的憤怒，描述決策的品質，以及個人對市場、機會或目前持有部位的看法。

層級一：還能夠分辨適合進行交易的區段，並且能參考我所有的指數和圖表。但考慮進行一些低於平均標準的交易，這樣才有可能在今天的交易中獲利。

層級二：

層級三：我試著找出適合炒短線交易但不在我盤前分析所設定的區段。後來我執行了交易，然後再次進行同樣的交易，或者再做另一筆虧損交易。

層級四：

層級五：

層級六：不再留意大環境的局勢發展。增加更多的合約交易，並盲目進行一筆風險很大的交易。

層級七：

層級八：

層級九：

層級十：我就當作自己是在賭一把，只是在點擊按鈕。已經沒有所謂的決策過程。我既不知道自己在幹什麼，也不知道為什麼要這麼做。

當憤怒的跡象十分強烈時，要完成步驟二似乎是不可能的任務。如果不能完成步驟二，挫折感就無法穩定累積然後轉化為憤怒，取而代之，你會突然爆發。因此在你的情緒爆發以前，你才會看不出來那些訊號。訊號雖微弱，但**依然存在**，只是你還看不見罷了。仔細注意情緒的累積，特別是在你的情緒爆發以後。如果你願意花時間觀察，線索已經在那裡了。

然而，也有可能是你已經累積了太多的憤怒，讓你得情緒瞬間就失去控制，這表示你在交易時段以外的時間，需要做更多的努力來減輕積累的憤怒。

步驟三

進行到這裡，你已經得到一份可靠的草稿，來幫助你**辨識自己的憤怒模式，以及迅速進行修正。**因為我們需要豐富的經驗和訓練，才能夠修正這個模式，除非你得到一致的結果證明問題已經不存在，否則在這之前都不要修改這份草稿。

這份草稿可以幫助你聚焦，關注那些與投資交易最相關的憤怒類型。無論是否適用你的投資交易，我都強烈建議你閱讀完接下來的分類內容。你可能會發現先前沒意識到的部分。說不定還會發現你的憤怒模式需要補上其他細節。

厭惡虧損

沒有人喜歡虧錢。我們每天參與交易，目的就是想賺錢。虧錢，尤其是虧自己的錢，一點也不好玩（至少可以這麼說）。儘管有的交易者能夠輕鬆消化虧損，認為虧錢也是賺錢過程的一部分，但對其他人而言，他們希望自己永遠都不會虧錢，他們的目標絕對不是虧損。我們的目標是不要因為虧損而憤怒，所以我們需要改變自己對虧損的反應——不然你可能會因此失去更多東西。

你可能很難接受虧損，所以你會想，**市場不可能再繼續走跌了**。為了攤平虧損，你試著加碼買進虧損的部位，想要讓今天的獲利轉虧為盈。你知道自己正處於下風處，但現實使你無法了結部位。結果你損失更多了，所以你又勉強進行幾筆交易來彌補虧損。

憤怒會蒙蔽你，讓你以為既然憤怒的程度已經下降了這麼多，你也許可以繼續堅持交易直到它們重新增溫。有的時候確實如此，而且即使你不小心違背自己的交易策略，還可能會賺到錢——這種錯誤只要出現一次，就很可能會犯第二次。然而，有的時候損失金額持續增加，你便會對市場發怒。你不能放棄，所以你願意做任何事情來賺錢，或者只要求自己這一天不虧損就好。你還可能會：

- 如果虧損的情況十分糟糕，接下來幾天都會避免進行交易
- 在損益達到平衡後，馬上退出當天的交易
- 晚上很難放鬆，因為你覺得自己還有很多事情要做
- 不斷累積的虧損已經超乎你的預想，這種情況惹惱了你

當一天結束，或者當你終於可以從失控的情緒中把自己拉出來後，你才會真正相信虧損是可以避免的。你顯然知道自己應該做些什麼，一切都非常清楚。這時候賣，那時候不應該買。很簡單。一旦知道自己那時候應該怎麼做之後，你的心情立刻就會好轉。

只是這樣於事無補。**事後**才知道正確的方法，跟**事前**已經知道該怎麼做，完全是兩回事。你也知道這一點，只是你還是忍不住沉迷在幻想之中。

當然，因為我們的目標是修正情緒失控，在虧損發生之後，要避免為自己找理由，也不要認為虧損是理所當然的。相反地，我們必須弄清楚為什麼自己無法承擔

虧損。更具體地說，你為什麼厭惡虧損？

■ **是虧損帶給你的感受嗎？**虧錢的感覺通常很糟糕，而且很可能會持續好一陣子，甚至影響你的生活，讓你覺得自己在其他方面也不那麼成功。

■ **是因為你太爭強好勝嗎？**好勝心是許多成功交易者的共同特徵。但如果你的好勝心使你無法承擔虧損，就會產生問題。

■ **你厭惡的是異常的因素嗎？**在任何競爭環境中，失敗都是存在的，在投資交易的領域尤其如此。人們很容易低估市場到底能有多瘋狂。投資的世界就是建立在異常因素之上的，雖然我們想要跟異常因素成為朋友，但也許在你的內心深處是很討厭它們的。

■ **還是金錢的因素？**我們的交易成果最終還是要以獲利來衡量，所以可以理解為什麼你如此討厭虧錢。你可能還要擔心如何養活自己和家人，結果讓自己更難消化虧錢的感覺。

無論是什麼樣的原因使你討厭虧損，這一段的目標是幫助你修正憤怒問題，從而減少因憤怒而產生的虧損。投資交易是一場耐力賽，而非只是每天的輸贏。關鍵在於，每天持續執行能讓你賺到錢的策略。而厭惡虧損，或者更具體地說，你對虧損的反應會影響你的交易執行，導致更多的虧損。

如果你真的這麼討厭虧損，你當然不希望虧損是因你而生！沒有人會跟另一個人擊掌碰拳，恭喜對方做了一筆虧錢的交易或那一天虧錢了。不過，接下來的段落會幫助你與一些交易時的常見情況和平共處。

過於爭強好勝

投資交易是極度競爭的行業，比起它所帶來的問題，強烈的求勝欲望更是勝任這份工作的先決條件。不過，跟許多事情一樣，太超過就會招致問題。過度交易、持有的部位太大、未能適當控管風險，以及為了獲利或彌補虧損而進入某個自己不熟悉的市場，這些導致你對後續產生的虧損過度反應。你不允許自己失敗，你的好勝心不允許你無法取得勝利、達成目標。

每天都想賺到錢，這並不是問題，你的心態跟那些每場比賽都想獲勝的運動員如出一轍。投資交易的問題在於，在短期內賺到錢並非完全由你我掌控。每天都能獲利是不切實際的期望。

有的時候我們會虧錢，但事後回想，我們還是會做出一樣的決定，因為你知道這是長期有利可圖的決定。雖然邏輯上你明白這件事，但當你看見赤字的那一刻，就會很難把眼光放得長遠。既然不是每一位交易者都有這個問題，那為什麼會發生在你身上呢？

不妨先瞭解除了金錢，自己還想從勝利中獲得什麼，這樣會比較容易找出自己之所以會厭惡虧損的原因。金錢就像記分板，但虧錢不是令你討厭虧損的唯一原因，失去的錢同時也代表了什麼。在每一次的交易中，承受風險的不只有金錢，所以值得我們利用一些時間定義有哪些東西對你有意義。這裡我列出了幾項可能對你很重要的東西；

- 你的目標
- 向質疑你的人證明你是優秀的交易者
- 維持生計、支付帳單以及養家餬口的能力

- 身為交易者的自信心
- 社會地位
- 收到同儕或你敬佩之人的稱讚
- 將你投入的時間、努力和辛苦轉變為實際的結果
- 更光明的職業前景，以及獲得機會管理更高額的資金
- 更可能提早退休，和擺脫競爭激烈的投資交易圈

你之所以從事交易，就是為了贏得你列在清單上的項目。當你虧損時，失去的不僅僅只是金錢——你還失去了自信心、他人的尊敬、達成目標的進度，以及其他列在清單上的項目。你厭惡虧損，因為那關係到太多事情。

我必須說清楚的是，爭強好勝並不是問題。你有目標，但這牽涉到很多風險，所以當事情不如意時，挫敗是無法避免的，這表示你很在意你想得到的東西。再者，你現在也知道，輕微的挫折感可以激勵你加倍努力。所以，爭強好勝不是問題。真正的問題來自潛藏的缺陷，導致你的競爭動力偏離軌道，使挫折轉變為憤怒、仇恨，甚至暴怒。

為了弄清楚厭惡虧損的根源，請試著列出你覺得自己在交易時面臨哪些風險，以及你如何知道自己獲得勝利。比方說，假設你的目標是贏得同儕的稱讚，當你看見他們重視你的點子，而且會聽取你的意見時，你就很清楚你贏了。用這種方式來定義勝利是非常重要的，因為金錢很容易被當成是勝利的指標。但是你周圍都是有能力的交易者，單靠損益並不能贏得尊敬。

無論是贏得尊敬或其他目標，瞭解自己在交易時面對的風險，可以減少情緒失控的潛在機率。對於無法在一天之內獲得的事物，你會自動產生關於它們的長期觀點。當你接受內在的起起落落，你就知道自己的社會地位、自信心或達成目標的進展，不會隨著每一次成功或失敗而上升或下降。

在每天開盤前，先讀一遍這份清單，利用這份清單來勾勒今天的勝負會是什麼情況，而不只是用錢來評斷。調整好心態，從此要用這個角度去看待成果。雖然我們很容易又回到舊的觀點，畢竟要立刻控制好自己的好勝心可不容易。

接下來，多加注意跟金錢無關的勝利果實，例如提高交易的執行力、專注力、適應力，以及找尋新機會的能力。這些能力的進步是實質且可衡量的。比方說，更具體地定義自己的專注程度，就像我們剛才定義自己的憤怒模式一樣。每天評估自己的程度，或者一天評估好幾次也可以。給自己設定一段時間的目標，或者平均應該做到哪個程度。你也可以用類似的方式，評估自己的交易執行，或者任何可以質化的因素。

關鍵在於，花時間定義衡量的標準，並且設定一條基準線，然後追蹤進展。這麼一來，你就能看見自己何時往前邁進了一步，特別是在你虧損的那些日子裡。少了這些衡量進步的步驟，虧損可能使進步的一天蒙上陰霾，讓你以為自己倒退了，但可能只是你想錯了。

做這個衡量的困難點在於，可能會有偏見和不準確的風險。請別擔心，我們的重點不是執行完美的衡量。這麼做的目標是擴展短期內定義勝利的方式，以及將你的好勝心放在有助於賺錢的行動上。

當然，獲利還是最重要的，比用這種質性方式定義勝利還優先。但你之所以會看到這一段，是因為你的好勝心失控了，並導致你失去更多東西。我們無法控制每天是獲利或虧損，不過我們可以控制自己的交易執行、專注力和進步。在正確的事情上，保持爭強好勝的態度。

最後，這一段內容或許不只改變了你的交易執行方式，更徹底改變你如何處理虧損。在你的記憶中，你一直這麼厭惡失敗嗎？家人和朋友有沒有告訴過你，小時候你曾經因為失敗而做出荒謬的反應？如果有，那麼你正在重新塑造幾十年來的習慣，所以需要大量的重複動作才能修正。也許你也在對抗因好幾年前的重大失敗而長期累積下來的憤怒。

請利用心理手牌紀錄來加速消化過去累積的情緒，尤其是如果你到現在仍對好幾年前發生的虧損的反應記憶猶新。

虧錢的痛苦勝過賺錢的快樂

當我們在執行交易時，我們不只冒著資金的風險，還有情緒的風險。虧損是痛苦的，而且對許多人來說，這種痛苦甚至比獲利時的快樂更強烈。行為經濟學之父丹尼爾．康納曼（Daniel Kahneman）以及阿莫斯．特沃斯基（Amos Tversky）提出展望理論（Prospect Theory）來說明這個現象。[3]〔你可能已經從暢銷書《快思慢想》（*Thinking, Fast and Slow*）認識康納曼博士。〕

展望理論定義了一種決策模式，說明因獲勝或失敗而獲得的價值不僅僅來自貨幣金額。人們迫切地想要避開虧損的痛苦，比方說，他們會做出預期價值較低的決定來避免這種痛苦。於是，如果說這天、這週或這個月已經虧損，他們會進行風險較高的賭注以幫助自己擺脫困境。他們也可能選擇有獲利保證的交易，而非選擇交易虧損風險小、獲利力高於該保證交易的選項。

在這一段我們討論了很多種原因，說明為什麼會為失敗感到痛苦。對許多人來說，虧損之所以那麼痛苦，是因為獲勝的感受沒有辦法完全抵消失敗的痛苦。勝利比較像是對失敗折磨的一種豁免，它本身並不會製造正面的情緒給你。對你來說，為虧損難過的理由百百種，遠多於為賺錢感到開心。因此，虧損的痛苦會變得更強烈，強烈到讓你認為自己難以承受虧損，於是你寧願冒險或躲避風險，藉此避免痛苦。

要破除這個模式，首先要知道展望理論只是一種從觀察得出的結論，而非人性的定律。沒錯，的確存在這一種模式，但這個理論不是萬有引力那種級別。只要你相信自己可以改變它，你就有機會辦到。

康納曼博士和特沃斯基博士以展望理論為基礎，寫了數篇文章強調這個模式是建立在每個人的「參考點」之上，而每個人會以自己的參考點為標準，判斷勝利或失敗的價值。❹所以，我建議你們改變自己的參考點。失敗帶來的痛苦不一定要超過獲勝的感覺。解決為什麼失敗會這麼痛苦的原因，並且提升獲勝的感覺，讓你真正從勝利中獲得更多的價值。

事實上，如果你的**期望**是賺錢，那麼當你真的辦到時，你沒有太多理由能慶祝這件事。你只是做了自己應該做到的事，而且你更專注在賺更多的錢。但透過自己的優勢，以正確的方式在市場中賺到錢是值得肯定的。

我的意思不是建議你一賺到錢就要舉辦慶祝派對。我們只需要肯定自己展現了能力，並且得到回報。花一點時間感受勝利。在一天結束之後，你的努力值得為自己感到驕傲和滿足，因為你知道自己做得很好。你知道明天也要表現得好，不過接下來你會帶著自信和動力，繼續發揮交易長才，並且不斷進步。

感受勝利對你的價值看似是一種威脅，因為有一部分肯定自己的欲望會隨之消逝，這是基於你想讓自己無法獲得足夠的滿足感而保持動力的假設。但實際上，只要你致力於實踐目標，就足以產生強烈的動力了。

期望每一筆交易都獲利

所有交易者都期望每次交易或每個交易日都能獲利，你也許會覺得這是荒謬的想法，可是這種心態比你想像的還要普遍。當你出現虧損時，是不是覺得難以置信？你是不是立刻發現自己正在做心理建設，說服自己其實有機會避開虧損？從邏輯上來說，你明明知道變化因素不可能讓人人都獲勝，也不可能每天都獲利。可是，正如你已經在這本書讀到很多次了，像這樣的缺陷足以壓倒邏輯。

這個缺陷存在的一個原因，是因為交易者經常傾向認為自己有一天會變得非常厲害，到時候他們將永遠都不會失敗。投資交易會使這種信念持續茁壯。當你的手感正熱時，這個市場就像是你的印鈔機，不斷地往你的帳戶注入財富。你樂壞了，想像自己即將駕駛一臺法拉利前往你的私人海濱別墅。賺了那麼多錢，讓你忍不住想像自己未來還能賺更多的錢，以及計劃如何花用這些錢。這就像有人總會幻想萬一中了樂透該怎麼辦才好。

如果如日中天的氣勢使你以為賺這些錢很容易，等到你面對無法避免的虧損時，你就會怨恨那些虧損——它們摧毀了你的夢想。當你的幻想與現實有所衝突，隨之而來就是憤怒的反應。

雖然因虧錢而情緒失控是你閱讀這一段的原因，但要解決這問題少不了要改進自己處理獲利的方式。那麼首先，請試著敏銳地察覺自己何時開始受那些幻想所吸引。在短期內，你還無法完全控制投資的盈虧。投資交易有太多影響因素，而你的專注力必須盡可能地放在交易執行上，因為只有執行交易是在你的控制範圍。

如果你能夠保持自己的情緒不要開心過頭，當無法避免的虧損發生時，你就比較不會對虧損過度反應。獲利時愈能不要開心過頭，虧損時你就愈不會難受。

把情緒放在自己短期內可以控制的情況，而不要受不可控的情況影響，這是我們普遍希望可以努力做到的。這樣你才不會對高低點的起伏變得如機器人般麻木（可是人們總認為自己應該要是這樣的反應）。漸漸地，不論在獲利或虧損時，你都能更輕鬆地執行自己的交易策略。你會擁有更平衡的觀點，甚至雖然某一天虧損了，但你對自己傑出的表現引以為傲。

相反地，當你有獲利卻犯錯時，也不會被帳戶餘額數字蒙蔽。你還是能專心想著明天該怎樣才能做得更好。你不會因為自己今天賺到錢，就假設明天也一定能賺錢。

那麼我就以心理手牌紀錄，舉例說明可以如何追蹤這個問題：

❶ 問題是什麼：如果我有一筆虧錢的交易，我發現自己會想立刻把虧損賺回來。這就像危機處理，需要迅速採取行動，盡快彌補損失。

❷ 為什麼會有這個問題：愈快把虧損賺回來，我就能愈快恢復執行交易。我的交易策略能為我賺錢，所以只要趕快做一些交易，我就能彌補損失。

❸ 哪裡有缺陷：我期望每一次交易都能賺到錢，因為這是有獲利力的交易策略。即便我像狙擊手一樣，只瞄準最佳交易機會，我還是無法十拿九穩。讓情緒蒙蔽我的判斷意味著我做了許多不太可能高於期望值的糟糕交易。

❷ 有沒有修正方法：我的策略會產生損失。所有的交易都要賺錢是不切實際的理想，就是這種想法讓我註定失敗。

❺ 為什麼這個修正方法有效：幾次損失所造成的傷害不會太大，但憤怒造成的傷害不能小覷。

對未實現收益的迷戀

你對虧損的厭惡可能來自於某些從未屬於你的東西。當你買進之後，看著價格朝著目標移動，你會感到興奮。儘管你曾經因為操之過急而招致麻煩，但在情緒上你很難忍住不好好慶祝一番。這筆未實現的獲利好像已經屬於你了。

後來當價格背離你的目標，憤怒便開始累積，因為這感覺像你身上的錢被拿走一樣。有的人也許會憤而賣出了結，後來卻發現走勢反彈，最後還是達到原本的目標價。一想到要是當初什麼都別動，自然就會達到目標價，這個想法可能會讓你的情緒立刻爆炸。在其他時候，你可能會加倍攤平，或者硬做另一筆交易，希望能補回本來失去的東西。

不要操之過急，這對運動員來說也很困難，尤其是當面臨各方威脅時。在第五十一屆超級盃，亞特蘭大獵鷹在第三節還領先對手新英格蘭愛國者二十五分，最後卻在延長賽時輸掉比賽。就像在賽場上的運動員，你不允許自己心不在焉。即使勝券在握，落袋為安才是真的。

試著參考自己太過心急的經驗，同時訓練自己專心致志，你也許可以修正這個問題。你也知道自己不應該心不在焉，但直到現在你才知道這正是導致情緒失控的原因。

對有些人來說，這個建議可能太簡單了，這就等於在說：「活在當下」。如果你無法控制自己不要魂不守舍，一定要弄清楚背後的原因。我注意到我的客戶通常需要**勝利**，以為勝利即代表一切。在「過於爭強好勝」的段落中，我們已經討論過所謂的獲勝不僅僅是金錢。也就是說，你之所以會被未實現收益所迷惑，是因為你**需要**贏得尊敬、財務安全感，以及生涯表現最佳月分等等。

只要處理好好勝心過於強烈的問題，我們也能更容易避免自己心不在焉。讓我用接下來的心理手牌紀錄作為示範：

❶ **問題是什麼：**當我的獲利差不多有百分之三左右時，我感覺這是我應得的獲利，因為我是對的，而且我不希望價格跌回去。只要價格開始回檔，我會頻繁地檢視那些圖表，直到精疲力竭也無法停止，好像以為自己可以透過意念來控制價格達到目標價。

❷ **為什麼會有這個問題：**我會開始思考如何運用這筆錢，這筆獲利大概等於七

個月的房租，我真的很開心，我不希望失去這筆錢。

❸ 哪裡有缺陷：價格尚未達到目標價，那也還不是我的錢。我太著迷於未實現的獲利，我已經把那些獲利當作自己的錢了。

❹ 有沒有修正方法：落袋為安，已經實現的利潤才是唯一且重要的。

❺ 為什麼這個修正方法有效：因為的確如此。

因犯錯而情緒失控

學習一定會犯錯。當你不再犯錯時，是因為你已經知道怎麼做才是正確的。然而，即便你瞭解犯錯所扮演的角色，錯誤依然令人氣餒，而且代價高昂。你有自己的交易目標，如果因犯錯而導致虧錢，那種感覺實在很難受。

問題不在於對犯錯感到氣餒。會氣餒是好事，因為氣餒能化為促使我們修正錯誤的動力，而且我們真的會付諸行動。可是，當挫敗感太強烈，導致你犯更多的錯，要修正那些錯誤就得花費更多時間，這裡產生的問題就是因犯錯而情緒失控。那種程度的憤怒會在短時間內中斷你的交易執行，長期下來會阻礙你學習進步。

因犯錯而引起的情緒失控與其他類型的情緒失控之間，有一個很重要的區別，那就是對失敗的反應。如果你在執行交易時犯錯會情緒失控，只要你做出好的決策，那麼虧損就不會成為你的問題。你堅信虧損也是交易的一部份，所以你並不討厭虧損。然而，如果是做了錯誤的決定，**再加上**虧損，就會使你抓狂。

你馬上會覺得自己很蠢，因為你就是虧損的原因，而且你會不斷地回想過去犯過的錯誤。突然間，你想到許多自己曾經犯的錯，耳邊響起自我批評的聲音，像是**你到底有多笨，總是不遵守自己設定的規則！**你無法放下那些錯誤；你也無法承受另一次虧損，因為這證實你做錯了。於是你繼續持有，甚至加碼——也加倍地希望自己這次不要再出錯了。

有的時候，犯錯會影響下一筆交易，讓一次錯誤變成第二次。你對自己發誓，絕對不會再犯了。但結果呢？

你認為自己可以輕易解決錯誤，所以你沒有付諸行動。或者，你還不清楚自己為什麼會犯錯，而且是一次又一次犯相同的錯誤。問題就像滾雪球，在短時間內損害你對下一筆交易的信心，或者讓你在執行時猶豫不決。你甚至會因為自信下滑，而放棄那些還不錯的想法。

犯錯使我們感到挫折，而在這份挫折感之中，有一部分是因為我們不確定自己會從錯誤中學到什麼。你以為自己只是虧損了一筆錢，但如果有個交易小精靈出現並告訴你，這些錯誤能改變或啟發你，讓你將來賺更多錢，你的心情肯定會立刻變得不一樣。要記住，犯錯是邁向卓越的必經之路。不妨這麼想：討厭犯錯，就等於討厭進步。

我們也許很難察覺到自己正因犯錯而情緒失控，因為有更多明顯的憤怒原因掩飾了它的存在，像是因虧損、不公平和報復而情緒失控。為了幫助你分辨因犯錯而情緒失控的問題是否存在，請問問自己「為什麼犯錯會使我這麼生氣？」以下有幾種可能的原因：

- 感覺像是因為自己能力不足，而錯過了一次絕佳機會
- 一個愚蠢的舉動，就抹去了一整天的努力
- 已經在職涯的這個階段，沒理由犯如此明顯的錯誤
- 感覺自己退步了
- 一想到別人對你的看法就覺得很討厭

覺得你是自己實現目標以及成為一名優秀交易者的阻礙

當我們問自己為什麼會因為犯錯而情緒失控時，這些都是常見的回答。而每一種原因都多多少少和自己對學習過程及表現本身理解的基礎錯誤有關。所以接下來我們要一一拆解它們，幫助你更輕鬆地解決這個問題。

糾正這些錯誤之後，我們將不再因犯錯而情緒失控，而且還會更懂得如何修正交易錯誤，進而成為更有能力的交易者。順帶一提，如果你已經讀過第五章「犯錯恐懼」的部分，應該會對接下來的內容感到熟悉（但這些內容還是值得複習，用來解決情緒失控的問題）。

期望完美

完美確實存在，而且是可以達成的目標，但那只是暫時的。當你正處於絕佳狀態，並相信自己已經達成永恆的完美時，因犯錯而情緒失控的根源同時也在扎根。你以為自己永遠都不會犯錯，而且交易對你來說非常簡單……可是你忘了，這是你幻想出來的天堂。

有兩個原因使完美成為一個不斷移動且難以達成的目標。比較明顯的原因是，市場總是在變化，所以交易者必須持續優化自己的策略，因此對於完美的定義也會不斷地改變。另一個比較不明顯的原因，如同我們從「毛毛蟲概念」看到的，交易執行不可能總是完美的——就像鐘形曲線一樣，總會出現變數影響交易執行。

當然，當你狀態正好時，掌握你對市場和時機的感覺就能輕鬆賺進財富。問題是，儘管你知道這是因為自己的狀態，但你仍會忍不住認為投資交易會一直這樣稱心如意下去。你深信自己已經領悟，解開了投資交易的奧秘，並且找到可以為你帶來財富的新標準。而這正是你所期望的標準。

達到「完美」，意味著你已經打造了一個新的A級心理戰區。你的目標已經變成要做得更好，因為你對完美的定義又提高了。繼續期待完美，即意味在改善交易執行並持續打破新的紀錄的同時繼續保持完美。換句話說，完美就像是一個不斷變動的未知終點，所以你必須正確預測並擊中目標。雖然不是不可能做到，但隨著完美的範圍變得愈來愈廣，你就愈來愈難以維持完美。

毛毛蟲的前端進展與後端進步，不可以相提並論。這與多數交易者的期望正好相反，他們以為完美可以令他們擺脫後端，但事實上並非如此。

對有些人來說，無論是在執行交易或獲利方面，創下新紀錄並不會令他們感到滿意。儘管你滿心期待，但沒道理為了實現期望而心懷感激。而且這時候不管犯了什麼樣的錯誤（無論多輕微），都會使你的情緒失控。你要麼對完美執行交易沒有什麼感覺，要麼就是因為一點點錯誤而自責不已。

修正這個問題的最佳機會是，在你狀態正好而且表現出色的時候你如何進行投資交易。當你的表現正在巔峰狀態，你會對一切感到很滿意。當你一切都做對了，比方說你對市場動態的理解和交易執行，你彷彿能感覺到腎上腺素爆發。

看看自己是如何做到的。加強你在這段過程所採取的步驟，這樣下一次你就知道有哪些地方有待改善。瞭解自己如何獲得成果的過程，可以強化你未來取得成果的能力。此外，如果你能消除學習方法和表現的弱點，例如分心、延宕，或者因犯錯而情緒失控等等，你就能更有效率地追求下一次的巔峰，並更快進入最佳狀態。

除此之外，我們也必須知道，為什麼不要期待明天也有相同的狀態。我們以更實際的角度看待自己的學習過程，這樣才能證明為什麼要保持完美是不可能的。確保有在注意自己的毛毛蟲，要記得，我們必須修正後端範圍的弱點，這隻毛毛蟲才能往前進，並且達到下一次的巔峰。當你改善了最糟糕的地方之後，你才有可能朝著下一個巔峰邁進。因此，與此期待完美，不如努力修正一個又一個的錯誤。

這一段落的觀點對羅德里克特別有幫助，他是我們在第四章提到的那位交易者，他的貪婪就是因為犯錯所導致的情緒失控。在我們合作之前，只要一犯錯，他都會覺得有必要修正錯誤，結果通常會為了彌補錯誤而付出更高的代價。有一次他甚至為了彌補四千美元的錯誤，而損失了五萬八千美元——因為他就是無法接受自己犯錯。

羅德里克的策略是利用全球市場之間的關係，透過觀察不同市場或資產是如何一起移動並互相影響，可是假使他的計畫不是在那一天進行交易，他就會時常覺得自己會錯過機會。所以他會追逐價格，並且反向操作，結果反而被趕盡殺絕。羅德里克也投入大量時間進行研究，尤其是在連續密集交易幾天或幾週後，他總期望隔天就能立刻得到意外的收穫。

當他跟我第一次討論時，我們很快地就找出他所期望的事情：

■ 每一筆交易或每天都要賺到錢

■不錯過任何機會
■既然花了這麼多時間優化投資策略，就一定要賺到更多的錢

這些都是渴望達到完美的訊號。有趣的是，羅德里克對完美的期望也延伸到他的心理戰。他十分清楚，那些錯誤都是因為情緒失控引起的。可是在他的內心深處，他認為自己可以破解投資交易的奧秘，從而實現完美交易的期望。他認為沒有必要處理那些情緒問題，因為他相信有一天自己會搞懂一切，而那些情緒自然就會消失了。

諷刺的是，我們推翻了他對完美的錯誤邏輯——羅德里克以為自己有一天可以優秀到，他能不受限於人性，並成為最完美的大贏家。

毛毛蟲概念引起羅德里克的共鳴，想到他真正能期望的只有自己最糟糕的情況，這讓他大開眼界。當然，這不表示最糟糕的情況會發生。而是他需要盡力而為，對完美有所期待，並且想辦法瞭解並解決為什麼達不到期望的問題。還有另一件羅德里克從未優先考慮去做的事，那就是改善自己的後端問題。這些重點能幫助他接受進步是個有週期循環的過程。

雖然他知道應該要寫日記來記錄交易，以及他的想法和情緒，但直到他接受了週期性的概念後，他才真正開始這麼做。寫日記很快地提高了他的意識，並開始以截然不同的方式對抗憤怒情緒的出現。他的憤怒依舊存在，可是嚴重程度大幅降低了，這點可以從他每天的交易次數上看出來，從一天七十至一百次，減少到現在是一天十至二十次。而且，即使他進行了比較沒那麼好的交易，他也可以迅速辨識並了結，不再讓它如滾雪球般惡化。

羅德里克現在懂得謙虛地承認自己也是普通人，他更懂得欣賞過去十年來的交易實績，這消弭了他一部份的憤怒。雖然在某堂課中，認知到這一點讓他一時覺得難受。他說，「這些事情我都已經做到了，但要是我能早點學會，我會成為更成功的交易者。」我馬上提醒他，他的判斷又被自己對完美的期望給模糊了——「期望完美」是多麼狡詐的討厭鬼。

明顯的錯誤

明顯的錯誤，問題就出在於它很顯眼。不能和那種你無法確定執行這筆交易是不是很糟糕，但它碰巧成功了的決定相提並論。明顯的錯誤就是因為它是如此顯眼，如果你還無法意識到這是個錯誤的決定，那只會彰顯你的愚蠢已經無可救藥。

有時候我們雖然立刻發現自己就快要犯錯了，但還是無法阻止自己。比方說，你顯然知道這次的交易設定不對，但你還是硬要執行。你明知道是不對的，但你仍然這樣做，所以你難以置信地問自己，「既然知道是錯的，為什麼還要這麼做呢！？」

你無法理解。你把自己關起來一整天，但還是忍不住想起那個錯誤。因為無法放鬆，連覺都睡不好。你開始質疑自己，是否有能力阻止自己犯錯。這讓人沮喪，而且所有的負面情緒都會延續到下一次的交易時段，使你更有可能再次犯下明顯的錯誤。

從表面上來說，期望自己不要犯簡單的錯誤，似乎是非常合理的心態。既然你都知道是錯的了，為什麼你還會犯那個錯？主要有兩個原因：其一，你的情緒已經失控了，可是你自己卻不知道。有些人的第一個訊號就是因犯錯而導致情緒失控，你已經情緒失控，或者有其他的情緒像是恐懼或過度自信，影響了你的決定。其二，自動反應、無聊、疲勞，或者其他紀律問題使你的表現水準開始下滑。但無論是哪一種原因，你的心理和情緒功能都受到影響了。

修正這個問題的第一步，是改變自己的心態，停止期望自己不應該犯如此明顯的錯誤。在你接下來的交易生涯中，仍有可能出現C級心理戰的錯誤。當三年後（希望）你會發現，你的C級心理戰已經比現在好很多了，那麼你對明顯錯誤的定義當然也會隨之改變。但到了那個時候，還是有可能發生明顯的錯誤。沒錯，我們總是有可能犯下明顯的錯誤。透過改變對犯明顯錯誤的期望，你自然會優先考慮自己是否已經做足準備、精神充沛以及情緒平衡，藉此修正有可能會令你犯下明顯錯誤的心理戰漏洞。

接下來的第二步是，改變自己對明顯錯誤的看法。錯不在於那些錯誤，真正的錯誤是沒能發現情緒的上升或下降，這才會使你無法阻止自己犯錯。請優先處理導致你情緒低落的那些心理戰漏洞。

試著專心辨識並完成自己的憤怒模式圖。我們必須能夠發現情緒的上升趨勢，以及當情緒下滑導致你做出自動反應，或感到無聊。你無法阻止看不見的東西。心理和情緒狀態的改變必須容易辨識。否則，明顯的錯誤就是問題出現的第一個訊號。

美化自我批評

在追逐目標的過程中，我們都會遇到需要教導自己的時刻。對許多人來說，這種內心的對談等同於自我批評。也許在你的成長過程中，你的雙親、教練或老師會用強烈的措辭來激勵你，那些言語就變成了你內心的聲音。或是，從你有記憶以來，在你心中的聲音就是你自己。

無論如何，你都會斥責自己，「我怎麼那麼愚蠢？為什麼就不能好好按照計畫，做自己應該做的事情就好？」或者，你會告誡自己，爲什麼沒賣掉！？遵守規則就會賺錢，不遵守就沒錢賺。照著做很難嗎！？如果自我批評是你的問題，相信你一定很清楚那是怎樣的聲音。

自我批評有一定程度的激勵效果。問題在於，你認為自己必須透過自我批評，來提升你的表現、成長，以及從錯誤中學習的能力。根本不是這樣的。自我批評反而會拖累你的進步能力，甚至令你停止進步。對大部分的人而言，自我批評不是有效的學習工具，而且往往適得其反。自我批評會使我們陷入負面、自怨自艾、失眠，以及浪費時間、精力和機會的惡性循環之中。而且奇怪的是，這會讓我們得依靠內心的憤怒，來激勵自己要做得更好。

用不了多久，這就會延伸成自憐自艾的問題。為了激發這股動力，你必須先犯錯。比方說，最近你的狀態不錯，或者交易的水準頗高，這讓你變得有點臭屁，心態上也變得比較散漫。沒有自我批評，就沒有持續進步的動力，所以你漸漸退步了。最後，你犯了錯並引發自我批評，然後又一次經歷這個循環。

自我批評可以激勵我們，但你付出的代價是犯錯。錯誤應該是我們學習的反饋，跟你的動力毫無關係才對。你絕對不需要自我批評，你只是還沒有想到用其他的方式來激勵自己而已。

為了實現這個轉變，我們必須一邊降低憤怒、減少自我批評，一邊鞏固自己對目標的決心，讓這股毅力成為動力的主要來源。找出並修正自我批評的**來源**，包括學習方法的缺陷，例如對完美的期望、厭惡自己犯了明顯的錯誤等。此外，請寫下你的短期和長期目標，以及想要實現這些目標的原因。包括每一次交易時段開始之前，我們需要定期檢視這些內容。

為了持續往前邁進，我們還需要修正過度自信和紀律問題，以免它們分散我們進步的動力。一定要修正這些問題，你才能持續進步。接下來，隨著自我批評的循環不再轉動，你就能更輕鬆地擁有動力朝著目標前進。

後見之明的偏見

本來應該、本來可以、本來想要……你很生氣，因為你認為要是自己當初有_______，就可以避免犯錯了。空格處可以是：更認真、閱讀特定的新聞資料、不要忽略初級交易員的建議——等等，隨便你說。永遠不會找不到藉口。

這些想法的核心，都是渴望追求卓越。但通常，這些想法更像是在幻想或冀望自己可以從錯誤中學到什麼教訓。你以為這樣想更容易看到錯誤，但實際上並非如此。

無論是在交易完成後，或者是在一天結束之前，每當你回顧並發現自己犯錯時，你都不會因為現在的自己，比當初下決定的時候擁有更多資訊，而感到慶幸。因為後來的你，比當時的你擁有更多的資訊優勢。

因此，你會特別在意那些可以輕易改變結果的事情，但卻忘了一開始你是根據當時擁有的資訊，來做出最佳決定。你不應該聽從其他交易員的建議，而是應該要相信你的直覺。你看到二〇〇八年的選擇權市場是最佳賣點，而二〇一三年是比特幣的最佳買點。你怨嘆自己錯過賺錢的機會，並思考能從這些錯過的機會學到什麼教訓。

當然，你會斥責自己是個蠢蛋，「如果那時候我有……」。你甚至會在事後分析自己的情緒，並發現自己當初不應該因為憤怒或沒耐心而執行交易。

雖然後見之明看似簡單輕鬆，但那些事後分析實際上不會改變你的作為。而且，既然你並沒有積極地去弄清楚自己要如何得到更多資訊，那你就不會有任何進步，所以這個循環還是會繼續發生。直到某個時候，當你又在抱怨自己犯了另一個錯誤，或錯失交易機會，你又會說出同樣的話。你又會放馬後炮，一邊希望自己當初能做不同的決定該有多好，一邊咒罵自己愚蠢得無可救藥。

想要修正這個問題，你必須先瞭解你已經替自己植入了一項假設，也就是某一天一覺醒來，你會獲得神奇的力量使你永遠不會再錯過交易，也永遠不會犯錯。也許你不曾有過一模一樣的假設性想法，但是某種程度上是差不多的。比方說，原本的你不會知道交易後會發生什麼情況，但現在的你很清楚。這也就表示，你相信自己的內心深處是一個天才交易大師，有一天他會出現並知道如何執行那些交易。可惜事實並非如此。

知識是累積而來的。在錯過了那些絕佳的交易機會之後，請試著回答以下的問題：

- 你當時應該要怎麼做，才是「正確地」執行交易？
- 正確的交易需要進行哪些步驟？
- 當時你忽略了哪些看法？
- 你的決策過程可以有哪些改變？
- 你的心理戰有哪裡需要改善的？

積極思考將來該如何才能做得更好，才是現在你需要做的事情。否則，你只是希望自己有能力執行那些交易。

總是想做對的交易

你會為了每一次犯錯找藉口嗎？你總是有很多理由，解釋自己為什麼沒有錯，比方說你只是分心了、那點損失還在承受範圍之內，或者有時候機會到了尾盤才出現。這些下意識的反應會脫口而出，說服你自己是對的。你永遠都是對的。糟糕，你可能一邊閱讀這個段落，一邊為自己辯護，這也證明了你渴望自己永遠是對的。

「要做對」是值得追求的渴望，但它需要被平衡，我們必須瞭解自己是有極限的，而且我們總是有可能會犯錯。理想的情況是，既擁有要做對的強烈渴望，同時當你做錯時，接受事實、從中學習以及調整。既然你已經在閱讀這一段了，我敢說你也知道自己應該平衡這種渴望，但你已經被這股無法控制的欲望所支配。

想要控制那些下意識的反應，以及採取正確的觀點，關鍵在於瞭解背後的原因。你為什麼一定要做對？做對會讓你得到什麼？為什麼不能做錯？你覺得做錯代表什麼意思？

經驗告訴我，要做對的渴望來自於自信心問題。做對是一種對自己的肯定，而做錯會打擊我們的自信心。你需要做對，就像你需要食物。少了它，你就會挨餓，感覺像是失去了一部份的自己，所以你必須馬上想辦法防止這種情況發生。

過於渴望自己要做對，是導致弗蘭茲情緒失控的根源，我們在第二章曾提到這位交易員，他之所以從事交易是為了賺錢帶妻子環遊世界。遺憾的是，累積的情緒使他無法耐心等待罕見的最佳交易機會出現。相反地，他會勉強自己進行交易，然後又馬上做另一筆交易來彌補剛才犯的錯。

由於弗蘭茲情緒失控的情況很嚴重——他完全無法思考——我們需要運用數種策略，來解決他的問題。首先，他建立了一份清楚的憤怒模式圖，並隨時寫下筆記，然後每次收盤後，他會用一個小時的時間仔細回顧這段期間的發現。這個收盤後的例行工作對他釋放累積的憤怒特別有幫助，以及揭露更多細節。這份筆記讓弗蘭茲更瞭解自己憤怒的問題，並且可以立即阻止自己犯一些錯誤。但他還是會感覺到情緒失控，而且當憤怒變得特別強烈時，他還是不知道自己經歷了什麼。

弗蘭茲以前是一位學術研究員，所以他決定拍攝自己在交易時段失控而大聲說話的內容。這個決定使他終於實際看見，自己在情緒失控時的思考程序。他利用一段交易表現特別糟糕的錄影片段，並且搭配他的筆記，完成了一份心理手牌紀錄。就在那個時候，他終於突破了瓶頸，他終於瞭解自己為什麼要做對。以下內容是摘錄自他的心理手牌紀錄：

❶ **問題是什麼：** 面對損失，每個人的反應都不相同。當我遭遇交易損失，我會

盡快執行另一筆交易，以彌補剛才的損失。我會進入「攻擊」模式，那些原本被視為致勝關鍵的進場標準和基本交易規則，通通被我拋在腦後。當我被憤怒支配時，我的判斷力受到影響，而且變得比較衝動。

❷ **為什麼會有這個問題：**我努力修復自己造成的損失。我想要彌補過錯。我會告訴自己，現在一定要把錢賺回來，因為我無法忍受不成功、失敗、能力不足而沒讓系統發揮作用。就算我已經盡全力了，我還是不喜歡事與願違的感覺。我無法接受虧損：**我不應該虧錢。我不敢相信自己虧錢了。到底爲什麼會這樣？如果我能獲利，我就會比較有信心。獲勝能使我不再覺得自己失敗，也不再覺得自己是個失敗者。爲什麼我的方法沒有用？我該怎麼做才好？**

❸ **哪裡有缺陷：**我不能接受批評或被挑戰，因為我認為我一定是對的。交易就是在挑戰這一點，讓我覺得自己的價值岌岌可危。瞭解這一點，對我來說很重要。認為自己無所不能，是不切實際的期望。就算沒有先前的知識或實際經驗，我也會覺得自己應該隨時都要有更完整的知識才行。

❹ **有沒有修正方法：**我有一個博士學位，以及兩份博士後獎學金。只要我下定

決心，加上正確的方法和心態，我就能實現我設定的所有目標。正視投資交易的挑戰，並以可行的方式把事情做對。

❺為什麼這個修正方法有效：瞭解自己真正的能力，是讓夢想變成現實的唯一途徑。

我們可以看到，他的問題核心混雜了憤怒和自信心的問題。弗蘭茲對於要做對的渴望，不只是在交易方面，還包含他的個人生活。這個發現讓他理解到，為什麼他的憤怒會變得如此強烈，同時他也能趁機處理在這兩個領域的問題——他就像個運動員一樣，有效率地進行交叉訓練。

他還發現有其他因素會影響他的注意力、精神和心情，這些影響多少都會削弱他的執行力，進而導致他犯一些最初階的錯誤。基本上，他都是要到事後仔細回顧時，才會發現自己犯了錯，以及犯錯的原因。事後回顧的工作可以讓他的憤怒程度減少超過百分之五十，因此他會繼續這麼做。

弗蘭茲的問題最終無法完全歸屬於任何一個類別。他還需要使用上一章中的「害怕失敗」的一些修正方法；至於過度自信的問題，則要等到下一章再處理了。

如果你也跟弗蘭茲一樣，要做對的渴望也是你的問題，請參考下一章來瞭解問題的核心。藉由拓展或重新定義自己，你就能以更平衡的角度來看待想要做對的渴望。

因感到冤屈而情緒失控

不知道已經是第幾次被迫止損了，你氣極了。你不敢相信自己有多麼倒楣，一次又一次止損退場，結果價格馬上反彈並達到你的獲利目標價。一想起你本來應該賺到的錢，你的情緒就失控了。彷彿受到交易之神的詛咒，你像是被市場鎖定的狙擊目標。你覺得自己不應該是這種下場，你好想知道什麼時候才會得到幸運之神的青睞。

儘管你的理智告訴你要有點耐心，事情最終都會朝著對你有利的方向發展。可是，實際情況顯然對你不利，所以你奮力想要掙回屬於自己的公平正義。

因感到冤屈而情緒失控的問題，跟公平、平等和正義有關。你也知道交易無所謂公平可言，但你還是忍不住做出以下反應：

- 你會說：「簡直不敢相信同樣的情況又發生了——我還真倒楣」
- 認為是有人在操縱市場，或者你被市場針對了
- 把虧損歸咎於運氣不好
- 認為自己已經做了所有對的事情，只是流年不利罷了
- 在經歷幾筆虧損的交易之後，認為都是市場虧待了你

投資交易是既複雜又混亂的高度競爭環境。這裡既不像法庭依法行事，也不以功績為標準。這一點你也很清楚，可是當你覺得自己搞砸了，或者市場辜負了你的努力，你仍然無法控制自己做出強烈的反應。雖然我們看似只能從機率的角度思考答案，並告訴自己不要對短期的結果過度反應，但答案顯然沒有這麼簡單，否則你早就可以解決這個問題了。

你可能已經嘗試過各種「解藥」。你可能已經讀過《黑天鵝效應》（*The Black Swan*），你遵守你的風險管理策略，回測自己的系統，並且收集大量樣本來證明你確實具有優勢。即使你已經很清楚變異因素的影響，但你的知識還是不足以徹底改變你對運氣不佳的反應。

既然不是所有的交易者都會因感到冤屈而情緒失控，顯然背後還有更多因素，所以我們必須先檢視自己對公平的渴望，並檢查有哪些偏誤和缺陷會影響我們對公平的看法。要知道，即使是在嬰兒身上，也可以觀察得到他們對公平的渴望。❺

讓我們來看一個簡單的例子。也許你覺得自己一直不走運，但正在閱讀這本書的你應該是居住在第一世界的國家*，你有能力滿足生活所需，同時也有資金做投資。你覺得這算是運氣好嗎？很可能不這樣想吧。雖然我並不是建議你應該要感激這份好運，並以此來解決因冤屈而情緒失控的問題，可是無論是在投資上或其他生活領域，如果不將其他好運也納入考量，那就表示你的看法存在偏差。

我們需要找出那個導致我們感到冤屈的偏差看法。為了找出背後的缺陷或偏誤，請以憤怒的心情來回答接下來的問題，不要以你對公平的邏輯來思考這些問題：

- 你覺得自己就是沒那個運氣，或總是時運不濟？
- 你覺得損失的那些錢像是被奪走的嗎？
- 有哪些情況會讓你覺得走霉運？
- 你是不是會忌妒、怨恨其他運氣比你好的交易者？

■當變異因素真的很糟糕時，你會不會希望投資的條件不會那麼糟糕，或者你會想辦法控制變異因素？

當你的行為導致進一步的損失，那種痛苦會更難以下嚥。特別是當你失去控制時，儘管你已經盡力增加自己的優勢範圍，也瞭解市場充滿變化並且會導致不同的結果。雖然你無法控制運氣和變異因素，但我們可以花時間深入瞭解，**為什麼**運氣和變異因素會激怒我們，從而重新掌控自己的執行能力。

認為都是自己的運氣不好

除了你認為**應該**要對霉運做出反應以外，請誠實地想一想自己生氣的原因是什麼。你覺得自己沒得到應有的好運、像是被詛咒了，還是得到的壞運氣比你應得的還要多？如果是這樣，你可能從第一筆交易開始就已經不知不覺地進行了長期研究，

*泛指自由民主、法治及資本主義的西歐國家以及被美國影響的國家。除了北美和西歐，還包括其他工業化的資本主義國家，如日本、澳洲、紐西蘭等國。

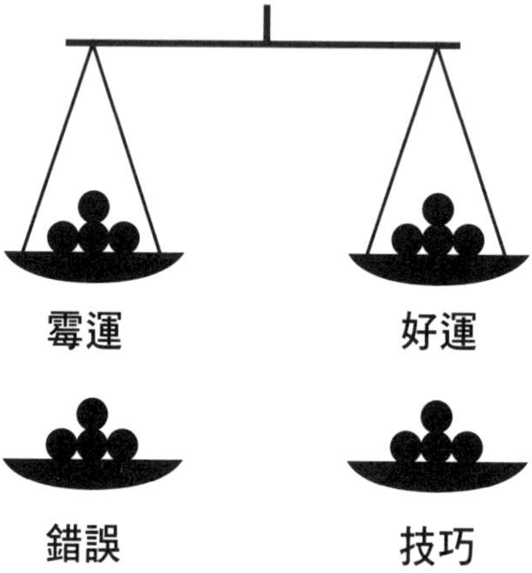

圖一

所以才能得出這樣的結論。

問題是這份長期研究會受到不良數據的影響，所以你的結論是錯誤的。你不是被詛咒，你確實有得到好運，而且你的運氣並不像看上去的那樣糟糕——你只是沒有正確地衡量運氣。

導致這種錯誤結論主要有二個原因。首先，你把錯誤歸咎於運氣差；第二，當你運氣好的時候，你認為是因為你的交易技巧優異。這些原因使得這個投資公平的天秤傾斜了，所以那些變異因素被認為是不公平的，但其實並不是。我通常會用接下來的兩張圖來說明：

圖一代表了理想中，我們對變異因

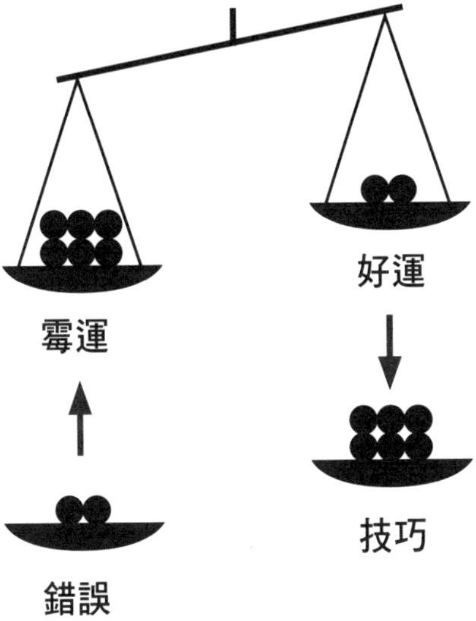

圖二

素、對身為交易者的交易技巧的理解，以及對自己的錯誤的衡量是準確的。這個天秤代表你對公平性的看法是平衡的。儘管這只是理論上的狀況，但有些人已經比其他人擁有更接近這個天秤的看法。老實說，這個天秤代表著我們需要瞭解那些無法避免的異常情況，所以即便是最佳的交易設定，你的系統仍有虧損的可能，因此我們必須著眼大局、認清情勢，不要只關注少數幾筆交易的結果。用這個方式過濾變異因素，可以讓你看得更清楚，並將注意力放在可控制的範圍之內。

圖二的重點在於說明，我先前提到的兩種錯誤想法會改變你對變異因素的

看法，並且導致你感到不公平而情緒失控。首先，如果你犯的錯誤是導致虧損的主要原因，而你卻歸咎於運氣不好，那麼霉運的那一端重量就會增加。第二，如果獲利是因為運氣好，可是你卻認為這都要歸功於你的技術好，那麼好運的那一端重量就會變輕。

你可以想像隨著時間推移，當這種偏誤再三地出現會發生什麼情況。你會毫不否認地相信變異因素對你是不公平的，或者你受到了詛咒。當你持續把運氣好歸功於技術好，犯錯則歸咎於運氣差，結果天秤的一端因重量過重而失衡，使你認為變異因素是不利於你的。你就會開始認為自己常常不走運，你生氣了，因為你覺得自己搞砸了，但實際上是你的心態在作祟。

當交易者對自己運氣差的記憶多過於運氣好，尤其是面對情緒壓力時，這個模式就會進一步惡化。忘不掉那些霉運，並且把注意力都放在那些霉運上，會使我們產生偏誤的觀點，因為當你格外注意一件事情，你就會更深入瞭解它。這下霉運會得到你更多的關注，你自然就會更容易聯想到它。所以你就變得更擅長發現自己不走運，但卻難以察覺自己的好運來了。

更糟糕的是，格外在意霉運不只會讓你產生偏見，還會讓你在因價格回檔而承受情緒壓力的情況下，認為自己除了倒楣，沒有其他原因了。所以，你會說「我是幸運絕緣體」之類的話。在那一刻，你是真心相信自己從未有過好運，但這主要是因為你不擅於察覺自己的好運。

儘管這個問題看似很混亂，但我們可以提升自己找出正面變異因素和錯誤的能力，從而改變對它們的看法，以及改變自己心裡解讀結果的方式。試著觀察自己運氣好的時候——利用筆記本、Word檔案、電子表格，或任何適合你進行追蹤的工具。也許是你剛好在正確的時間進行買賣，並得到最大化的報酬；或是你剛好離開座位，所以錯過一筆你肯定會執行的賠錢交易；或者你剛好錯過一、二個價格的跳動點，結果反而使你以目標價格脫手。試著注意這些例子，並追蹤這些情況的發展。

相反地，每當你覺得自己運氣不好時，請停下來看看是不是自己犯了什麼錯誤。首先，這麼做的目的主要是讓你接受自己可能犯錯的想法，以及思考看看是否確實如此。有時候霉運會阻止我們贏得勝利。但有的時候，是因為我們自己犯了錯。就在不久之前，你還會自然而然地把虧損歸咎於時運不濟，或者任何與倒楣有關的理由。但現在，你可以捫心自問，藉此破壞歸咎於運氣差的模式，並開始重新解讀你的執行結果，平衡你對變異因素的看法。

最後，檢視你的過去。回顧你的交易生涯，甚至是你的個人生涯，或在交易之外的職業生涯，找出那些比起受到變異因素影響，你認為是自己技巧優異，但實際上是運氣好的經歷。也請回想過去可能是因為犯錯，或者沒有精益求精，被你歸類為運氣不好的經歷。

在修正你過去的偏誤時，不如修正那些有偏見的觀點會比較容易。我們顯然無法改變過去，但我們可以改變自己對過去的看法，從而使我們以更準確和穩定的角度看待當下。

在意結果勝過交易的品質

在投資交易界，「結果」才是老大。這一點永遠不會改變。在大型職業運動場上也是如此，所以才會流傳一個說法：沒有人會記得獲得銀牌的是誰。但最近在體壇上，愈來愈多人提倡比賽的過程比結果更重要。教練們都懂得要訓練運動員維持一致的高水準表現，而不是只以成績論英雄。

各類運動項目的指標性教練都已經養成以過程為導向的思維模式。而在投資交易的領域中，就屬瑞．達里歐為這種思維最知名的擁護者。在達里歐的暢銷著作《原則》中，他說：「好好選擇你要養成什麼樣的習慣。在人類的大腦工具箱中，最強大的工具可能非習慣莫屬了。」

雖然這早已不是新穎的概念，但我們也許低估了將崇尚結果的觀點，升級為更加重視過程這點所帶來的影響。對於現在的你來說，當結果不如期望時，你的第一個反應就是覺得自己完蛋了。但如果你能調整心態，讓自己更注重過程或品質，你就能以平衡的角度看待結果，那麼當你遇到運氣不好、承受虧損，甚至是犯錯的時候，你會感覺比較輕鬆，也不會那麼憤怒。

如果你也像大部份的交易者一樣，認為重視過程是一種普遍的好想法，但是，你卻沒有積極地訓練自己要更重視它。這表示你認為這個想法是不需要努力去培養的，所以不需要像其他交易技巧一樣經過學習累積而成。

當追蹤以過程為導向的目標時，我們可以很容易看出自己是否有所進展。當日的交易損益很容易觀察，而且你也已經習慣從這個思考角度出發。當你開始注意自己是如何達成這些**無關金錢**的目標時，你就是在訓練自己養成以過程為導向的心態。

利用以過程為導向的目標，並在每天收盤後，檢視自己的進步情況，例如減輕憤怒情緒、改善交易執行，或者降低分心的情況。比方說，為了減輕你的憤怒情緒，請培養自己以更輕鬆的心情檢討交易虧損的原因，你也可以減少在盤中查看損益的頻率，以及建立自己的成就感，雖然這一天的交易結果是虧錢的，但你有好好地執行交易策略。這些都是進步的訊號，不只可以幫助你減少憤怒，也讓你變得更重視過程，一石二鳥。

最後你會發現，關注進度的訊號已經是習慣成自然。在那之前，你都是在學習這個新觀點，而且有時候你還是會因為太在意結果而情緒失控。舊習難改，請保持專心，養成以過程為導向的心態，直到它成為你自動的習慣。

認為自己料事如神

當你看到情勢對你不利，你的第一個反應是相信虧損已成定局，而你只問自己為什麼會發生這種情況。「又發生了」或者「真的嗎？又來了？！？」這類的想法開始浮現。你彷彿已經看到接下來的發展，而且在事情成真之前，你就已經很生氣了。

會發生這種模式通常是你已經處在連續虧損的狀態，所以累積了一定程度的憤怒。接著，當這些預想開始出現，就會形成像這樣的循環：你預測自己就要虧錢了，而當預測成真時，你告訴自己，「我就知道會這樣。」這種心態會在潛意識養成你可以做出準確預測的信念，誇飾了你的預測能力。

因虧損而導致憤怒的部分原因是對自己生氣，因為你**明知道**要虧錢了，卻沒有立刻了結。現在，憤怒就像一個滾動的雪球。你非常憤怒，因此你會盡全力避免虧損。這個循環會隨著時間繼續下去，使你深深地相信自己是被詛咒了。假設，這可能是真的——到目前為止，在你的交易生涯中，你可能遭遇了更多的霉運。

但無論如何，現實不會告訴我們未來將擁有什麼樣的運氣，我們也不知道接下來會發生什麼事。但你卻認為你知道，這正是問題的根源：你認為自己料事如神。

我們的大腦有預測未來的能力，身體也是。當你在做動作時，身體會不斷預測下一步並做好準備。我可以舉一個預測出錯的例子來說明，當你走樓梯上樓，卻沒有注意還有多少臺階時，如果你沒有預測到下一個臺階，那麼你就會被漏算的臺階絆倒。這就是因為你身體的預測有誤。

無論是生理還是心理，預測都是基於當時可得的資訊。當價格回檔時，大腦會從偏向虧損的數據中汲取資訊，因為最近你才剛經歷過虧損。所以你的心裡自然會預測未來將發生更多的損失，導致你情緒失控。

可是，也可能發生相反的情況。當你狀態正好時，你也會假設獲利的態勢會持續下去。比方說，當有一筆交易正朝著你的目標價迅速靠近，你就會預測它將會達到你的目標價。你絕對不會認為它會反轉。

無論是預測虧損或者獲利，當預測成真時，就會加深你料事如神的信念。那麼，當之後發生價格回檔時，你將會變得格外憤怒，因為你已經很肯定自己一定會虧錢。

這個問題的根源在於，你相信自己可以預測未來。除非你真的會法術（如果是，那你怎麼還需要讀這本書呢？），否則這種料事如神的信念只不過是一種錯覺，無論是預測虧損或獲利，你都需要修正這個信念。

請仔細觀察自己對一筆交易的正面和負面預測，以及事後你對預測的想法。隨時寫下筆記是修正這個從表現上看似難以置信的缺陷的唯一方法。

厭惡變異因素

對有些人來說，不公平感是來自於厭惡變異因素。在你的內心深處，你知道變異因素是交易的一部份，你也知道自己無法控制它們。可是……你還是會忍不住希望要是自己能夠預測投資交易或可以控制交易的結果，那該有多好。你厭惡事情看似如此不公平，也厭惡看到獲利在幾秒鐘之內就被抹去。無法控制使你急得跳腳。

假設你的確倒楣了很長一段時間。因為不走運的情況已經超乎你的預期，你會憤怒也是合情合理。但問題是，挫折和憤怒是否有影響你的表現品質。那些厭惡變異因素的交易者，往往會失去對決策和交易執行的控制。

既然我們無法控制變異因素，只能控制我們自己的反應，所以我們的目標是建立健康的心態，以做出適當的反應並專注於執行交易。當然，這一點都不簡單。投資交易會如此充滿挑戰，都要歸因於不可控的變異因素。

假設真的如此——相信你們也都知道真的是這樣——希望自己有預測能力的真正目的是什麼?希望變異因素不存在的另一種說法是，「我無法控制情緒對我的影響」，或者「我無法處理超過控制範圍以外的結果」，又或者「當我因為不公平而賠錢時，我就無法繼續好好執行交易。」

我們都無法控制變異因素，但我們可以去瞭解它們——你得坦承自己或許在這一方面真的有不足之處。不過，我們還是可以瞭解並修正那些暴露在變異因素之下的缺陷。而且，你應該會樂見當其他交易者因變異因素而情緒失控、發揮失常時，你卻不受影響。

嫉妒羨慕

當你認為自己沒有得到應有的運氣，而且羨慕那些你認為運氣比你好的人時，就會產生嫉妒心態。如果你會這麼想或對另一名交易者說「我真希望我像你一樣好運」，可是你真的能證明他們比你更好運嗎？還是那只是你的感覺而已？

回想剛才提到的公平天秤。當你看到其他交易者時，你可能誤以為他們是因為運氣好，但實際上是因為他們比你想像的更富有技巧。你認為他們的天秤會傾向右邊（運氣好）。再加上，你可能比較不關注自己所犯的錯，所以在你心中，你的天秤是左邊（運氣不好）比較重。這就表示，你所嫉妒的東西可能不是真的。

又或者，他們可能真的運氣比你好。即便如此，他們運氣好對你來說有什麼意義嗎？其實並沒有。你無法控制變異因素，希望自己像他們一樣好運，這類的希望是不可能實現的。

講白了，在意別人的運氣只會分散你的注意力。除非你可以從他們身上學到教訓來精進自己，否則你只是在浪費時間。不過，嫉妒心態可能有更深一層的根源。你只跟他人比較運氣嗎？如果不是，你還會拿自己跟別人比較什麼？你的職業生涯嗎？他們賺了多少錢？他們擔任的職位，或者擁有的機會？

因感到冤屈而情緒失控，可能反應出更大的問題，比方說你認為自己能力不足、你的職涯發展不如預期，或者是自信心問題。為了開始修正嫉妒問題，請試著回答接下來的問題：

- 你對其他人有哪些地方看不順眼？或者你希望跟對方一樣的地方？
- 如果能擁有對方所擁有的，對你的意義是什麼？
- 對自己的不足之處，你可以做些什麼？（總有一些是你不滿意的地方，即便只是希望自己可以更有耐心一點。）

■有哪些事情是你做到了，卻沒有適當地慶祝一番？

這些問題的答案會給你一些方向，讓你減少關注他人的運氣。「不要關心別人，專注在自己身上」，這句話說得輕鬆，但如果你無法修正老是專注他人好運的問題，你就很難把注意力放在自己身上。

報復性交易

報復心理在生活中很常見，所以在交易時出現同樣的心態也不足為奇。在市場上就跟在生活中一樣，尋求報復的長期後果往往超過實現報復的短期滿足感。

當然，當你受到報復心理的刺激，自己的行為很可能會導致虧損這件事就不在你的考量內。你的眼睛離不開螢幕，緊盯著每一次價格跳動，因為你急欲奪回你認為屬於你的東西。這股緊迫的衝動就像是你在告訴市場，「噢，不，你別想坑殺完，就想拍拍屁股走人！」為了賺錢，你已經不再思考，只聽從你的衝動。

我們會有報復心理，一定是有原因的。社會所制定的法律、約定俗成的街頭守則❻，以及那些由你定義為可接受或不可接受的不成文交易規則，都是起源自報復心理。於是，只要交易的結果符合你的預期，一切都沒問題。有賺錢，就沒理由要報復。可是一旦虧錢、犯錯，或者運氣不好時，報復的欲望就會開始增加。雖然你試著控制自己不要再犯大錯，但你已經快堅持不下去了。終於，你的情緒像一臺衝出跑道的飛機。然後你隔天醒來，回想昨天到底發生了什麼狀況，自己怎麼會那樣失控。

平時我們不會想要報復，所以當我們突然做出報復反應時，特別令人驚訝。不妨回想一下，你之前遇到競爭情況時做出的反應是什麼？有沒有某一位總是表現得比你好的競爭對手，激發出你的報復欲望？經歷損失之後，你是不是想要為自尊心奮戰，或者向他人證明你有多優秀？當然，你無法控制別人怎麼想，但這不代表你不會想嘗試影響他們的想法。

日常生活上的報復對象，通常是針對某一個人，但是在交易方面，報復的對象往往不是特定人士——你所對抗的是一整個市場。強烈的憤怒會淹沒你的邏輯和理智。你難以解釋自己的行為，事後的自我批判通常解決不了問題。你真正需要的是，瞭解自己想要報復的原因。

報復性交易跟前面討論過的三種憤怒類型完全不一樣，因為刺激這種心理的不只有憤怒。相反地，自信心問題是報復性交易的祕密成分。在憤怒與自信心問題的加乘下，就會刺激我們產生強烈的報復心理。

在憤怒的問題中，我們需要檢視自己是否厭惡虧損、因犯錯而憤怒，還是因感到冤屈而憤怒。但如果這些問題與自信心無關，你就不會想要報復。即便你不認為自己有自信心問題，還是請你在讀完下一章之後再試著判斷。

雖然我們在下一章才要深入討論自信心問題，但我必須先指出一個重點，那就是自信心不是非此即彼的概念。自信心就像拼圖一樣有很多面向。即便是不起眼的弱點——比方說過度渴望尊重、過度在意結果，或者維持控制的錯覺——一旦參雜憤怒的情緒，就足以掀起報復心理。

當你完成自己的情緒模式圖之後，你也許會得到這個結論。例如，你也許會發現層級一、二、三的憤怒問題實際上與自信心有關，因為當你看到許多持有部位都是獲利狀態時，你會變得過度自信，但當它們沒來由地轉為虧損時，就會激起你的憤怒。

或者是相反的情況，雖然較低的層級被標示為憤怒問題，但層級六到十是報復心理結合絕望（一種自信心問題）。無論是哪一種，我們都需要瞭解並修正憤怒和自信心問題的根源，才能阻止報復性交易。

即使喬已經在華爾街工作了二十年，他也有報復性交易的問題。喬大約在五年前開始獨立交易，之前他在一間大型投資銀行累積了豐富的交易和工作經驗。專業背景使他格外重視選擇權和較長的週期性交易，他所管理的投資組合是以二十到六十天為滾動週期。然而，就他個人而言，他變得愈來愈專注於在現有的交易策略中，垂直新增日內期貨交易（intraday-futures trading）。這個改變導致他累積許多憤怒情緒，影響了他接下來的表現。

舉例來說，當喬做選擇權交易時，他會開放三十個部位，滾動週期為三十天，如果其中一個部位爆了，那也沒什麼大不了的，因為在他所管理的投資組合中，持有的部位會提供不同程度的互補而抵銷風險。

管理這種策略性的投資組合，是他多年來的謀生之道。可是現在，當日定向交易期貨，使他過度關注單一交易的結果，而且其中任何一筆交易都可能是唯一的活躍部位。於是他會打亂自己的交易，在達到目標價格之前就了結，加上過度注意每一筆交易的結果，反而犧牲掉最重要的過程。

當他期望價格會迅速反轉，但實際上卻停滯不動時，他通常會在損失擴大前賣出止損。然後，如果價格最終往他期望的方向發展，他會認為自己運氣很差，感覺自己就像被市場（包括以演算法造市的業者）針對或玩弄了。

他本來都盤算好了，他會把所有事情都做好，在他想要的價格執行交易，但突然間，比方說，雖然有達到他的出價甚至高於他的出價，但因為市場會轉到那個價格，所以他的委託並沒有成交。這讓他感覺格外挫敗。

再加上錯失恐懼症，使他傾向於以稍微不利的價格進場，然後又馬上止損，而且有時候因為止損的空間太小，他可能會逼迫自己再次買進。儘管他都有管控風險，但他仍會再多做二至四次交易，直到他發現自己表現失常才會停止。

這些反應讓喬傷透腦筋。他無法理解自己怎麼會這樣想，他也知道市場不可能會鎖定單一交易者，而且市場才不會在乎參與者的意圖。但那些情況仍激發他想要進行下一筆交易的強烈欲望。

喬想要做最正確的交易，不只是為了賺錢，而是因為他以自己的投資技巧和能力為傲。所以當他做錯時，例如他過度解讀價格趨勢，並相信自己能夠預測接下來的走勢時，他的自信心就會受到打擊。

錯誤的預測是他縮減獲利部位的主要原因，他會跟自己解釋，「噢，你又錯了，你看走勢跟你想的完全相反。在這筆交易吃光所有獲利前，最好快點止損。」而有的時候，他會記下小額的獲利，只為了讓自己的心情好轉一些。

喬不明白為什麼事情總是被他搞砸。他很氣自己，也氣這個市場。因感到冤屈而憤怒、因犯錯而憤怒，再加上想要做對的交易（這是自信心的缺陷），促使他產生報復心理。他變得衝動，而且仇視這個市場，於是他開始過度交易，過早止損使他一次又一次進行同樣的交易。由於他從不使用硬停損（hard stops），這個灰色地帶便成為報復的完美理由，他的心裡是這樣想的，**我不會讓市場在最高（或最低）反轉時了結部位。我一定會把這筆交易做好做對。**

喬很清楚報復心理的問題，他甚至會保留詳細的數據資料，以追蹤他做了哪些交易，以及哪些沒做但應該要做的交易。在最近三年期間，他所產生的R係數大約是一．五，但如果他能以更客觀的角度管理投資組合，他的R係數應該介於二至二．二五——損失三分之一的潛在應得獲利。

我把我們之間的討論整理成以下的心理手牌紀錄。你會發現潛藏的缺陷會造成多大的混亂：

❶**問題是什麼：**我已經是經驗豐富的老手，雖然我知道虧損也是交易的一部份，但當日內買賣讓我變得目光短淺。我就是無法將獲利和虧損視為一個整體的過程，我只看得見單一筆交易的盈虧，每一筆交易的結果都是獨立的事件。所以當情況對我不利，或者發生意料之外的情況時，我就會失去冷靜，衝動地干預交易。

❷**為什麼會有這個問題：**我相信自己很清楚投資交易到底是怎麼一回事。我也很清楚走勢就快要破底（break out），抑或反轉。但是，比方說，當我看到明明有人接手，但價格卻停滯不動，我就會揣測我之前的設定，變得不相信自己的判斷。我覺得我應該了結部位，雖然我知道不是每一次都會有相同的發展，投資交易本來就難以預測，而且我有手上的數據為證。

❸**哪裡有缺陷：**我所堅持的期望是不合理的，雖然大約有百分之五十的交易會是不同的發展情況，但我不覺得這次結果會有什麼不一樣。期望事情如我所願，導致我無法客觀地看待這個過程。我太沉浸在觀察委託單流量（orderflow），使我以為自己有預知能力。再者，我總是希望自己要一直贏。我想要自己是那樣地優秀。也許我沒辦法得到滿分十分，但我相信以我的知

識和經驗，要拿到八分應該不困難。我只是想要成為那樣優秀的交易者。這種心理驅使我堅持追求不切實際的目標，而且我不願意放棄這樣的信念。只要遇到任何威脅——就算是些微的虧損——都會立刻激發我想要馬上證明自己。一旦我建立部位，我就想要驗證自己是專業的交易者，如果我發現委託單量對我不利，我就會竭盡所能地預測接下來的發展，就算我知道這只是白費力氣。但當我發現我之所以會進行這筆交易的理由是不對的，這會成為我覺得應該要止損的理由。

❹ **有沒有修正方法：**我能肯定的是，這筆交易符合我的系統，而且時間會證明這筆交易的優勢。我的目標是勝率接近百分之六十，以及R係數介於一．七五至二．五之間，不是八成勝率，因為我知道這是不切實際的期望。成功指日可待，但不是像那樣，所以我需要讓交易有時間發揮作用。

❺ **為什麼這個修正方法有效：**我的策略建構在詳盡的數據之上。這個過程會隨著時間更具優勢，但我只會從大約一半的交易中賺到錢。

基本上就是，喬把每日損益與長期獲利能力混為一談，並將等號畫在損益與做好做對之間。我們的培訓教他更注重過程，並引導他重新檢視一個他曾想過卻尚未真正嘗試過的追蹤點子。

喬建立了一個電子表格，裡面有一百個空格子，分別代表每單筆交易。每一次他正確地執行策略，他就可以在一個格子內打勾，甚至不需要思考交易的結果，直到他連續在至少二十五個格子內打勾。然後，再回頭一起檢視這二十五筆交易，這麼做讓他可以輕易將這些交易視為一整個投資組合；在交易選擇權的時候，他也複製相同的做法，而不是將每一筆交易視為獨立事件。這個方式可以讓他更有效地避免在當下過度關注單一筆交易，並以更熟悉的方式重新瞄準目標。

他知道自己的優勢，也知道自己的策略需要時間發揮作用。所以用這種方式執行交易，讓喬驗證了他所渴望的成功——成為贏家的感覺。

結果顯示，他的R係數上升到了三——不過，他也坦言，他注意到在我們密集培訓的時候，市場環境已經跟以前不太一樣。他估計如果環境條件一樣的話，R係數至少可以上升到他的目標值一．七五。

喬的工作尚未完成。雖然這種注重過程的策略已經大幅改善他的交易執行，並消除了他一部份的情緒，可是他的情緒起伏還離理想有一點距離。隨著他漸漸習慣這種做法，他就能騰出精神修正那些逐漸增強的情緒，正如他積極地修正以報復心理執行交易的問題。

如果你也有報復性交易的問題，請務必仔細確認是哪一種交易類型會引起你的報復心理。不太可能每一筆交易都會觸發你這種反應。是不是那些更有自主決定權的交易，因為你不太信任自己的策略會奏效，或者認為交易的結果充滿更高的不確定性？這是否表示你的策略或技術性專業能力有弱點？這些問題能幫助你切入憤怒問題的核心，以及自信心方面的弱點。

因有權獲利而情緒失控

當你認為理應屬於你的東西被奪走時，因失去應得的而憤怒的失常情況就會發生。獲得勝利等同於擁有某樣東西。現在你擁有了它，接著當虧損增加，那感覺就像被市場搶劫了一樣。

本來你預計這一天會獲勝，但卻輸了第一筆交易，你可能會感到有點震驚，或者無法置信。你甚至可能會笑出聲，因為你簡直不敢相信剛才發生的虧損。但這沒什麼大不了的，你也知道交易就是有賺有賠。然而，隨著虧損的金額增加，憤怒的感覺愈來愈強烈，你就要失去理智了。

因有權獲利而情緒失控的根源來自，在你內心深處相信自己有權獲勝，或者值得獲勝，其原因例如你比其他人更努力、更聰明，或者資歷更深。你可能會告訴自己，「我的交易成績很好，而且我所做的都是正確的」、「我的努力應該得到回報」，或者「我比別人都承受更多的磨練，現在應該輪到我發光發熱了。」

你不相信在相同情況下，你的獲利會比不上技術、知識和經驗都不如你的交易者。當別人賺錢的時候，你怎麼會沒有大賺一筆？一想到這你就煩躁得要命。會有這種想法即表示，你認為自己有權獲得你所相信應該得到的任何事物。

如果有權獲利是一個問題，你也許不會感受到它的影響。不只是因為它的影響可以很輕微——誰會承認自己有權利可以獲利？光聽到就可能難以消化——但如果你仔細檢視自己為什麼變得如此憤怒，你可能會發現值得獲勝的感覺，又或者是虧錢的感覺就像是理應屬於你的東西被奪走了。

在現實上，每個人都有需要克服的弱點，坦誠面對才可能克服弱點。所以如果想要釋懷，不妨承認這個問題並且不再掩飾。

儘管憤怒是最常見的訊號，但有權獲利的問題的真正起因是過度自信。過度自信的意思是你誇大或擡高對自己的技巧或結果的信念。換句話說，你信了那些不是真實的事情。認為過去的成果、努力或經歷成為你有權獲利的想法是可笑的。這你當然知道，但投資交易可能幫助澆灌了這些錯誤信念。

當我們賺到很多錢時，不只帳戶中的錢增加了，自信心也是。你夢想著自己可以賺多少錢，甚至你有點開始覺得那些錢已經屬於你。自信心膨脹已經設下陷阱，一旦你認為已經屬於你的獲利被市場奪走，憤怒就會爆發。

你所表現出來的憤怒，通常是為了維持虛假不實的自信心。你想相信自己有多麼優秀。問題是為什麼需要相信這個？為了幫助你回答這個問題，並探究導致過度自信的問題，就讓我們繼續翻開下一章吧。

第7章

自信心

「自信是一種感覺，它反映了資訊的連貫性，以及處理資訊的認知自在程度。」

——丹尼爾．康納曼，出自《快思慢想》

現在有一群剛進入這一行的交易員，他們比擁有二十年經驗的老手更有自信。怎麼會這樣？這兩類交易員之間的差距如此明顯，要是我們打賭誰能在一年之內賺得更多，我想你應該會選擇新手吧。他們的自信和技術不在同一條水平線上。

許多人對投資交易有信心，並不等於他們真如自己所想的那樣有投資交易的能力。因為如果真是這樣，在你完成一筆大額交易後，你不會陶醉在勝利的果實之中，而是會因為認為自己不可能會輸，就接著又做一筆令人質疑的交易。或者，在價格回檔的時候，你不會對通常很有把握的交易失去信心。

但自信是一種情緒，就跟本書描述的其他情緒一樣——它們都很容易受到缺陷和偏誤的影響。我們會根據自己感受到的自信程度來做決定。當感覺比較強烈時，你會加碼、願意承擔更多風險，以及增加交易頻率。當然，如果是自信心過剩，那些行為就會產生問題；而當自信不足時，你就會變得猶豫不決、減碼、傾向獲取共識，並且尋找新的系統策略。

對於那些懷疑自信心會影響表現的人，我知道有太多人都說要有自信才會成功。但在投資交易方面並非如此。信心和你賺多少錢沒有關係。不需要自信也能成為會賺錢的交易者。

有信心賺錢並不代表你會賺錢，缺乏賺錢的信心也不表示你賺不了錢。比起擁有身為交易者的自信心，你需要的是投資交易的**能力**。無論你對自己的能力有什麼看法，只要累積夠多的樣本，結果會向你說實話。

但是，當你還不曉得自己的投資技巧能產生多少成績時，自信心在短期內可以為你引領方向。而且比起缺乏自信，擁有自信心可以幫助你發揮得更好。自信就像引擎裡的機油，可以降低零件之間的摩擦，讓你徹底發揮自身的技巧和知識。然而，跟車子的機油一樣，太多或太少都會造成問題。你需要適當的自信，才能高效率地向前奔馳。

很多來找我培訓的人，都會閱讀這一章，因為你們的引擎卡住了，而且自信受到阻礙。雖然我們會主動處理缺乏自信的問題，但其實過度自信會造成更大的問題。所以接下來讓我們仔細討論這兩種類型的自信心問題。

以現在的環境條件，要說**過度自信是一種問題**，也許聽起來很奇怪，特別是在西方社會，自信被認為是唯一重要的事。可是請記住，自信是一種情緒，當你感到興奮、貪婪或歡欣鼓舞，導致情緒太激昂時，較高階的大腦功能就會下降，使人容易犯錯。

過度自信並不等同於表現得傲慢、自大，或者貪婪地吹噓自己。許多交易者都有過度自信的困擾，但是旁人卻幾乎無法察覺。如果你對市場走向有很肯定的感覺，尤其是在你還沒有進行完整的分析之前，這種確信的心理就是過度自信了。如果你認為自己已經搞清楚這個市場，並且準備好大殺四方，而且這個想法令你感到格外興奮時，那也是過度自信的結果。

拒絕承認犯錯，或者堅持自己是對的，也都是過度自信在作祟。這個問題還可能會讓你連續取得勝利之後，就認為自己戰無不勝，或者不認為槓桿操作會增加風險。你會便宜行事、隨便省略開盤前和收盤後的例行工作，或者小看變異因素的影響，因為你認為自己會抓到完美的買賣時間點，讓獲利最大化，而且這一切都要歸功於你自己，跟運氣好沒有關係。

從表現的角度來說，過度自信表示你高估了自己真正的能力。相較於真實世界，你更像是生活在泡泡裡。但就某種程度而言，每一位交易者都需要與真實世界維持一點距離。

我們很難在短期內掌握自己的優勢在哪，而且稍微過度自信的好處是否多於壞處，也很難予以定論。比方說，當市場充滿不確定性時，多一點自信有助於執行策略、從錯誤中學習，以及更快地適應市場的變化。

而另一方面，**當我們缺乏自信時**，我們很容易會說出「我對這筆交易沒什麼興趣」之類的話，並且避免那些平時很容易進行的交易。也許是因為自己開始感覺不如平常那般自信，但這種感覺會漸漸變得強烈。你會更容易覺得心情沉悶、優柔寡斷、鬱鬱寡歡，或者任何你可以聯想到和沒自信相關的人格特質。

到了某個時候，這些特質開始變得難以忽略，因為所有與缺乏自信有關的感受通通出現了。你會開始思考自己是不是怎麼了，或者是你根本不適合做這一行。突然間，你被厄運和絕望困住，無法抽離。又或者，你可能後來會否認自己有缺乏自信的問題，並且想方設法否決自己可能有自信心問題的想法。

我們其實可以從更現實的層面來思考這個問題，也就是自信心是有很多面向的，因為它與我們的交易表現有關。請把自信心想像成拼圖片，而不是一種有或沒有的單一事物。我的經驗是，自信心的弱點通常是由一些有缺陷、不完整或遺失的拼圖片而造成的，而不是整幅拼圖都遺失了。我們只需要個別處理並修正每一個弱點，就像利用這本書來分別處理不一樣的問題。這就好比開刀手術一樣，找出缺陷、進行修補，然後恢復自信。

有些交易者需要處理過度自信或缺乏自信的問題，還有另一群交易者則會經歷自信心的高低震盪。這是因為他們的自信心主要是來自交易的結果，所以特別容易發生這種情況。獲利時自信滿滿，虧損時垂頭喪氣，你的自信就像坐雲霄飛車一樣上上下下。你會變得過度關注當日損益的增減，進而影響自信心。當獲利使自信心愈來愈強烈，過度自信的可能性也會增加。

在不知不覺中，你的執行力開始下滑。儘管變異因素還是對你有利，但已經開始出現輕微的錯誤，或者執行力稍微下降，不過這都還不至於影響你的自信。你感覺自己還會繼續獲利，自信心太過高漲，使你看不見虧損的浮現。於是，當結果急轉直下，就像腳底的地毯突然被人抽走，你踉蹌地跌在地上，壓扁了你的自信心。你試著說服自己，要保持樂觀。到了第二天，你依然積極準備進行交易。但再次虧錢讓你喪失鬥志，開始質疑自己到底在做些什麼。

想要停止這些情緒出現如此戲劇化的震盪，則需要培養「穩定的自信心」。我所謂的「穩定的自信心」是指要基於更穩固且獨立的事情來建立自信心，而非只是交易的結果。

當你的觀點沒有被會導致自信心不穩定的缺陷所污染時，你就能維持穩定的自信，所以當你面對市場的混亂、變異因素以及超出控制範圍以外的事，你自然能挺過去，並迅速且準確地調整策略方向。雖然一場強烈的龍捲風來襲，可是你已經將自己牢牢穩定在堅固的物體上了。

維持穩定的自信才能在短期內專心在執行交易上，而不是損益結果。當然，獲利能力很重要，可是短時間內專心執行交易能讓我們提高獲利（或者降低虧損），並且學習得更快。

自信心的本質

自信心是心理戰的基礎，因為自信是一種能直接反映交易技巧的情緒。將自信視為情緒是一個嶄新的想法。自信看似是一翻兩瞪眼有或沒有的東西，但請思考一下你或其他交易者描述自信的方式。我們通常會用「感覺」這個字來描述自信，像是「我覺得很有自信」，或者「我感覺沒什麼自信」。相較於堅實的技巧難以改變，自信就像流動的液體，可以瞬間改變形狀——和其他的情緒一樣。

信念、缺陷、偏見、希望和幻想會改變你對自己技巧的看法，進而導致信心問題。

這正是這一章的主要內容。但重要的是，我們要先知道自信心下滑可能是代表，個人的交易技巧中的某個部分出現問題了。

許多交易的附屬技巧也可能出現問題，附屬技巧可能包括學習或研究、社交和合作，以及身為交易者的心靈層面，例如專注、紀律、職業道德和情緒控制等技巧。

經驗豐富的交易者通常會先分析，認為自信下滑表示自己的技巧退步了。也許你正處於低谷，跟不上市場變化，局勢已經改變，但你還沒趕上。又或者，你自信下滑是因為你無法一致地執行交易策略。儘管你已經盡了最大的努力，但因為你缺乏必要的紀律，或者缺乏觀察細節的能力駕馭自決性交易（discretionary trades），所以還是繼續進行保證金交易（marginal trades）。無論你的情況是哪一種，自信心下滑都不是問題——而是在告訴你真正需要處理的問題。

當你像這樣失去自信時，很容易會被誤會為心理層面的問題，而解決方法實際上卻是來自於技術層面。因為有某個地方出現問題，只是你還沒有發現，所以當然會導致自信心下滑。與其讓自己過度自信，並盲目地進行下去（雖然這也沒有什麼錯），有時候稍微失去一些信心比較好。這麼一來，我們才能放大檢視問題。

關鍵是不要對訊號過度反應，變得更悲觀或負面、更加沒有信心。自信心穩定的交易者會保持客觀，因為他們知道自己最後一定會找出答案。

另一方面，自信大增可以反映出你獲得更多技巧，能力提升到更高水平。你茅塞頓開，感覺自己好像在作弊，那些過去你很難看得清楚的交易，現在居然變得如此清晰。從實際的角度來說，這種信心增加即表示毛毛蟲的前端正在往前移動。

但別鬆懈了，當你認為自己已經弄清楚「它」是怎麼一回事了，並且相信自己能一直賺取更多的獲利，或者未來目標十拿九穩時，很容易演變成過度自信。我們要將自信增加視為努力得到回報，並且要繼續努力下去。不要以為從此以後就可以被動地乘浪前行，否則你最後還是會陷入困境之中。

過度自信的常見訊號

過度自信就像是你已經飄在半空中，卻認為自己正腳踩在堅固的地上。我會想像有一個卡通人物，他不知道自己將從懸崖墜落，直到人已經在半空中了，才發現情況不妙。

當你變得過度自信時，你不會發現自己的感知、分析和執行能力已經下滑；久而久之，你會逐漸鬆綁風險管理參數。你在尋找下一個想法或適應系統的專注力和精力都減少了，你開始認同並進行保證金交易。你更滿意自己的決策過程，並且不再以平時嚴謹的眼光去檢視交易想法。

過度自信通常是因為獲利能力出現顯著的起伏——也許是你獲得高額回報，例如這是你有史以來獲利最高的一筆交易，或者最豐收的一個月。過度自信還會出現在，當你開始覺得自己已經熟悉這個市場，或者你在交易生涯的成就顯赫時。你可能會高估自己所擁有的知識，並開始覺得自己知道市場的走向。這時候的你會變得相當固執，不肯承認自己犯錯、一點損失也不能接受，也不願接受更有經驗的交易者的建議。

你認為虧損只是暫時的，而且你還會繼續賺錢。你會對交易執行太興奮，這份強烈的喜悅讓你心想，**這次我要變得富有了**，或者**我已經駕馭市場了**！對有些人來說，自我膨脹產生的優越感，會驅使他們批評其他交易者或者整個市場，他們會說「那些人根本不知道自己在做什麼。」

當你期待獲利時，並不表示你會比平常更專注或更有精神。你可能比平時花更少的時間研究圖表，或者就算你看著圖表，跟最佳狀態相比，這時候的你比較缺乏警惕性。過度自信讓你的腎上腺素激增，感覺就像站在世界之巔，但相反地，也會導致自得自滿和鬆懈。

正如我在本章開頭時說過的，過度自信的方式有很多種。如果你不是以誇張又戲劇化的方式對外展現這種情緒，那麼你可能以為自己沒有過度自信的問題。然而，過度自信的表現也可以很低調，例如以下的情況：

- 過度宣揚某一筆交易
- 當獲利已經達標時拒絕了結，因為你認為還可以賺得更多
- 急著進行交易，但在準備和執行上不夠確實
- 感覺自己不可能會虧錢而迅速做出決定
- 說「它一定會上漲」來合理化更多的風險
- 無論風險高低，想要持續做出行動
- 忽略可貴的訊號，只注意幾件事就決定要買入／賣出
- 衝動地進場或退場

來自加拿大的布蘭登是一名商品和期貨交易商，因為過度自信的訊號很微弱，他一直無法解決執行早盤策略的問題，導致他的早盤策略勝率輸給午盤的策略。他會很肯定這筆交易能賺錢，他心想，**百分之百，不可能出錯**。然後那筆交易就賠本了。可是強烈的自信心說服他不要賣出了結——他不能承認自己錯了。

結果就導致了高額虧損，有時候帳上甚至一度達到百分之三十的虧損，這也導致他進行報復性交易。為了讓每天的結算成績是正數，布蘭登只好勉強自己不斷進行交易，結果反而經常觸及他的當日停損點，或當日虧損限制。更讓他痛苦的是，隔了二十分鐘之後，又出現比較容易操作的交易，可是他卻無法執行。

布蘭登另一個問題是，他總是想以目標價獲利。他其實很清楚不值得冒險要賣在絕對的高點，但對完美的渴望驅使他爭取每一分錢。然而就在一次價格回檔後，他又開始在想自己沒能賺到的錢有多少，於是他又開始尋找交易機會，而非等著機會來敲門。

對布蘭登來說，過度自信的最後一個也是最驚人的訊號在於他所設定的目標。如果某一個月他賺了一萬美元，他下個月的目標不是提高百分之十或百分之二十的獲利。不，布蘭登會將獲利目標設在十萬美元。他沒意識到目標一次提高這麼多，也大幅增加了他給自己的壓力，結果導致他得破壞自己的規定，比方說他設定每天早上自己要做多少筆交易。宏大的目標是導致他失敗的推手，加上後來發生價格劇烈回檔，讓他始終止步不前。

當我像這樣列舉出一個又一個的例子，這些過度自信的訊號看起來很明顯，但對布蘭登來說，平常卻很難察覺這些訊號。直到他跟我開始探討這些問題，他才逐漸明白問題來自於遠大的信念、對完美的渴望，以及不切實際的目標。

在這些訊號之中，我們發現了二種主要缺陷：一是他總是相信自己做的每一筆交易都是對的，二是對完美的期待。所以後來布蘭登利用本章的建議，以及稍後會在第九章討論到的即時策略，來解決這些問題。

布蘭登發現他從不會把成功歸功於自己。我在「完美主義」相關篇幅所提到的建議，幫助他瞭解自己正在做些什麼，以及他所做的決定是有圖利空間的，進而穩定地鞏固他的自信心。儘管我們花了一些時間才將這個新觀點變成他的習慣，不過經過採樣及數據分析，他的勝率提升至百分之六十。現在當布蘭登遇到虧損時，他只會心想，**這只是百分之四十中的其中一筆交易，我的比賽還沒有結束，若把目光放遠一些，我的獲利是來自於我遵守自己的策略。**

無論是在情緒上，還是在進行投資交易時，布蘭登的表現都更加穩定。他能輕鬆承受虧損，不再勉強進行交易，並且懂得「遠離危險」。這麼一來，他就能夠立刻重新觀察市場，尋找他之前沒有把握到的絕佳機會。

接著我們修正他對完美的渴望，使他終於能以目標價了結獲利，並且懂得接受有抓住重點就好，而不是整體。新的觀點使布蘭登能利用之前被完美挾持的邏輯——一分錢有什麼要緊的，不值得冒險去賺取那一分錢。

總而言之，這些改善徹底改變了布蘭登的底線。雖然他的勝率不變，但摧毀損益和情緒的高額損失已經消失了，他的投資損益正穩定上升中。

缺乏自信的常見訊號

缺乏自信就像一臺陷入泥濘的汽車。有時候只需要稍微努力和一點運氣，你就可以擺脫泥濘；而有的時候，你愈掙扎就會陷得愈深，你也愈絕望。你著急地找尋逃脫的方法，結果卻跌入另一個更深的洞裡。

當發生重大的損失、持續回檔、看見別人賺錢但自己卻賺不到，或者一直錯過機會，都會讓自信心陷入困境。這種感覺就像突然間你不管怎麼做都不管用。你發揮創意，卻虧得更多。你試著弄清楚為什麼一切如此不順心，卻找不到答案，還帶來更多疑慮和不穩定性。你勉強交易，結果進一步加深虧損。你變得相當消極，心裡想：**我好爛！連一次勝利都做不到。我只會輸個不停。**

於是你覺得接下來的時間要休息了，但當你看見自己錯過有利可圖的交易機會，你更灰心喪志，因為這些都要歸咎於你的情緒控制或心理戰有弱點。你不明白為什麼自己如此掙扎，你覺得其他人都不會像你這樣辛苦。你開始質疑自己是否如你想像中優秀，並且心想，**如果連這樣大的趨勢都錯過，我怎麼可能成爲優秀的交易者？**

如果你不是優秀的交易者，怎麼辦？你不能放棄——你已經投入太多時間。但你只能走到這裡了。一切都白費了嗎？你會失敗嗎？

對一些人而言，剛才的描述就像是一記當頭棒喝。然而對其他人來說，這樣的描述太嚴重了。我想強調的是，當交易者失去信心時，他們會做出很不一樣的反應。以下是一些失去信心時的模樣：

- 浪費時間過度關注損益、帳上餘額，或者回檔的規模
- 不感興趣，並找藉口不做交易，也不尋找機會
- 想知道自己的策略是不是失效了
- 難以找到新的想法，而且無法相信自己想出來的東西會有用
- 感到難為情，而且會拿自己與其他表現更好的交易者做比較
- 因為沒有盡力而自責
- 認為自己已經輸了，表現再也不如以往優秀
- 因為沒有進步而感到氣餒
- 對自己的表現感到失望或失落
- 覺得以前的成功都毫無意義
- 拚命切換不同系統，以尋找有用且能賺到錢的新系統——彷彿這麼做就能弄清楚**為什麼會表現得那麼糟糕**

雖然其中的一些訊號很容易辨識，但有些訊號並不明顯。我將用接下來的例子說明難以立即覺察的缺乏自信心問題。

渴望擊出全壘打

缺乏自信有一個隱藏的訊號，那就是將報酬目標設定得太高，就好比想透過一擊全壘打反敗為勝。進行這類型的交易是因為你對自己的策略缺乏信任、信念或信心，再加上缺乏持續創造獲利的能力。你想尋找的是一筆意外之財，利用它來確認自己所做的事情是正確的。然而，這樣賭博性質的交易不符合你的交易系統。即便你得償所望，你也不能因此肯定自己的能力，而且還會讓你更不容易進步。當然，在那一刻你的帳上有更多的錢，但是因為你很幸運，而且你也知道這一點。這樣會削弱你的自信，當你又不可避免地失去自信時，你很可能又會尋找類似的交易。但你可能不會每一次都那麼幸運。

企圖勉強自己進行全壘打類型的交易，是一種潛意識嘗試彌補先前的損失，以及為了避免對投資交易產生負面想法——大獲全勝的意思是，你不只要很厲害，還要能消除所有疑慮。當我們在進行這種類型的交易時，我們很少會認真考慮這件事，可是交易者通常很難理解自己為什麼要進行這一類的交易。而且進行這類的交易會令你看起來很貪婪，身邊的人說不定還會指責你。

但重點是，我們需要仔細分析這個問題。如果你發現有一籮筐的訊號指出，你實際上正苦於自信心不足，不妨仔細檢查自己進行這類型交易的真正意圖。因為你很可能是想藉此迅速鞏固自信心。

- **心理戰妙計：**自信心低落不是仔細修改策略的時機。這時候與其修改策略，不如將重點放在執行你現有的策略。你知道這個策略可以賺錢，而且你現在就可以利用原本的策略開始持續並長期地重建自信心。當你再次站穩腳步後，才是發揮最近所學並且調整策略的時候。

缺乏自信會使你表現有失水準

當你開始意識到自己怎麼表現得那麼優秀時，這種認知就是一種訊號，告訴你你的自信還沒有強大到，足以證明你是如此優秀的想法。你的技巧和信心並不對等。

你對於賺了多少錢、今年的表現、其他交易者對你的評價，或者你對市場的獨特見解感到訝異。你特別看低自己有多少能力。這種想法通常出現在那些才剛給出不錯成績或者才剛得到生涯表現最佳月分，想要繼續努力的交易者身上。如果你的信心與你的技巧相符，你就不會對自己的成就感到訝異，也不會驚奇地發現自己居然挺瞭解市場的。你不會對與期望相符的事情感到驚訝，你只會對真正超乎意料的事情感到意外。

好比某個人來按門鈴，如果那個人是你的鄰居，你不會感到驚訝。你可能會想知道他們想要什麼，但鄰居來按門鈴的目的你大概都能猜想得到。但是，如果當你應門時看到的不是鄰居，而是美國總統，你一定會大吃一驚。所以如果你真的對自己的表現感到訝異，就表示你還不敢相信自己真的有那麼厲害。

- **心理戰妙計：**如果你打算建造一座宏偉的金字塔，你需要打造更大的地基。當你會為自己出色的表現而感到驚訝，請不要試圖勉強你的直覺，或者做出瘋狂的事情。回到你的B級心理戰，清除C級心理戰場上的技術和心理錯誤，以擴建你的心理戰地基。

穩定的自信心

我們可以將穩定的自信心視為，過度自信與缺乏自信之間的中間地帶。但這並不意味你會感覺自己是中立的，或者像機器人那樣麻木無感。事實上剛好相反，你會感受到豐富的情緒，但那些情緒會精準地反映出你的真實技巧，而不是由缺陷、偏誤或短期結果而造成的誤解。

擁有穩定的信心，代表你的自信不會因為變異因素，或者任何其他原因而擺盪到極端。當然，因為你的表現會持續進步和變化，所以自信當然會稍微的起伏，但還是維持一定程度的穩定性。當主要的缺陷、習慣或偏誤都已經修正完成，你就能輕鬆地做到以下幾件事：

- 高水準的表現
- 評估自己的優勢和劣勢
- 就算市場充滿混亂，依舊保持頭腦清醒
- 發揮並信任你的直覺

■避免犯嚴重的錯誤
■適應市場的變化
■專心尋找機會以及執行交易
■只關注最相關的事情，不被分散注意力

自信程度會影響我們的交易執行、構思交易點子、調整策略、對市場的瞭解，以及與交易有關的決策，所以盡可能地穩定自信心是非常重要的。鑒於這些顯而易見的理由，本章的目標在於幫助你建立穩定的自信心。只要你解決交易技巧方面的缺陷和偏誤，你自然能擁有它。

就拿大衛來說，這位演員自息影以來就想成為一名全職交易者，他已經從事債券、期貨和選擇權交易六年了。當我們的課程開始時，他還沒有獲利，因此自信是他的問題之一。當他的獲利表現不錯時，就會出現「因有權獲利而憤怒」和過度自信的問題。有時候太容易掌握市場趨勢時，他的持有部位就會過大，並且過度交易。

另一方面，當大衛虧損時，自信心就會下滑，伴隨著其他的想法出現，例如我**沒理由相信自己的策略還管用**，所以他通常會改變策略，開始採取他認為比較適合當下市場趨勢的交易方法。這對他自己和他想學習的楷模來說，都是一種不信任的表現。

在這六年期間，大衛一直抱持「別人家的草格外翠綠」的心態，他會根據小規模的樣本數據或不穩定的市場條件，一次又一次地改變自己的策略或交易工具。受到這種「總會有更好的」的想法驅使，他很快就會放棄對一種方法的信賴，即使他還沒有得到足夠的樣本評估那種方法對他是否管用。

經過我們的課程，他終於明白他必須貫徹一項策略，即使市場條件不斷改變，他應該更專心徹底執行並瞭解自己的紀律。堅持不懈，加上收集更充足的數據，他發現自己的所學不足，並誠實面對自己的缺點，從而鞏固他的自信心。

減少信心的流失是他的第一步。接下來，我們還需要處理過度自信的問題。導致自信心激增的缺陷基本上與自信心下滑的缺陷截然相反——他以為自己找到的「策略」能讓他養家糊口。把這件事說出口是有幫助的，但他還需要其他的東西。

更清楚大衛的狀況之後，我建議他畫一張海報，來詳記說明他各種過度自信的面向。結果大衛甚至請來一位真正的藝術家，製作他的人物卡通漫畫，將他交易時的自信模樣栩栩如生地展現在海報上。之後每當他開始因有權獲利而生氣時，他會立刻拿出那張畫作來看，幫助他恢復思緒，以及幫助他穩定自信心。

對他來說，這項策略真的很關鍵，因為這是他第一次利用喜劇的方式，而非負面方式，來遵守自己的情緒紀律。他認為人生是既有趣、有時又不合理的，也與這項策略的風格不謀而合。用卡通的方式認識自己過度自信的情緒，幫助他更容易對付情緒背後的錯誤邏輯。

這種輕鬆且愉悅的觀點，使他無論在狀態的高峰或低谷，都能以穩定的自信心，按部就班地執行交易。現在的他相信自己的方法——不再中途換船——使他的帳上金額穩定成長。

發現自己的自信模式

發現過度自信和缺乏自信的訊號，可以幫助我們迅速控制自信對交易執行的影響，並且將傷害降至最低。所以找出那些訊號的過程非常重要，當自信心變得不穩定時，我們必須馬上辨別出那些訊號，盡快讓自信心恢復穩定。此外，除了找出訊號，這個過程也能讓我們揭露那些導致我們自信心高低起伏的潛藏缺陷，所以請特別注意本章的相關內容。現在讓我們按照接下來步驟，建立一份關於自信心的檔案。

步驟一

在前面的三個章節，我們的重點在於找出問題的訊號。現在我們首先要找的是**最穩定或最理想的自信程度**，並以此為目標努力。先設定這個目標可以有利於發現自信程度是否已經膨脹得太大，或者掉得太低。

你可能不常感覺到自信心的起伏，但每個人對於穩定的自信心都有其獨特的定義。請試著描述穩定的自信心對你來說是什麼意思。你也可以透過以下的問題來著手：

- 當自信心達到平衡、既不會太高也不會太低時，那是什麼樣的感覺？
- 試著描述你的決策過程。
- 試著描述你的專注程度。
- 試著描述你的精神狀態。你是不是會感到冷靜、憤怒，或者介於這兩種情緒之間？

■ 有得心應手的感覺嗎？
■ 思緒似乎更清晰了？
■ 你覺得時間過得比較快，還是比較慢？

把每一次當你感到自信心達到平衡時的情形記錄下來，藉此建立你對穩定自信心的認識，直到你擁有一份最完整的筆記。如果你現在已經自顧不暇，而且你的自信心很低或者太高，步驟一可能對你來說有點困難。不過，盡你所能，等到下次感到自信心恢復穩定時，再繼續添加更多細節就好。

步驟二

除了定義穩定的自信心之外，我們還需要密切注意**自信心的起伏**。你是不是更容易變得過度自信，或者缺乏自信？或者你容易反復陷入這兩種狀態？

請檢查並找出令你自信心增加及減少的原因。試著具體描述過度自信和（或）缺乏自信的訊號，包括以下：

- 想法
- 情緒
- 令你大聲說出來的話
- 行為
- 行動
- 你的決定的變化
- 你對市場、機會和目前部位的看法的變化
- 交易錯誤

就算你現在自信心低落，我還是要鼓勵你檢查看看有沒有過度自信的訊號，例如擁有非常堅定的信念、對未來有過度的確信，或者過於自滿。

利用電腦或手邊的筆記本，一邊交易一邊寫下這一天的觀察紀錄。等到收盤後再回顧你這一天的發現，並補上其他的細節。盡可能寫下完整的內容。找出自信心的模式是一個反復的過程。我們不可能一次就能找出所有的細節，所以當你找到新的細節時，一定要記錄下來。當你有機會改善交易執行時，任何一個小細節都很重

要，可能帶來不可小覷的改變。

如果一開始覺得很難，請不要擔心。每個人都有自己的起點。只要持之以恆，你的筆記會愈來愈完整，你也會從中學到更多。即便每個人學習的速度不同，進步就是進步。所以這裡我提供了一些問題幫助你開始寫筆記：

缺乏自信

■ 有哪些情況通常會令你失去信心？比方說，當你看到別的交易者賺錢時，你就會對自己的策略失去信心，或者發現很難想出新的想法。

■ 當你信心下滑時，你身體會有什麼樣的反應？你的動作會變得比較慢，或者沒精神地癱坐在椅子上？

■ 描述一下當你的自信心掉得太低，變成缺乏自信的問題時，是什麼樣的情況？

■ 具體來說，你的心裡在想些什麼？你有什麼看法？

■ 缺乏自信讓你的決策過程有哪些不一樣的地方？

過度自信

■ 有哪些情況通常會令你感到過度自信？比方說：實現一筆高額盈利的交易、得到很多人的讚賞，或者提前達成自己的當月目標。

■ 當你感到過度自信時，你身體會有什麼樣的反應？你會興奮到靜不下來、激動不已，或者感覺全身充滿腎上腺素？

■ 描述一下當你的自信心過度膨脹，變成過度自信的問題時，是什麼樣的情況？

■ 具體來說，你的心裡在想些什麼？你有什麼看法？

■ 過度自信讓你的決策過程有哪些不一樣的地方？

■ 如果現在的你正感到缺乏自信，那麼在自信心下滑前，你是不是正處於過度自信的狀態呢？

從事交易的人通常會傾向其中一種狀態：過度自信，或者缺乏自信。但你可能需要多經歷幾次循環，才能弄清楚自己自信心起伏的模式。造成自信心擺盪的刺激因素可能每次都不一樣，所以你得花更多時間來得到「完美的」自信心模式圖。因此，要更留意較小規模的自信心變動，以及刺激因素，因為正是那些細節導致日後自信心的大起大落。

步驟三

當你得到更多細節後，接下來要**依嚴重程度來整理這些筆記**。由於自信心的獨特性質，我們需要利用不同的方式來分類。如果你更常缺乏自信，你就應該把理想的自信程度設為層級十，而層級一是自信心最低的情況。如果你更常過度自信，作法剛好相反，層級一是你最理想的自信程度，而層級十表示你的自信膨脹到最大的程度。

所以，如果你通常在這兩種程度之間循環，你可以各做一個分類表格，或者將兩者合而為一，將層級五設定為最理想的自信程度，用層級一至四來表示不同程度的缺乏自信，以及用層級六至十來表示不同程度的過度自信。無論你如何區分層級，請務必確保各層級的細節與其他層級有明顯區別。

在你區分其中的差異時，還要把這些細節分為兩種：心理與情緒面的自信，以及技術面的自信。這些分類的層級數會是一樣的，所以層級一的心理與情緒面的自信，會對應到層級一的技術面，以此類推。

接下來的例子就是將層級五設定為最理想的自信程度，層級一至四是不同程度的缺乏自信，以及層級六至十是不同程度的過度自信。

自信程度

描述你在不同的自信程度時，會有哪些想法、情緒、會說的話、行為和行動。至少完成三個層級。

層級十：認為自己所向無敵。太爽啦！我正在想該如何運用我將賺到的錢。

層級九：

層級八：我所做的都是對的事，我不認為自己有可能會虧錢。情緒很激動，感覺熱血沸騰。

層級七：

層級六：期待下一筆交易，感覺躍躍欲試。

層級五：有自信且從容不迫。沒有多餘的想法。我很確定自己想找什麼，並且能夠相信自己的直覺。我也不太會在意虧損情況。

層級四：有點悲觀，認為持有的部位有虧損的可能性。

層級三：

層級二：自我批判，而且感到氣餒。質疑我所使用的策略的可行性。我覺得想要放棄，但還在努力撐下去。

層級一：感覺胃都打結了。我不知道該如何賺錢。

技術面的自信程度

試著依不同程度的自信，描述決策的品質，以及個人對市場、機會或目前持有部位的看法。

層級十：更積極要達成目標，我很肯定一定能達到目標。

層級九：

層級八：持有更多的籌碼，並堅持執行止損（停利）。比平時進行更多的交易。

層級七：

層級六：能更快地做出決定，並承擔比理想更多的風險。

層級五：能輕鬆堅持執行自己的計畫，同時可以感覺我從市場獲得東西，也一直

在適應市場。

層級四：有點猶豫，但大致上來說，做得還不錯。

層級三：

層級二：只想做完美的交易，所以不會做太多筆交易。我太擔心一旦進場，趨勢就會反轉。

層級一：停止執行交易。

進行到了這裡，你已經得到一份可靠的草稿，來幫助你辨識自己的自信模式，以及迅速進行修正。我們必須努力修正這些模式，所以除非你已經得到一致的結果證明問題已經不存在，在這之前都不要修改這份草稿。

現在你可以利用這段內容所得到的筆記，找出那些與交易最相關的原因，並把重心放在處理導致你信心不穩定的特定原因。我會強烈建議你先讀完這一章節，因為你可能會發現先前沒發現的問題，所以你也可能還有更多細節，想要添加到自信模式的筆記中。

修正認知錯覺與偏誤

正如我之前提到的，有些人相信認知偏誤是無法改變的，而且防止形成認知偏誤的唯一方法就是瞭解它們。然而，如果能修正偏誤背後的錯誤思維，我們就**可以**改變偏誤。所以第一步是要找出那些影響你的錯誤思維，然後深入瞭解是什麼助長了錯覺和偏誤。

有許多偏誤和錯覺會影響交易者。你可以試著上網搜尋，會發現有數以百計種認知錯覺和偏誤，例如賭徒謬誤（Gambler's Fal-lacy，這是一種機率謬誤，指你對事件發生機率的感覺改變了），以及時近效應（Recency Effect，對最近發生的事情印象最深刻，進而影響你的思緒）。本段落所側重的相關偏誤，會經常導致交易者信心不穩定，以及影響他們的自信程度。也許有其他種類的偏誤對你的影響比較大，但無論如何，我接下來要介紹的系統都可以幫助你修正自信心問題。

控制的錯覺

我們都想要擁有控制權，不只是在做交易的時候。身為人類，我們會不斷提升能力，以掌控我們的生活，交易者也是一樣。如果你以為交易、市場或心理戰的相關因素都在你的控制之中，但事實並不是如你所想時（例如，你尚未弄清楚的價格行為、賺錢的機會，以及憤怒問題），問題就會浮現。

交易者常常認為自己比實際上更能控制這些因素，並且讓這種思維影響了他們的自信心。儘管在短期內很難確認具體的控制程度，但也正是因為這種不確定性，使錯覺開始滋長。

相信自己比實際上更能控制交易或心理戰，是導致自信心不穩定的主要原因。那麼，現在讓我們一起認識以下七種常見原因：

一、相信自己的每一筆交易都會賺錢

想要從每一筆交易中賺錢，以及相信或期望每一筆交易都有獲利空間，這是兩種截然不同的思維。當你狀態正好時，這種信念會變得強烈，縱容自信心過度滋長。

然後，只要你的交易結果變成負數，你就會為了賺更多的錢而勉強進行交易。

當趨勢開始反轉時，有些交易者仍然保持高傲又過度自信的態度，導致更多錯誤和損失。有的交易者會崩潰，原本提供信心的信念也瓦解了。心情就像自由落體一樣往下墜。當自信心瓦解後，交易者希望把這些碎片拼湊回去，恢復以往的自信。但如果（有一部分的）自信心是基於錯覺而建立的，我們就需要以新的方式來重建自信。

表面上看來，我們當然都想從每一筆交易中賺錢。但交易者哪有可能如此控制市場或交易結果，這一點你也很清楚。

所以為什麼我們還會讓這種想法在腦海深處扎根？一定有某種更深層的緣故，使你相信那是有可能的，或者盼望自己能夠如願。也許是你渴望證明自己，或者你相信自己與眾不同。

又或者，等你看完了接下來的心理手牌紀錄例子之後，你會發現這種想法是來自於對完美的渴望：

❶問題是什麼：我很難接受損益下跌的日子，所以我會勉強自己進行交易、往

下擺平，以及調整獲利目標，讓每一天都能有盈利。

❷ **為什麼會有這個問題：**我想要每一天都賺錢。以我的能力，我可以賺得比現在還要多五至十倍。對我而言，這就是完美，而且我可以辦得到。

❸ **哪裡有缺陷：**我能夠賺到比現在還要多五到十倍的獲利，並且也會有虧損的日子。但那不是我現在的問題。我的問題是，我會為了追求完美而失去理智，明知道策略有效，卻還是會選擇放棄遵守原本的策略。

❹ **有沒有修正方法：**完美不是指每一天都要有盈利。如果我想要追求完美，我應該專注於做出完美的決定……我很清楚這不太可能達成，但還是可以嘗試看看。

❺ **為什麼這個修正方法有效：**我無法控制市場，也無法控制短期內的交易成果，所以即便我已經完美地執行交易，虧損還是可能會發生。但是只要我遵守我的系統，專心地做出決定，我就能大幅降低損失。

確保修正這種錯覺是你的首要任務。從今天起，請確認哪些是在你的控制範圍之內——準備功課、交易執行、專注力等等。這麼一來，你的大腦才能專注在自己能控制的事，節省在無法控制的事上的注意力。

二、能控制情緒的錯覺

從未徹底研究過自己的心理戰的交易者，往往會認為自己比實際上更懂得控制情緒。簡單來說，無論你的情緒有多麼強烈，你都希望能持續控制它。但你沒考慮到的是，當情緒過度活躍時，大腦會關閉較高階的功能。

因為那部份的大腦功能負責情緒控制，一旦它停止運作，你也無法控制自己的情緒。接著，當你無法阻止自己因貪婪、風險趨避，或者情緒失控而執行交易時，你就會失去自信。這是因為你假設自己應該比實際上更清楚那些交易，而且應該很容易能避免它們。你不明白為什麼無法阻止自己，肯定有哪裡出問題，但你卻找不到原因，所以自信心下滑了。

我經常會警告我的客戶，一旦他們認識並懂得辨認情緒，就很可能會出現控制錯覺的問題，因為他們很容易誤以為自己可以控制情緒。儘管我話說在前頭，但因為在他們的內心深處仍相信自己可以控制情緒，所以仍然無法避免出現這個問題。

請牢記這句話：**懂得辨認情緒不等於懂得控制情緒**。

好消息是，這個問題的答案很簡單。但對有些人來說，需要多重複幾遍。如果你相信自己能夠控制情緒的想法就像呼吸一樣容易，這表示你正在試圖解開一個範圍更廣的謎團：你擁有控制情緒的超能力。但這一點都不是什麼超能力。相反地，當你真正瞭解大腦的運作，以及應該如何修正自己的情緒反應時，你才會開始建立這種能力——這個話題我會在第九章繼續討論。老實說，這不是很厲害的技巧，而且要瞭解並接受這個想法需要一些付出、時間和努力，才可能正確地控制情緒。

三、能預測結果

大腦會不斷嘗試預測未來。然而，當你開始相信預測終將成真時，就會產生問題。比方說，當價格回檔時，你會假設這股趨勢將會一直持續下去；或者當你狀態正好時，你會覺得自己遲早會把夢想中的藍寶堅尼跑車開回家。

你可能也發現自己有時候的預測滿準的，例如當你心想今天會是幸運的一天！這個想法讓你變得躍躍欲試，而且這種強烈的確定性能幫助你面對今天不大不小的盈虧結果。但要是你的交易結果是大贏或大虧時，過度的自信心可能會影響你原本遵守紀律和管理反應的能力。

相反地，如果你對未來的看法是悲觀的，這種想法會讓心情變得鬱悶。你會假設今天不會走運，所以賺不到錢。你變得心不在焉、不專心也不認真，不只錯過交易機會，還低估交易的品質。你會說，「我的感覺不對」，然後停止交易以避免虧損。缺乏自信只是因為你相信，自己的負面預測是準確的。

對現在發生的事將無限繼續下去的錯覺，是導致這兩種情況發生的原因。你心中好像按下了循環播放鍵，今天所發生的事將不斷地以相同的方式發生。假使好日子和壞日子還會繼續發生，你的自信心也還是會大起又大落。

這也就是說，當問題再次發生時，你的準備工作、交易執行和反應能力都會受到影響。我們已經在前面兩章提到，自信問題會導致恐懼和憤怒的問題。如果你還沒有開始修正這些問題，有可能是因為問題是源自於自信心，而非單純的恐懼或憤怒。

要修正這個問題，首先你必須瞭解，你做出的預測並非絕對，而只是估計。你並沒有考慮所有的可能結果，以及評估各種情況的發生機率。相反地，即便你只有百分之七十五的把握，卻說服自己相信，將要執行的交易有盈利空間、今天會虧錢、被迫止損，或者今天就能達到這筆交易的盈利目標。

你會覺得這些預測有道理，是因為它們讓你覺得很有可能會發生，這正是錯覺在搞鬼的緣故。你的目標不是預測未來，而是利用系統來進行機率評估，藉此控管市場中固有的不可預測性。

瞭解過度確定的感覺（無論是正面或負面的確定性），是修正這個錯覺的關鍵，並且有助於我們建立穩定的自信心。在過度確定和最理想的情況下，試著把你的想法和想說的話一一列出來。這麼做有助於當下區分差別，從而依真實的情況來調整確信的程度。

你還可以利用心理手牌紀錄，深入瞭解為什麼需要這種過度的確定性。是不是有什麼自信心的弱點，使你必須對未來做出假設？比方說，過度的確定性可能來自於以下幾種狀況：

- 渴望遮掩決策過程中的弱點。也許這不是一個很穩固的決策過程，因為其實你也是草草做出決策。
- 想要跟你景仰的交易者一樣地有自信，並渴望自己能成為那樣的交易者。
- 希望自己能知道未來的發展。顯然是因為這樣就能賺很多錢。

找出為什麼需要過度確定的原因，我們才能夠將預測歸類於預測，而非事實。你知道預測並非事實，你得努力才能讓預測成真。

四、忽略變異因素的影響

有些交易者以為自己在短時間之內，可以完全控制自己的交易結果。他們為獲利而自豪，為虧損而自責，但無論盈虧，都不能將責任歸屬到他們身上。變異因素很弔詭的地方在於，我們很難區分盈虧是否來自於自身的優勢。但是，對於有控制錯誤的交易者而言，他們不懂得對投資結果抱持穩定的自信和情緒反應，也就是說他們缺乏辨識變異因素的技能。

看到這裡，你的第一個反應也許是認為，辨識變異因素是一種無法增進的能力。但想想你現在發現變異因素的能力，跟你第一年進入這一行相比，就算現在你的能力仍然不足，但相對於理想狀態，你已經有所進步了。現在想像一下，如果你可以直接對症下藥，那麼至少你可以減少因變異因素而導致的過度反應。

現在你要做的事情是：在查看這一天的交易損益之前，請先記下哪幾筆交易是你懷疑會比較容易受到變異因素影響，並且評估變異因素對交易結果的影響程度到哪裡。接著，衡量你今天的表現或執行水準，並估算當日的損益。最後，與你的實際結果進行比較。

這種做法會帶給你截然不同的感受。如果你對自己的交易執行不滿意，但實際上你卻獲得比平常更高的盈利，那麼你所感受到的正面情緒就會減少一些，並更在意該如何改善交易執行。

相反地，如果今天的結算是負數，但你對自己所進行的交易很滿意，那麼你所感受到的負面情緒便會比平時更少些。這麼做的重點不在於獲得完美的準確性，而是以更成熟的方式看待變異因素，以利你從更客觀的角度檢視交易結果。

但要是你已經知道這個方法，也將變異因素納入考量，可是你還是忍不住為虧損而自責，或者為獲利而喜不勝收，該怎麼辦才好？這就表示，你知道原因跟變異因素無關，而是跟其他在本章討論的自信心問題有關。

五、未實現的潛力

充滿抱負的交易新手比老手更容易有這個問題。心懷抱負使你深信自己的潛力，相信自己一定會成功，甚至會非常成功。於是，你特別有動力去證明自己，實現自己的潛力。你的信念如此堅定，令你幾乎可以感覺到成功會是什麼樣子，就好像你已經獲得成功了。

即便可能需要好幾年的時間才能實現成功，但這種想像出來的結果會產生正面情緒，進而以一種人為的方式增進你的自信心。就好像你的自信心是來自於那些想像出來的成果。這就像是一個膨脹的市場，不需要多少自信就足以使它崩潰，實在一點也不稀奇。這種的自信心非常脆弱，甚至是不嚴重的當日虧損金額，也足以令這種自信心錯覺瀕臨破滅。

由於你對自己的潛力感到興奮，很容易使你產生享受自信和想像的缺陷，而且這種陷阱還非常不起眼。它的後果不是立竿見影，所以你看不見這個陷阱會導致的傷害。你享受成功的感覺，卻不知道它會讓你的自信心不穩定。比方說，一般我們會根據當日的帳面規模計算交易風險。然而，當你陷入這種錯覺時，你會操之過急，承擔更多的風險，因為你認為你的帳戶金額肯定會增加。

當你陶醉在未來的成功幻想之中，就會使虧損變得更加痛苦。為什麼？因為這時候的虧損感覺就像某種屬於你的東西被奪走了，即便在現實裡，你還沒有得到那樣東西。

你必須瞭解的是，對潛力的強烈信念與為實現目標所需採取的步驟，兩者之間必須達成平衡是非常重要的。你愈能接納那些步驟，你就愈容易避免太早享受未來待實現的成功。這是既有抱負又不離現實的心態。請降低你對未來抱持的確定性，並且持續努力，直到你得到結果、知識和經驗，實現你預想中的成功。

六、面對他人的反饋

你無法控制別人對你的看法，他們也無法控制你對他們的看法。話雖如此，我們總是很容易對稱讚或批評做出過度反應。請試著注意你被那些評論過度影響時的反應，因為那代表著你自信中的弱點。

比方說，我有一些客戶是相當年輕的職業高爾夫球員，周圍的人經常大力褒獎他們。人們都會告訴他們：「你以後一定可以打進巡迴賽，跟老虎伍茲一起比賽。」然而，在一場糟糕的錦標賽之後，同樣的人會向他們提出疑問，關心他們是不是哪裡出了什麼問題。那些年輕的球員覺得有必要為自己說話，證明他們的表現也相當亮眼，即便他們的成績沒有反映出他們的實力。

當你經歷一些損失之後，也許也會有類似的感覺，認為有必要為自己辯解。而這個關鍵就在於，評估那位發問者或批評者的合理性及能力。

他們成為職業選手的資歷尚淺，還沒有老練到能不全盤接受所有的評論——這種能力通常無法從教育管道獲得。他們一部分的信心需要那些讚美，加上他們也喜歡觀眾對他們的比賽有如此高的評價。但事實上，沒有人能保證他們可以打進美國職業巡迴賽（PGA tour），就像沒有人可以肯定地知道你一直都會是位成功的交易者。

如果有一部分的你需要他人給予保證和稱讚，你的期望會被這些評論提高，導致你必須面對過度自信的風險。相反地，需要得到認可卻獲得負面評論，可能會使你出於防衛心理，對自己的前景倍感憂心，或者想證明對方是錯的而展現挑釁、充滿野心的一面。

理想的情況是，無論是好壞的外在評論，都只能代表你整體信心的一小部分。否則，你的心理狀態、情緒和執行都會過度依賴他人，就等於交出你對自己的控制權。為了發現自信的弱點所發出的訊號，請試著觀察是什麼時候你會為自己反駁，或陶醉在他人的讚美之中。

七、期望自己永遠處於最佳狀態

處於最佳精神狀態，即表示你已經完全掌握那些會使你的精神、情緒和心態起伏的所有變數。那些經常處於最佳狀態的交易者，都是基於穩定的自信進行交易。他們不是期望自己達到那個程度，而是會盡己所能地達成。相反地，如果你只是盲目地期望自己能達到最佳狀態，那正是導致你自信心不穩定的原因。

還記得在第三章，我們學到的毛毛蟲概念，C級心理戰或最糟糕的情況是你的技能中唯一可以真正期望的部分。其他一切都在學習的過程中，我們必須付出努力和專注才能獲得。

你也無法控制你的A級心理戰。當你期望自己達到最佳狀態時，訊號會告訴你的大腦，不要關注當下正在學習的技巧。你會相信A級心理戰是自動進行的，所以你認為自己已經掌握了所有的變數。諷刺的是，想要持續保持最佳狀態，根本是不可能辦到的。你要做最壞的打算，並努力做到最好。

許多交易新手都有控制的錯覺，而我們一定要修正這個缺陷。這裡我用一個極端的例子來說明。來自日本的吾郎在二〇一七年初開始買賣加密貨幣，當時他還是全職的工程師，但到了年底時，他決定辭去工作，轉職成為一名全職交易者。

然而，在他剛開始交易職涯不久，便開始感受到莫大的壓力。當時加密貨幣的市場一片看好，他第一筆交易就賺到錢了；不久後，他所賺的錢已經比工程師的薪水還要多得多。於是他才會萌生辭職的念頭，並且認為每天只要工作一小時，就能輕鬆賺進六位數，何樂而不為。但是，加密貨幣市場的波動劇烈，出現了幾次大幅修正，而這位交易新手無論是在戰術上還是心理上都無法應對。

情況因此變得更加緊張，當時他的妻子正懷著第一胎，只有他們夫妻兩人住在美國，沒有朋友家人的支援。由於過度關注加密市場，他連覺也睡不好，因為他整個晚上都會收到警訊通知。這個情況已經危及到他的婚姻，因為他在妻子懷孕期間以及兒子出生後的幾個月，都無法陪伴在妻兒身旁，再加上他開始賠錢了。吾郎感覺自己正在失去他的家庭，而就在那個低谷期，我們開始了培訓課程。

在前面的幾堂課，我們發現吾郎問題的根源出自於他的錯覺，他以為自己可以輕鬆地賺錢，每一筆交易都有盈利，以及自己的狀態永遠都會那麼好。某一天，我們正在討論他希望自己是全世界最幸運的，還是最有技術的交易者，他馬上回答他寧可是運氣好的交易者。那就是轉折點，所以我們用了接下來的心理手牌紀錄，來幫助他看清楚問題：

❶ **問題是什麼：**我想擁有超能力，讓我能像變魔術般地將每一筆交易的獲利都最大化，並且將虧損都化為零。

❷ **為什麼會有這個問題：**這是我長久以來的幻想，我不可能擁有超能力，但在我的內心深處，我認為是有可能的。

❸ **哪裡有缺陷：**我有二十五年的人生經驗，證明不可能擁有超能力，而且如果我還繼續這樣想的話，基本上我就像七歲的小孩一樣。看看這個信念使我的生活變得多麼混亂——我還在幻想我會中樂透。如果中樂透了該怎麼辦？除了錢，我還剩下什麼？如果我沒有中樂透，那我豈不是什麼都沒有了。

❹ **有沒有修正方法：**既然我沒有超能力，我所能做的就是盡力去成為一名有技術的交易者，並且接受無論我變得多麼厲害，我都不可能總是處於最佳狀態，而且不是所有的交易都一定能獲利。

❺為什麼這個修正方法有效：投資交易是實現財富自由的唯一途徑。除非我有幸中樂透，否則我必須修正這個幻想，不然我可能會毀了我的人生。

從此，吾郎開始認真面對投資交易。三年後，在我寫這本書時，他依然在加密貨幣及其他的市場上交易。他已經擺脫幻想，並開始面對更實際的交易問題，也是我認為交易老手常會遇到的問題。他們不時會遇到錯失恐懼和憤怒的問題，再加上偶爾出現過度自信。

自從我們第一次上課之後，吾郎估計他的情緒起伏已經降低大約百分之七十五。至於剩下的百分之二十五，他會特別留意，只要一發現就會馬上做出修正。比方說，只要他出現我簡直是天才的念頭，他就一定會要求自己按照計畫交易，並尋找好的機會停利或者止損。

學習的錯覺

如果你之前還不熟悉什麼是毛毛蟲概念，那表示你的學習信念可能出現錯誤。

這些缺陷會導致情緒波動，包括自信心問題。當你誤以為自己在交易方面有進步，就會造成困惑和悲觀情緒。

另一種狀況是，你很容易操之過急，並且認為自己已經精通某些交易技巧，但其實還不夠火侯。修正這些錯誤都有助於發展穩定的自信心。此外，這裡還有很多常見的學習錯覺會影響我們的自信心：

一、半桶水專家

當情況好的時候，我們很容易有錯誤的想法，以為自己已經徹底掌握現在正在學習的所有技巧。這就好比你參加二十一英里的馬拉松賽，你以為自己已經衝過了終點線，但其實並沒有——雖然很靠近了，但尚未抵達終點。

也許這幾週以來，你的心情挺不錯的，賺了一些錢，心情上比較放鬆，以為自己的憤怒情緒已經處理妥當了。然而，表現失常突然出現，因為你已經不再主動調整自己的憤怒情緒。兩筆虧損的交易引發你情緒失控，你的大腦停止運作，並且犯了一籮筐的錯誤。

接下來，你變得很容易失去自信，儘管癥結點在於操之過急，但是你對自己控制憤怒以及修正策略的能力都失去了信心。當你犯下以為已經不再是問題的錯誤，也同樣會令你失去自信，並且開始質疑自己的交易能力。

當你已經進入學習過程的這個階段時，你會覺得自己**看似**已經掌握這項技巧了。然而，不管是什麼時候、出於任何理由，你重新回到那個能力不足的階段，即證明你還在學習的過程中，而且還需要更努力才能徹底掌握這項技巧。在你閱讀這本書之前，沒有任何理論或結構可以幫助你理解這些錯誤為什麼會發生。正是因為一無所知，才會急功近利。

想要避免這個問題，就必須瞭解會使你認為自己已經成為大師的訊號。一個關鍵的標記是你在緊張的情況下，始終能保持你的能力，相比之前你可能會猶豫、情緒失控、恐懼、貪婪，或者情緒不穩。另一種訊號是，在你的B級心理戰中會出現的那些錯誤通通消失了，可是在以前，你仍會想要發飆、感覺自己情緒即將失控，或者勉強自己進行交易。

直到你發現那些徵兆之前，請繼續堅持下去——那些錯誤仍可能發生。如果你真的犯了那樣的錯誤，請像個偵探一樣，好奇地去尋找原因，並且積極修正那些錯誤。

然而，如果你實在無法阻止自己，總是太快認為自己已經掌握某一項技巧，這有可能是因為你太渴望成功。因此，你會抓住任何相關徵兆，像是你會變得很優秀、你可以辭去工作成為一名全職交易者，或者你會賺好幾桶金。因為你實在迫切渴望自己能實現目標，才會使你急於求成。（迫切渴望是我在接下來會談到的議題，所以請一定要讀完這一章。）

二、以為自己比別人更聰明

就像認為自己比其他選手更有天賦的運動員，有這種偏見的交易者也會認為自己比其他人更聰明，藉此增進自己的自信心。這是個微妙的問題，而更大的問題在於，他們對他人有著過於強烈的競爭心態。

如果你是那種會經常去查看公司的排行榜，或者某個交易社團裡的排行榜，你的競爭心理可能不只有在獲利和金錢上，而是渴望證明自己比別人都更聰明。你可能會批評其他交易者，像是：「那個人真蠢。我不敢相信他去年居然有辦法賺那麼多錢。」

當你錯過別人賺到錢的機會，或者虧損不斷累積時，你便會迅速為自己找尋藉口。承擔批判就好像承認自己不是最聰明的那個人，而且你無法讓自己的自信遭受打擊。

這個問題的主要原因來自於人類對聰慧的固有看法，也就是你要麼是聰明，不然就是不聰明的人。當你用獲利證明自己的聰慧，當然自信就會根據你的損益結果而起起落落。你覺得自己的表現跟上一次交易一樣好，但卻無法一直維持下去。有的交易者會更戲劇性地感受這種變化，而有些交易者則會否認自己有這個問題，他們會選擇無視它，或者表現得傲慢以防止脆弱的自信心被擊破。

改變你對聰明的看法是關鍵，因為這種想法會傷害你與他人競爭的能力。這種偏見會使你無法充分發揮能力——你無法從損失及錯誤中學習，或是會影響你的學習效率。太專注於保護自己是最聰明的人的地位，卻忽略了聰明是幫助你執行交易和學習的工具。

在短期內評估自己並同時保有自信的關鍵，在於接納毛毛蟲的概念。為了減少爭議，我們就假設你真的是那位最聰明的人。就像太過於依賴天賦的運動員，你還是會被比你更努力的交易者打敗，因為他能更迅速地從錯誤中學習，並且保持更開放的心態。

想要拓展你對聰明的看法，你必須移除損益與聰明之間的等號。接受自己有弱點的事實，並更堅定地相信每個人都有弱點。你愈快接受自己的弱點，就能愈快改善弱點，讓你的毛毛蟲向前邁進。

如果你還沒有做到這一點，建議你先做完本書第三章的A級到C級心理戰分析，藉此以非金錢的方式來看待你當日的表現。你也會更清楚表現起伏的原因，並且更快地進行修正。假如你可以以更實際的方式，改變自己運用才智的方式，你的信心就會更穩定，進而改善整體的表現。

我也建議你去讀讀看卡蘿．杜威克（Carol Dweck）的《心態致勝》（*Mindset: The New Psychology of Success*），這本書可以幫助你瞭解關於聰明的定型心態。

三、後見之明偏誤

如果當初可以再多考慮一下、讀過某一則別人看過的艱澀新聞、沒有猶豫不決，或者……（隨便填入任何理由），你相信自己應該可以避免犯錯，或者不必蒙受虧損。正如我們在「因犯錯而情緒失控」那一節所討論的，後見之明的偏誤是以想像的方式，分析自己可以採取不同的做事方法。你認為自己可以輕易修正錯誤，是因為現在你知道自己應該要用不同的方式去做。那是幻想。如果事情有那麼簡單，你就能做出一個不同的決定。而這種不切實際的幻想是來自於對能力的自我膨脹。

這個問題被稱為後見之明的偏誤，但實際卻是來自於你知道未來的期望，彷彿你應該有能力知道要將哪些因素納入考量、應該閱讀哪些資料、何時應該扣下扳機，或者其他可以避免犯錯的行為。當你回顧過去並找出你所犯的錯誤，你會覺得自己本來就知道該怎麼做才對。但真的要做到這樣，你就必須在錯誤或虧損發生前預知它們即將發生。當然，那是不可能的，所以這到底是怎麼回事？

要是你能誠實面對自己失敗的原因，會發生什麼情況？要是你不找藉口，而是承認你應該可以做得更好，會發生什麼情況？會讓你心情變差嗎？會令你失去信心嗎？會不會使你對交易生涯的前景感到迷茫？你是不是期望自己是完美的，還是相信自己可以實現完美？

這些問題的答案會告訴你，你的後見之明偏誤正在保護的那些事。一旦你知道自己在保護什麼，那就是需要解決的問題。將那個問題列為心理手牌紀錄的步驟一，並且利用本章相對應的篇幅，幫助自己完成剩下的四個步驟。

確認偏誤

成功的交易者所擁有的基本技巧之一，就是能夠迅速辨識自己的錯誤。如果你有確認偏誤的問題，你便會失去這項技巧，因為你的自信是建立在必須做對的基礎上。相反地，你會自動去尋找資訊來確定你現在的信念，並忽略與之相反的意見。

由於缺乏徹底分析自己接收或排除哪些資訊，所以才會難以重新評估自己的想法。你更可能會忽略來自他人的矛盾建議。即便鐵證如山，你還是頑固地堅持自己的立場。又或者，你會根據粗淺的資訊，就立刻斷定對某一筆潛在交易的看法。

實際上，我們幾乎可以對任何事物產生確認偏誤，可能是對某一位交易者的看法，對這一季市場機會的假設，或者對執行長所做的工作類型的想法。或許你認為自己時運不濟，注定要承擔虧損，或者你認為你將會賺進好幾百萬。因為你個人非常喜歡某一間公司的產品，你認為這家公司的股票肯定會大漲。由於媒體的正面報導，使你相信某支科技股即將爆發，而且因為你對此相當確定，你甚至沒有評估這之中是否有廣告的痕跡，或者該公司的客戶群是否正在萎縮。

與其說確認偏誤是關於某種特定的信念，不如說是關於你對某個信念的堅定立場。這種堅定的依戀會阻斷矛盾的觀點，並且阻止你進行嚴格的分析。更糟糕的是，有可能會形成更嚴重的確認偏誤：你所做的都是對的。

身為交易者，清楚地掌握正在發生的事情是你賴以為生的技巧，因為這樣你才能評估投資機會。只有當你面對現實，你才能讓自己長此以往地獲得成功。

為了破解確認偏誤，我們必須先瞭解問題的成因。為什麼你想確認自己已經相信的想法是正確的，而不是找出真正的事實？為什麼你想要停止學習？這基本上就表示出，你可能缺乏適當評估相反意見，又不會放棄自我觀點的能力。也許就是因為你太容易受別人影響。

或者，你可能害怕別人認為你很愚蠢。也許是你在無意識地保護自己，以免發現自己其實沒有想像中優秀，以及你現在的成績大多得歸功於運氣，而非你傑出的技巧。也許你想成為團體中最優秀的佼佼者，想要獲得同儕的敬佩，可是你卻缺乏成果證明這一點，所以你才會為了增進自信，不考慮他人給的建議。

確認偏誤會阻止你發覺自己的技巧、知識和觀點的差距，並且會阻止你學習。若要修正這個問題，最基本的方法是找出自己執念最深的信念。找出那些日復一日、月復一月，甚至年復一年縈繞在你大腦中從不曾改變過的信念、想法和態度。

如果真的要客觀地評估資訊，你的敘述至少會有所變化。但是，你的敘事卻從來沒有改變。因為你的偏誤是固定的，你從不接受反駁意見。

更嚴謹地進行分析，學著瞭解另一方的論點，並且當面證明你的觀點。盲目地做出假設是軟弱的表現。試著去理解，並讓自己的觀點成長或進化。儘管最後你的觀點仍然不變，但是支撐觀點的理由會因為你以嚴謹的方式捍衛而更加穩固。

如果那還不足以修正你的偏誤，即表示你有更深層的「就是要做對的」的需求。請利用心理手牌紀錄的步驟二，揭露為什麼你如此執著要做對。這有可能是我之前舉過的例子而引起的，或者是你在為錯誤的想法辯解——這代表你內心深處的不安全感，或者自信心不足。

在這種情況下，你需要瞭解錯誤為什麼會帶給你威脅感。這個問題的答案可能不在於投資交易，而是在個人身上。以下是另一個心理手牌紀錄的例子：

❶ **問題是什麼：**我能感受到強烈的衝動，想要證明自己可以辦到。我試著盡力得到更高的R倍數，好讓我可以更快證明自己。

❷ **為什麼會有這個問題：**如果我可以得到更高的R倍數，就能證明我是對的，

進而驗證我可以證明自己。

❸**哪裡有缺陷：**這根本不能當成證明。有可能是運氣好，而且要是我得到虛假的確認，我就會在不知不覺中讓自己陷入崩潰，這會比我不按照系統而在短期內「錯過機會」還要更痛苦。我也會因此養成壞習慣，之後還得花時間改正。

❹**有沒有修正方法：**我想要也需要透過系統進行驗證。在接下來的幾個月裡，我只會專心地執行交易。只要掌握好，這就能成為我的能力之一，為提升能力奠定基礎。

❺**為什麼這個修正方法有效：**做了這麼多就是要證明我所做的是正確的。我不需要每天拿結果來驗證。

達克效應（The Dunning-Kruger Effect）

這種概念是指技巧較差的人會高估自己的能力，而技巧較高的人會低估自己的能力。❼在投資交易上，這表示技巧不純熟的交易者會變得過度自信，因為他們不知道自己能力不足。他們不知道自己的技巧有多糟糕，還誤以為自己比其他交易者懂得更多。

相反地，技巧優異的交易者會低估自己的能力，並且誤以為別人懂的跟自己一樣多，結果反而導致自信心下滑。這個概念大致上說明了為什麼不能只憑自信來評估個人能力，以及未來是否會成功。如果自信心能準確評估的話，有這個問題的交易者，對自我能力的感覺應該恰好相反才是！

這兩種交易者的共通之處在於，對於自己相對於他人的知識程度的假設是錯誤的。如果你是屬於自信心不足的人，讓我們看看你的分析為什麼會存在缺陷。也許你從小就被教育為人要謙虛，對自己、對成就或對你所知道的事情不可以自豪自滿。或者可能來自於焦慮、緊張，或者害怕嶄露頭角，不希望得到外界的關注或期望。

你也許已經知道外面有多少成功的交易者和投資者。因為自己還沒有達到他們的境界，你會自動低估你所知道的事。當你看到其他的交易者比你更成功，特別是那些經常出現在媒體上的成功交易者，這種錯誤的想法又會變得更強烈，進而使你看不見有多少交易者的成就不如你。

另一方面，如果你對實際能力太過於自信，為什麼你會如此不擅於發現自己的弱點？這可能是因為大多數生長在西方社會的人都相信，自己有能力去實現任何想要完成的事情。而這種信念通常伴隨著強調優勢並否認弱點的心態。

又或者，過度自信可能來自於不安全感，為了提升自己的自信心而貶低其他交易者——典型的「踩在別人身上，讓自己看起來更強大」。所以，你會認為其他交易者是愚蠢的，即便他們的成績遠遠勝過於你。

無論你是哪一種類型的交易者，為了修正這個問題，我會建議你先完成第三章的A級到C級心理戰分析。雖然你可能永遠無法獲得完美的分析，但能以更清楚的角度瞭解自己的優缺點，可以幫助你避免擁有與實際不相符的自信程度。

你可能還需要確認是不是因為不安全感，或者更深層的自信心弱點，導致你變得過度自信或缺乏自信。而心理手牌紀錄正好可以派上用場。就我的經驗而言，原因通常來自於個人因素，進而影響到投資交易。

在寫心理手牌紀錄時，我鼓勵你以更私人的角度出發，即便那個問題並沒有出現在你其他的生活領域中。投資交易通常會帶給我們不同於其他生活領域的挑戰，所以當你進行投資交易時，懸而未決的個人問題便會浮現，而一旦解決那些問題，你在交易時就能擁有穩定的自信心。

非黑即白思維

以非黑即白、有或全無的方式評估錯誤、虧損、市場等等，是一種潛藏的缺陷，其背後隱藏的各種錯覺和偏見我都已經描述過了。當你下意識做出兩極化的反應時，你通常會使用「總是」和「從不」之類的字眼來表達。或者，你會將自己的表現評價為完美或糟透了，而且根據表現結果，你的看法會經常在這兩個極端之間擺盪。交易的結果是非黑即白，但你不能這樣評價自己，否則你將會做出強烈的過度反應。

想知道自己有沒有這個問題，不妨留意你是否經常對自己、其他交易者、市場，或者交易機會做出特別極端的評論。你是不是會以二分化的方式，對事情進行分類——而非以層級或範圍來分類它們。

這可能就是導致交易者陷入過度自信和缺乏自信的循環的部分原因。就像拋擲硬幣，不是人頭，就是字。當你感到有自信時，你便覺得自己是個天才；當你感到沒自信時，你便認為自己只是個運氣好的騙子。

這個缺陷導致了邁克斯的貪婪問題，進而造成自信心問題——他是投資外匯的交易者，之前他已經完成十個層級的貪婪模式。只要他交易虧損，他便會開始擔心自己的能力不足，以及何時才能把虧損的金額賺回來。他想跟其他交易者一樣有獲利，以證明他也能成功。他迫切需要自己的能力被他人和自己認可。

虧損使他猶豫是否應該進行另一筆交易。由於他過度在意自己犯錯的地方，因此有時候他會開始懷疑自己的能力，認為自己不是一個好的交易者，甚至需要閉關好幾天才能恢復心情。

在我們開始培訓之前，邁克斯認為交易者的表現都會受到情緒的影響，他也不知道自己其實可以解決這些問題。（這正是非黑即白的偏誤。）在我們的第一堂課上，我們發現了在他的貪婪和自信心問題背後的原因。我用以下的心理手牌紀錄說明我們的發現結果：

❶ **問題是什麼：**當貪婪的情緒特別強烈時，我無法控制自己立刻馬上就要獲得絕對的最佳回報的衝動。我只在意現在就要賺到錢。沒有所謂的長遠盤算。

❷ **為什麼會有這個問題：**當我經歷趨勢回檔時，我的自信心便會下滑；我更加懷疑自己的能力和目標。我變得不確定自己能不能達成目標。我現在就要獲利，才能達到損益兩平或者有盈利，消除自我疑慮，並且恢復自信告訴我自

己，我是個能不斷創造獲利的交易者，最終可以吸引投資者。

❸ **哪裡有缺陷：** 我十分渴望證明我可以做到。當我過得愈寬裕，就愈能證明我可以做到。這是健康的欲望，只是我太極端了，因為我現在就要去證明，我不想等一到兩年的時間。

❹ **有沒有修正方法：** 我不能操之過急。就像建造一棟大房子，我得先蓋好二樓，才能開始建造三樓。我知道我有那個能力，而且我也知道自己已經證明了什麼。

❺ **為什麼這個修正方法有效：** 我的自信被削弱了，因為我以非黑即白的方式評斷自己的技巧。清楚瞭解自己的技巧基礎，讓我知道自己擁有哪些不會消失的技巧。那樣的認知讓我以更線性的方式取得進步，並且更有耐心，不再衝動地進行保證金交易，而是只抓住最好的交易機會。

為了幫助邁克斯打破以非黑即白的方式看待自己的能力，我請他寫下至今掌握的交易技巧和知識——包含那些他下意識做得很好，不需要思考的事情。比方說，他能夠辨識市場結構、關鍵趨勢線的位置，以及支撐位和阻力位（support and resistance levels）。

我給他的建議是，每天用三至五分鐘閱讀並思考這份清單。這麼做讓邁克斯迅速理解到，他是一名有能力的交易者，經過參與市場以及數千個小時的測試，已經為他打下穩固的基礎。

當他完成這項練習後不久，第一個進步的訊號隨即浮現了。邁克斯開始以長期的觀點，看待短期的決策，使他決定執行本來會避免的交易，並且承擔虧損，而不是衝動地立刻撤回資金。

他也發現當價格未達目標價時，他可以克制完成交易的衝動，並且遠離那些不符合自己標準的交易。後者的進步帶來非常顯著的效果，他以兩次交易機會為例來說明，「即使那兩筆交易都有獲利，但保持觀望要輕鬆多了。我很開心自己沒有執行那些交易。我為什麼要打破我花了數千小時制定出來的計畫？」

邁克斯仍會感受到貪婪的訊號，以及自信心方面的弱點，但他現在已經能很清楚地意識到問題，所以不至於會影響到交易執行。此外，由於強大的處理虧損能力，現在他會執行更多交易，甚至一些當日沖銷——過去他因為情緒起伏過於激烈，而很難成功做到這些事。

為了修正非黑即白的思維，你必須像邁克斯那樣，找出最容易出現兩極化的種種情況，並且帶入漸層的思維。如果你兩極化的反應是跟自己的能力有關，不妨試著從A級到C級心理戰分析開始著手。完成分析後，你很可能會發現自己只會從A級心理戰或C級心理戰出發，所以接下來的任務就是發現自己的B級心理戰，藉此修正這個缺陷。

如果你的兩極化反應是跟其他交易者有關，請先試著理解他們的表現和你對他們表現的想法之間的矛盾在哪裡。比方說，如果你認為他們做了愚蠢的行為，請理性地檢視他們有哪些優異的表現和不錯的想法。相反地，當你認為他們絕對萬無一失時，請試著找出他們的弱點和犯錯的地方，藉此停止仰望他們。

如果你老是說自己「每次都搞砸，怎麼運氣老是這麼差」等等與市場有關的兩極化評論，請開始追蹤變異因素。找一找那些能用來反駁這些評論的例子，開始建構更多細微的差異。

這也許足以令你改變對特定事情做出太極端的反應。要是沒有的話，則需要進一步調查為什麼會出現如此兩極化的評論。

完美主義

每個人對完美的定義不同，所以完美主義是很複雜的一件事。事實上，這整本書已經多次提到這個主題。在〈恐懼〉這一章中，我們已經知道自己會被完美的定義籠罩，導致壓力過大而癱瘓決策過程。在〈情緒失控〉中，我們看到期望完美會導致憤怒，進而阻礙執行力。現在，讓我們更深入瞭解為什麼完美主義或高度期望會摧毀自信，以及如何解決這個問題的一些想法。

完美主義的癥結點在於，對自己的能力太有自信。這就是為什麼「人無完人」、「失敗就是學習的機會」這類的建議無法根除問題。交易者擅於分析資訊，所以你不會根據一般的建議做出交易決策，而是選擇追根究底。這並不意味著我們必須深入研究個人情況，出於一些常見的理由，使我們在不知不覺中要求自己一定要表現得完美無缺。

適當的追求完美能驅使一些交易者發揮優秀的表現。完美就像一把雙面刃，過度追求完美會使人們的情緒大起大落，可能導致交易者犯下各種類型的錯誤；完美也會拖累我們的進步速度，累積的不滿情緒最終可能導致心理倦怠，你會發現當初的動力和熱忱都被澆熄了。

我希望所有的交易者都致力於追求卓越，並找到個人對於完美的定義。但為了讓自信心維持平衡，我們必須先瞭解完美的本質。完美主義本身不是壞事，我們不能只看完美主義帶來的壞處，還要懂得欣賞它能提供的好處。

因此，就讓我們聚焦在，如何透過完美主義來促進執行效益。這就像將雙面刃的其中一面刃變鈍，將影響降至最小，同時將另一面刃磨得更銳利，好讓你大展身手。

首先，用毛毛蟲概念來解決「人無完人」的思維。這句話根本就說錯了：重點從來不在於完美。追求完美這個想法牽扯的範圍太廣了，所以沒有人能辦得到。我們所有人都有C級心理戰，都有相對應的弱點，但這不表示我們永遠無法做到完美。相反地，有時候當我們狀態絕佳，並且盡全力發揮時，我們也可能達到自己所定義的完美。那樣也是一種完美。你有機會實現完美，只是不見得經常做得到。

所謂的完美執行，不是指每一天都要將獲利最大化。畢竟，沒有人可以控制得了市場上的變異因素。所以重點在於根據你目前的範圍，定義出個人的完美決策和執行。此外，一旦達成完美，標準就要提高，因為這表示毛毛蟲的前端往前移動了。

當你的能力有所成長，完美的定義也會隨之改變。當你進入新的A級心理戰，實現完美最簡單的方式不再是向前推進，而是透過修正B級或C級心理戰中的錯誤，讓毛毛蟲的後端也往前移動。

如果你不確定自己有沒有完美主義的問題，不妨閱讀接下來的內容。可能有一些訊號是符合完美主義的定義，但卻還沒被發現：

- 給自己很大的壓力，極力要求完美
- 內心壓力不曾停止，使你無法放鬆或喘息，導致倦怠心理
- 你覺得事事都不如意，明明大賺一筆卻仍不滿足
- 你從未慶賀得到好的成果，並且認為只要跟你有相同看法的人，都能達成一樣的成果
- 為最輕微的錯誤苛責自己，而且你不認為錯誤有嚴重或輕微的程度區別，對你來說犯錯就是犯錯
- 你總覺得自己比不上其他人，總是有人做得更好
- 一旦犯錯，你就很難放下或釋懷，因為你總是會想到那些錯誤，並且感到懊

悔

■即使狀態極佳，也很少表現得出色

■你覺得自己每況愈下

從這些跡象，我們可以更仔細觀察完美主義的兩種成因：一是因自信持續下滑而導致自我評價有問題，二是對目標的錯誤期望。

有問題的自我評價

我們所有人都會以一個內在的標準尺，來衡量自己的技術程度、評判自己的表現，以及看看哪些地方需要改善。我在這一章的開頭就說過，自信心問題起因於你對自己技術的看法有缺陷。也就是說，完美主義的交易者在衡量自己時，他們所用的標準尺是有問題的。很多交易者一旦達到里程碑（比方說一個月五位數的獲利目標）之後，就一點想法都沒有了。他們不僅不會歸功於自己，還錯過了鞏固自信心的機會。

不妨把評估技能看作是一場比賽：你執行的交易品質或放棄的交易機會，會讓你獲得或失去分數。將得失分數加總後，就會得到你當日的分數。將每天的分數累積成當月分數，每月分數加總得出當年分數，依此類推。除非你停止交易，否則這場比賽不會結束。在這場比賽中，完美主義的選手總是輸家，**最終累積了高額的負數。**

既然我們會用這個內在的標準尺，來衡量自己的得失分；那麼，完美主義（或者，過高的期望）就是你所期望的標準，並且形成了你的基準水平。這表示當你達到的那樣程度的期望時，你得到的分數是零——你不會因實現本來就應該做到的期望而獲得讚賞。只有當你超越期望時，你才能得到分數。可是……在你移動目標，或者提高期望後，分數也可能被扣掉。

完美主義者的表現絕大部分都是低於期望，所以都是失分的情況。有些人是依比例給予自己分數，也就是說，當你的表現稍低於期望時，你只會失去一點點分數，而當你的表現遠低於期望時，你會失去更多的分數。但有些人無論他們的表現是略低於標準，還是遠低於標準，沒有達到標準都是失敗，失去的分數都一樣多。

在這場比賽中，分數等於自信心。所以你會有幾分呢？答案是負數的。雖然有的時候你會贏得一些分數，但相較之下，大部分的時候都在失去大量的分數。不斷失去積分會令你的自信心出現漏洞（或者弱點），導致你總是缺乏自信或是過度自信。

高度期望一開始會讓你的自信分數變成負數，但隨著這個問題的發展，你會開始認為實現完美才能擺脫這個困境。在潛意識中，你很篤定只要能拿出完美的表現，積分就會轉負為正，而你將會感到始終如一且合理的自信。

但是，每當你的表現創了新紀錄，你就會開始期望自己每一次都能達到這個標準。標準的門檻又提高了。你剛剛才跳得更高，馬上就開始期望自己要跳得比剛才更高。滿足的感覺稍縱即逝，因為你已經馬上把焦點移到下一個目標。又或者，你甚至沒有經歷那轉眼即逝的片刻，忽視你獲得的成果的價值，你已經開始追求下一個期望了。

無論是哪一種情況，你都身陷在空洞之中，你的積分依舊是負數。這個過程會不斷重複，你會認為只要獲得更高的成就——賺更多的錢、得到更高的地位和責任等等——就沒問題了。這就是為什麼有些相當成功的交易者，他們的人生卻過得非常悲慘，他們以金錢為目標，以為愈多的錢愈能讓他們心滿意足。然而，金錢卻無法使他們脫離貧乏的自信心。外在的來源——即使自己重視的人給予大力讚揚——也無法補足負積分的缺口。

解決這個問題的辦法是，重新校準自己的標準尺。而為了增進這個標準尺的準確度，我們必須先認知到自己對目標抱持錯誤的期望。

期望 vs. 目標

期望與目標是截然不同的事。基本上，期望代表承諾責任；也就是說，你承諾要得到你所想要的結果，這是因為你相信自己已經具備必要的技巧，或者很肯定自己可以實現期望。然而，目標則意味著不確定性。雖然不知道該選擇哪一條路才會到達終點，你也許知道需要具備哪些技巧，但你不清楚自己能不能實現目標，也不知道如何實現。

期望就像是只求結果，不管你透過何種方式達成。而在追逐目標的過程中，你很可能會發現自己陷入混亂。即使目標或期望的強烈程度相同，但卻會帶給你截然不同的感受；比方說，你打算在一年之內賺到五十萬美元。

如果這是你的期望，在過程中遇到錯誤、挫折或失敗時，你是毫無準備並且會做出過度反應。你會更容易歸咎自己，也很可能導致過度自信或缺乏自信。如果你真的能如願以償，你所得到的積分也是零，而且也不會特別有什麼感受，甚至還會覺得心情更糟糕。

如果這是你的目標，你就會對挫折有所準備，你也可以理解事件帶來的教訓和價值。目標即表示你在這個過程中，會發現新的事物以及經歷高低起伏，最後才會抵達目的地。每靠近目標一步，你都會為自己感到驕傲並滿足。

只要內在的標準尺能精準量測你的表現，每當你朝著目標前進一步時，你就能獲得積分。每一次到達里程碑所獲得的自信心都會被儲存下來，所以在抵達終點線時，不會是你第一次感到自豪或自滿。你會得到更穩固的自信心基礎，繼續追逐下一個目標。

也許期望與目標之間，最明顯的差異是在於你如何評估沒有達標的結果。在追逐目標時，你可能會感到心煩，但與其鑽牛角尖想弄清楚心煩意亂的原因，不如主動檢視結果：

■怎麼會失敗？為什麼會失敗？
■有哪些準備不足的地方嗎？
■這是可以避免的情況嗎？
■有沒有哪個部分算得上是成功，並且有所進展嗎？
■從中學到了什麼？
■下一次要怎麼樣才能做得更好？

這些問題的答案會立刻讓你的心情好轉。而且不只適用於達成既有的目標，也可以拿來設定未來的目標。

很多人以為我會建議你們降低期望來解決這個問題。不，我希望你能保持遠大的抱負。問題不在於你想要完美，而是你期望完美。所以要解決這個問題，不能靠降低期望。相反地，你要把期望轉化為目標。

以概念上來說，你唯一真正能期待的是你會進入最糟糕的狀態，或者是C級心理戰。這是唯一可以保證的事情。至於其他——B級和A級心理戰——B要靠每一天的努力。當你達成目標時，你會獲得功勞，或者積分。當然，那會是依比例的分數。

當你從表現的變異因素中學到教訓，以及當你做出修正時，你也會得到分數。如果你想更容易發現自己是否進步，我還是會建議你利用本書第三章的A級到C級心理戰分析，並且把這個工具當作是你的標準尺，幫助你衡量自己當下和當日的表現。

為了修正完美主義的問題，改變自己評估當日表現的方式是**第一步**。但如果要做得更徹底，我們必須回顧過去的交易歷史，修正那些因為使用舊標準尺所造成的傷害。你必須填補負積分。當然，我們無法改變過去已經發生的事，但是我們可以改變自己對過去事件的看法，藉此恢復失去的自信心。

達成成就或標準時沒有獲得應有的敬佩、稱讚或認可，這是很常見的事。重點不是你的另一半、朋友、同事或老闆是否有稱讚你，或者為你舉辦慶祝派對。你自己的看法才是最重要的。

回顧踏入投資交易這一行以來，你取得的所有成就——在模擬交易成功賺到錢、第一個有獲利的月分、第一次單筆金額超過一萬美元的交易等等。請試著寫出你所有的成就，無論它們是大或小，包含那些你可能覺得沒什麼大不了、不會特別引以為傲或者自滿的成就。

當你開始回顧過去的成就時，請留意「對，但是……」這樣的想法。很多人都會用這種句子試圖淡化自己的成就。比方說，「對，但是……我應該能賺得更多／做得更好／更努力一點」，或者「對，但是……跟某某比起來，這沒什麼大不了的」。永遠都有更好的，這個世界就是這個樣子。而他人的成就高低，都與你的成就沒有關係。

第二步是列出過去所有的成就，並詳細寫下你是達成每一項成就的過程。你採取了哪些方法？從中學到什麼？遇到什麼樣的困難，以及如何克服？現在反思看看，那些過去的成就是如何成為今日的基石？

你不必列出完整的清單，再開始深入探討每一項成就；你可以來回進行這兩件事情。更重要的是，你會如何列出這些成就，以及充實每一項成就的細節。這不是每天花兩小時就能完成的任務。事實上，你正在嘗試重新塑造觀點。定期做這件事，比方說每天花五到十分鐘，效果會更好。

不斷累積的負積分會讓你感覺自己很渴望變得有自信，只要一達成下一次成就，你就像酒足飯飽一樣心滿意足。可是，那只是海市蜃樓，你吃下的只是一堆沙子。每天五到十分鐘，甚至一天重複數次，就像吃東西一樣。你吃下的是你渴望的自信心。回顧你的所有成就，重複幾次下來，你也許會從中學到更多，進一步找到修正方法，以及發展出嶄新的自評方式。

第三步是過濾並確認你作為交易者所學到的技巧或資產，尤其是那些你認為理所當然的事。你可以在回顧過去成就的同時進行這項工作，但請另外列一張清單。這一步的重點是，你的完美主義並不在於技巧的內容，而是對完美的要求。透過這一步，你可以減緩自己對完美的強烈要求。比方說，你的技巧也許包括：

- 在市場陷入瘋狂時，迅速做出精準的決策
- 估算未來價格
- 為當日準備一套清楚的策略，並在正確的時機派上用場

技巧和過去的成就能帶給我們穩定的自信心，所以不妨在開盤前回顧它們。接著等到收盤後，再利用你的A級到C級心理戰分析結果，當作自己的標準尺去衡量這一天的表現和進步幅度。這麼做可以幫助你重塑觀點，填補自信心的漏洞，以及讓你爬得更高。利用以上這些基礎，你只要站穩腳步就能估算接下來發生的事情。

這一步並非一蹴可幾，所以在修正完美主義的過程中，請留意相關問題很可能

會阻撓你進步。

這一段的建議對克里斯來說特別重要，在第四章我們曾經討論到，他的貪婪問題是因為害怕錯過足以改變人生的財富。雖然已經是好幾年前的事了，但遺憾始終在他的腦海中揮之不去。例如，要是他獲利了結一個部位，他就會立刻想到自己很有可能可以賺得更多。因此，克里斯持有的部位一旦有獲利空間，他往往會變得過度積極，因為他會試著把它擊出一支全壘打。

除了貪婪的問題，克里斯還經歷了其他情緒的影響。在他感覺自己所向披靡時，他以為市場就在他的掌握之中。受到那股情緒的影響，他會更努力交易虧損的部位，因為他認為自己下一次就能打出全壘打。（他已經掌握市場了，對吧？所以下一筆交易一定會賺錢。）結果不出意料，在過度自信時期之後，接著就是最大幅度的跌落。大起大落的循環擊潰了他的自信心，克里斯甚至會質疑自己的策略是否仍然可行。結果，為了讓情緒好轉，他變得格外想要賺錢。

害怕錯過是克里斯的另一個問題，這個情緒會使他懷疑策略的可行性。在經過一連串的虧損交易後，他會勉強自己進行更多筆交易來補救這一天的虧損。此外，在連續幾次被迫停損之後，憤怒的情緒也會變得強烈——他變得更激動且不耐煩，結果太早進場交易，反而偏離了原本的策略。儘管表面上看似不同，但克里斯之所以會出現貪婪、恐懼、憤怒、過度自信和缺乏自信的訊號，都與期望完美有關。

克里斯知道他所運用的交易系統有一項優勢，但他還在努力想弄清楚這個系統為什麼無法長期發揮這項優勢。這麼多年以來，他讀了無數本關於投資交易的書籍，還是沒能找出問題的癥結點。他被困在情緒控管的循環之中，停滯不前。克里斯有時意氣風發，有時也會陷入低潮。但卻沒有中間的情緒，他的情緒總是在兩個極端之間擺盪，並直接影響他的交易執行。

在我們第一堂課上，我們討論這一段的概念和策略，他馬上被打動，並提出一個新的角度來看待交易。在第一堂課與第二堂課之間，克里斯花了一些時間詳細記錄他所進行的交易，他意識到這麼做能促使他認真看待交易執行。

他對當時的工作不甚滿意，再加上工時太長，所以他很想另謀出路。儘管不是使用經驗證有效的系統，也沒有接受過投資交易方面的教育訓練，他很幸運地找到一間有良好基本面的公司。那間公司當時正面臨破產邊緣，但傳聞說有一家知名銀行將要併購它。於是，克里斯賣掉所有的投資組合，把錢全部壓在這一檔股票上，把它當作是通往更美好生活的鑰匙。

雖然他賺了一些，但還有太多的獲利空間未實現，這次的經驗是他讓生活變得更好的轉折點。他理解到要是他真的想要從事投資交易，他需要學習更多專業知識。於是，他將獲利投資在自己身上，最終才能離職，成為全職的交易者。他在回顧過去時發現，「為了成為現在的我，我願意付出二十萬美元。」雖然仍有遺憾，但明顯減少許多，而且不再引起他的貪婪情緒。

此外，A級到C級心理戰的分析以及在盤中寫下心得感想，真的讓克里斯受益良多。他曾經有一次從A級心理戰退回到C級心理戰，但現在，即便承擔虧損，他也會保持穩定的B級心理戰，不會執行系統以外的交易。

還有，他已經很懂得閱讀自己的情緒，並且在情緒變得太強烈之前，修正情緒性反應。現在他的情緒基準線比較低了，所以不再是他必須處理的問題。對克里斯來說，知道自己有一套適合心理戰的交易系統，讓他可以自在地追求進步，並且知道不要把完美當作標準尺。

沮喪

憤怒和貪婪的情緒突然加劇，佔據了你的思緒。真該死。你不管了，你切換到一分鐘K線圖，在價格下跌時加碼三倍投資，加上幾筆不顧後果就進行的交易。對有些交易者而言，沮喪的感覺實在太強烈了，他們感覺自己當下好像昏了過去，醒來時也搞不清楚自己怎麼會虧掉所有的錢。

也許你也跟他們一樣，被恐懼感支配，極度渴望得到肯定來克服這股恐懼感。可是不管你怎麼做都沒有用，虧損持續累積，使你愈來愈恐慌。你換了一個又一個交易系統，因為你以為新的點子比較有創意，但事實上，你只是太想盡快找到有效的系統。

隨著虧損程度增加，貪婪、憤怒或恐懼的感覺漸漸增強，使我們難以避免衝動行事——做任何事情都有可能。當那些感覺強烈到難以忽視，就好像身體的某一處發癢，你**一定**得抓撓止癢。有些人以為獲勝是止癢的唯一方式。只要想辦法做幾筆有獲利的交易，或者只要有一天是獲利的，他們就能得到一些喘息的空間。但這只是暫時的，一旦虧損又開始堆積，沮喪感又會開始萌芽，好像它從未消停過。

實際上，有些交易者需要虧損得更多才會止癢。虧損的感覺很好，因為虧損會使痛苦很快過去，將他們從壓力和不確定性中解放。

沮喪會使人強烈渴望做任何事情來獲得當天的利潤，或者避免承受損失。有時候我們很難發現沮喪感，是因為你已經被恐懼麻痺了，或者被憤怒或貪婪蒙蔽了視線。恐懼、憤怒和貪婪是如此強烈且難以忽視的情緒，但無論你的沮喪是否混合到那些情緒，其潛藏的原因都跟自信心的弱點有關。只要你能維持自信心穩定，那些情緒就不會過度囂張。

自信心是情緒的基石，而弱點是基石上的裂痕。這本書之前所探討的自信心弱點，雖然有問題但規模都比較小，然而沮喪就像是一個比較大的漏洞。

所以現在的問題變成：為什麼自信心會有這麼大的漏洞？是哪些缺陷導致漏洞變得這麼大？這不只是一個問題而已。你的心態之所以下降到這種程度意味著問題很複雜。你可能有幾種這一章所討論過的缺陷或偏見，也很可能有恐懼或情緒失控方面的缺陷或偏見。自我批評也是造成這個問題的常見原因，所以才會導致你難以解決沮喪的問題。

累積大量的情緒也會造成沮喪感。當貪婪、恐懼和憤怒的感受太過強烈，這些情緒會直接支配你的思緒，使你淹沒在這些情緒之中，導致你難以做出理性反應。由於強烈的情緒會使你的思緒脫離理性，所以你才會去做一些沒意義的事情。

雖然有時候你可能意識到自己的反應有多麼不理性——你甚至得努力控制操作滑鼠的那隻手，或者對自己喊話，叫自己去做點其他的事情——可是你還是無法阻止自己做出荒謬的決策。這就好像在電影院看恐怖片，你會大喊著「不要打開那扇門！」，然後看著電影裡的他們（你）打開那扇門。

如果這個問題持續了一陣子，就表示那些情緒已經累積好幾年了。即使最近在執行交易時狀況才比較嚴重，但你一定得在投資交易方面以外的地方解決這個問題，才能一邊減少過去累積的情緒，一邊建立必要的紀律，進而使你在交易時持續控制情緒。

累積的情緒才是真正的致勝王牌，如果你在沒有認真準備的情況下，就試著承擔沮喪感，那麼你修正這個問題的機率是趨近於零。與其毫無準備地承受，不如培養自己對沮喪感的警覺心，就好像你的投資交易生涯都取決於此。

事實上，這也是真的。

並不是所有的交易者都會讓心理戰發展到這個地步。從表現的角度來看，這是非常極端的情況。如果這是發生在經驗老到的交易者身上，他們糟糕的表現很難得到他人的理解。當受到沮喪感影響時，他們的表現看起來像是被鬼附身一樣。

就像吸毒者會不計代價只為了得到毒品一樣，非常沮喪的交易者會為了獲利，而願意做幾乎所有事情。不過，**幾乎**是關鍵字。你會做和不會做的事情，將決定你是否有需要透過這本書來解決表現問題，或是有非交易方面的臨床問題，那麼則需要求助治療師或心理醫師。

請回想一下，這個問題在什麼時候會最嚴重，以及你有沒有辦法控制自己執行交易？在處理這個問題時，你是否有能力承擔可能發生的財務損失？或者，你能不能忍受這個問題對你的個人生活所帶來的影響？如果你打算只靠這本書來解決問題，你必須接受所有潛在的風險，以及你必須準備好認真解決問題。你即將加入這一場戰鬥。

在本書的其他章節中，我曾提到你的自信心可能受到一些缺陷或偏見的影響，而那些缺陷或偏見很可能源自個人因素。在這個情況下，我幾乎可以肯定這種可能性。當你深入探討表現問題時，請問一問自己為什麼情緒如此強烈？這些情緒跟你過去的經歷有什麼關聯嗎？除了執行交易時，其他時候也會出現這麼強烈的情緒嗎？如果是跟個人層面有關，那麼一定要解決這些問題。當然，光靠這本書是無法辦到的。

儘管有時候難以接受，但幫助有這個問題的客戶時，我會將他們想像為受傷的運動員。有些人可能受過嚴重的傷，所以你必須暫時停止交易，花幾天、幾週，甚至更長的時間，修復傷口以及真正解決問題。而在這段時間裡，你必須徹底瞭解問題的起因，並且搭配接下來的重點制定個人化策略，藉此預防沮喪感破壞你的投資交易。

一、維持警覺心

將沮喪或者修正這個問題看得太簡單，是最主要的錯誤。別妄想某一天，你一覺醒來問題就會消失不見。這是很嚴重的問題，絕非一個晚上就能解決。如果想要解決這個問題，首先要把它視為第一要務。

二、找出你的沮喪模式

找出那些每天帶給你貪婪、恐懼和情緒失控的問題，正是那些問題才導致了沮喪的問題。事實上，這些細節可以成為預警系統。沮喪很可能成為你每一天都會遇到的問題，直到你可以證明自己沒有這個問題。為了阻止沮喪感，你必須採取積極的措施對應那些早期訊號，就算它們還算不上是什麼大問題。

三、設定精確的每日止損點

當然，你也許已經設定停損點，也許沒有徹底解決問題，但那並不表示這是個糟糕的策略。尤其，你的策略應該還沒將每日停損點與這裡其他的步驟結合在一起，這也就表示你還無法控制那些會逼你忽視沮喪問題的情緒。每日停損點不只能夠幫助我們保護資金，還可以保護自信心免於遭受過度的打擊。

四、記錄今日的勝利

在正常的情況下，你要把腳放在油門踏板上。但在修正沮喪問題的初始階段時，接在收獲高額獲利之後出現的虧損可能比開盤後第一筆虧損更痛苦，而且更具有破壞力。由於在收獲高額獲利之後，過度自信和恐懼有可能會造成負面影響，因此你應該記錄那一筆勝利，並且沉澱心情，藉此暫時幫助你明白，在心理上和情緒上，你能獲得的將明顯少於損失。

貪婪可能迫使你賣力過了頭——因為你渴望自己能立刻修正自信心的問題。或者，只要獲利稍微減少，就可能導致你情緒失控，並且勉強自己進行一筆保證金交易。而這些挫折都會再次傷害你的自信心。就像儲蓄一樣，記錄你今天每一場的勝利，好讓你隔天可以依據前一天的積蓄，繼續累積自信心。

五、定時休息一下，也可以利用計時器

在交易時段保持情緒控制是非常重要的事。當我們的思考能力被貪婪、恐懼或憤怒所支配，累積的次級情緒很可能將我們淹沒，使我們無能為力。不妨利用計時器阻止次級情緒累積，提高解決這些問題的可能性。雖然採取這種破壞性的策略可能會影響你發揮投資交易實力，但與其採取替代性方案，直接破壞的效果可能比較好。

六、積極對應早期訊號

為了及早採取行動，請參考第九章的步驟，制定一套即時策略來阻止問題產生，以及控制情緒累積。

七、發現渺小的進步

在交易時段期間發現自己有所進步，可以促進你獲得自信，讓你繼續努力。別忘了，提升自己的意識程度，而非情緒控制能力，通常是進步的第一個訊號。沮喪是最主要的問題，要解決這個問題，則需要長時間的持續努力。所以如果沒注意到自己微小的進步，可能會使你放棄實際有效的策略。

八、釋放每天累積的情緒

在控制並且修正貪婪、憤怒、恐懼或自信心問題的初期階段，你會感覺自己像是壓力鍋。意思是，在交易時段中，你能較好地控制情緒，但如果你沒有釋放情緒，過了幾天之後你會感覺自己在心理和情緒上都有所進展，事實上也真的如你所想的，可是某一天你崩潰了，你不知道那些情緒是從哪裡冒出來的。

每一次收盤後，請記得利用心理手牌紀錄，來消化並釋放交易期間所累積的情緒。特別是當你經歷了好幾天強烈的情緒之後，這麼做能讓你阻止沮喪感出現。我們要慶祝獲利，但也要消化並釋放情緒。否則，明天情緒崩潰的可能性就會增加。

九、修正自我批評的惡習

在我所遇過的投資者中，沒有人不是因為過度自我批評而導致自己被沮喪感淹沒的。當你的反應如此激動時，那些反應當然值得被批評。但是，自我批評對事情沒有幫助。你需要實際思考失敗的原因，以及為什麼會產生沮喪的感覺。從中學習，藉此改善策略，並且以實際的方式解決問題。你愈快做到這些事情，當自我批評的問題再次出現時，你就會更容易藉著修正問題來進步。

十、修正老是說「該死」的惡行

當你身陷黑洞時，我們常常會說「該死的」，並且試著敲出全壘打。這麼做哪裡不好嗎？如果你做到了，那麼這一天就不會變成地獄。但那也可能會加深你的信念，使你相信下一次也可以辦得到，結果可能使你變得鬆懈。

帶著這種妥協的心態試圖打出全壘打，你不只無法做出有品質的決策，還會把投資交易變成一場賭局。當然，當你還有資金可以幫助自己逃離地獄時，要接受虧損是很難的一件事，尤其當虧損金額頗高時。可是，我們還有明天要打算。

你為明天儲存下來的資金和自信心價值多少？為了明天能更勇敢地承擔虧損，你必須建立在一些基礎上。咒罵也許很有趣，而且當情況好轉時，那些都能成為個人故事的素材，但那並不是你想從這裡得到的，對吧？

在每次開盤前，請回顧你的策略來預防沮喪感，就像預演遇到緊急狀況時的反應那樣。這麼做可以幫助你把所有緊急應變計畫的細節都記得清清楚楚，以利你隨時做好準備採取行動。尤其當你已經連續獲勝好幾天或好幾週時，更是要讓自己準備好。對自己所準備的一切感到自滿，是一件很危險的事。實際上，你必須經歷幾次市場循環，或者至少三到六個月的交易期間，才能算得上有確實的證據，證明沮喪已經獲得改善，或者已經不再有沮喪的問題。

這就像十字韌帶斷裂之類的嚴重問題，如此嚴重的傷口需要很長一段時間才能康復。但如果你是認真看待投資交易，就必須解決這個問題，而且最好是找心理醫生、治療師或者教練來幫助你。你也可以跟他們分享這段內容，以幫助你恢復健康。

葛迪普是一名英國的兼職交易員，他證明了沮喪問題是需要時間和努力才能解決的。他利用我上面列出的十個步驟，花了大概三個月的時間都沒有取得任何進展，再過了六個月之後，他才證明他在投資交易的同時，情緒不會爆炸。那是在我的幫助下。而現在你只能靠自己，所以我認為會很有挑戰。

讓我們更仔細看看，葛迪普是如何走出沮喪感的。在我們開始合作的時候，他已經從事當日沖銷和波段交易三年了，可是都沒有賺到錢。他的導師形容他是有潛力的交易者，不過他得好好控制自己的情緒。

每個月甚至每隔幾周，葛迪普都會經歷暴利和暴損的循環——不久前才賺了一萬美元，然後又通通吐還給市場，甚至虧得更多。無論在什麼時候，一般程度的虧損，或者當這天將面臨虧損結果的威脅時，都可能引發一連串的報復性交易，結果他為了把虧損的部分賺回來，以及為了這一天能夠交易獲利，虧損的交易筆數倍增，並且加碼買進後來執行的交易項目。

由於憤怒很可能是導致沮喪的原因，所以我們一起找出他的報復模式。我們花了大約一個月的時間，其中經歷了幾次嚴重的虧損，然後為了得到更精準的模式，我們又花了一個月的時間，才得到一個比較清楚的模式圖。葛迪普真的很喜歡這種偵探般的工作，後來他也試著找出自己情緒失控的模式，結果令他大開眼界——看著自己在紙上寫下的每一個步驟，讓他的自信心大增，所以他最終才能戰勝憤怒的問題。他本來就知道這是需要努力才能解決的問題，但是他已經覺得自己被情緒吞噬、支配。而現在，他已經學會辨識情緒出現之前的訊號。

我們制定一項零容忍政策，這項政策的規定是，當他的憤怒程度上升到層級三時，他就得停止這一天的交易。以層級三為底限來保持自己的控制範圍，防止他得依靠運氣才能避免當日出現高額虧損。在接下來的兩個月期間，雖然暴利暴損的循環並未停止，但是葛迪普每經歷一次循環，都會發現自己有些許的進步。

他漸漸地更瞭解那些導致強烈情緒的表現缺陷或個人因素。此外，他也懂得察覺自己陷入想把錢贏回來，並且渴望報復的衝動之中，所以他會選擇結束這一天的操作。

造成葛迪普絕望的根源，來自於自信心低落的個人問題。虧錢是殘忍的，令他覺得自己一文不值。由於無法好好控制情緒而導致進一步的虧損，使他愈來愈覺得沒時間讓交易發揮作用。對他而言，每一筆交易就像是自我認同，因此他的未來岌岌可危。再加上對自己的高度期望、強烈的自我批評，以及一些常見的表現缺陷，使得葛迪普不可避免地感到沮喪無比。

當我們開始處理這些問題時，他情緒的強度開始穩定下來，所以我們增加他的例行公事以利事半功倍。在開盤前，他會透過模擬交易系統，用一至二小時的時間練習執行自己的交易策略。

在交易時段，他會利用十五至三十分鐘的計時器，提醒他檢查自己的情緒狀態，以及檢查自己修正的缺陷結果。然後，葛迪普會在收盤後評估這一天的交易過程，找出需要改善的錯誤，以及哪些已經改善的地方值得稱讚。當他情緒失控時，與其為這種情況感到憤怒，他會試著瞭解為什麼會發生這種情況，以及是什麼事情導致自己變得憤怒。

又過了七個月，雖然暴利暴損的循環已經不那麼頻繁地出現，而且起伏也不如以往劇烈，但是葛迪普還是堅持執行同樣的過程。當個人問題導致他強烈的情緒使他無法控制自己執行交易時，他會休假幾週沉澱心情。他會設定實際的目標，來減輕時間帶給自己的壓力。他也繼續處理自己的自信心問題，並深入瞭解是什麼使他成為一名優秀的交易者。他依舊堅定地執行每天的例行公事。

這些努力當然沒有白費。現在，葛迪普不再像普通的交易者，會因為一些常見的缺陷而情緒失控——比方說過於強調損益，或者價格只跳動了幾檔就被迫止損。更重要的是，他相信自己能成為一名成功的交易者，並且想要徹底發揮潛力。

希望與願望

在經歷強烈的情緒（例如沮喪）之後，當你讀到這一段的標題時，你可能會認為我將以正面的方式來討論希望與願望，藉此提振你的士氣。嗯，事實正好相反。這一段的目標是抹殺你的希望與願望。是的，沒錯。

坦白說，在交易或者就投資交易表現的方面來說，談希望還是願望都是白費力氣。當然，你可以在其他的生活領域探討這些議題，但在這個環境中，希望與願望是很危險的，它們會削弱你的自信心、阻礙你前進。

對於那些經常屈服於希望和願望之人，他們對事事皆懷抱希望和願望，在不知不覺中影響他們的行事原則。希望與願望只會在特定的時候，以獨立的方式出現在你的心中，讓你誤以為自己不會受到它們的影響。

希望

當事情不在我們的控制中時，就會產生一種情緒——希望。有太多不受我們控制的事情會影響我們的生活，所以希望可以成為一種有用的情緒。比方說，如果我們打算舉辦烤肉派對或戶外婚禮，我們會希望活動當天是晴天；我們希望搭乘的飛機平安且準時降落。可是，希望無法改變一個人的表現。

與其浪費時間和力氣關注自己無法控制的事情，不如將注意力放在有機會提高控制力的地方——例如你的執行力，或者處理情緒的方式。以下是你可能會對投資交易抱持的幾種希望：

■ 希望自己不要被止損出場，希望可以達成自己的目標價，希望虧損的部位可以轉虧為盈

■ 一邊緊盯著一筆交易，一邊希望你的關注可以換來更多獲利

■ 希望這個月賺得盆滿缽滿，或者希望這個月最後能轉虧為盈

■ 失去自己能克服困難並且實現目標的希望

■ 對自己的潛力滿懷希望，感覺未來好像已經來到眼前

當你在谷底時，你會感到無比絕望。你是打從心底認為不管自己做什麼都無法達成目標，你甚至會有一些想法像是「我不認為事情會出現轉機」、「我只能放棄了」，或者「不管我怎麼做，情況都不會改變，所以又何必呢？」你認為自己已經無法控制事情的發展，而且永遠都無法改變。於是，你的希望破滅了。

為了修正這個問題，首先必須思考為什麼你會開始對事情抱有希望。有些人會認為希望是很常見的，所以你才會認為自己也要有希望。或者，你很懷疑自己能不能成功，所以與其面對能力不足所帶來的恐懼，你選擇以希望的方式來面對事情。所以首先我們要找出希望存在的地方，並且問一問自己：希望是為了保護什麼？你

覺得有哪些事情是無法控制的？以及，為什麼無法控制？

接下來——正如我常常會開玩笑地對我的客戶說——去他的希望。就是這麼簡單。花費力氣控制無法控制的事，或者更糟糕的是，放棄控制真正需要控制的事情，都是非常危險的。就算是無關緊要的事情，而且看似無害，如果事情沒有照你所希望的發展，會發生什麼情況呢？就算你的希望是保護自己免於暴露在風險之中，只要當希望幻滅，就會像OK繃直接被扯下來一樣。

控制力不足的情況立刻會變得明顯——當你對虧損、犯錯和挫折反應過度時，情緒的起伏就會更強烈。又或者，如果你的希望實現了，你就會認為自己有控制的能力，可以更經常賺到那些高額的獲利交易。

從更廣的層面來說，當你依賴希望的時候，你會無法控制實際上可以控制的事情。無論做什麼事情，第一步就是認知能力。如果你本來就已經有自信心問題，你的希望會讓你搞不清楚是什麼導致自信心問題。或者，如果你的分析遺漏了什麼，希望可能會對你產生潛移默化的影響。

願望

找出藏在內心的願望是很重要的。願望不只會導致我們的自信心時高時低，還會阻礙你修正那些正在影響你的缺陷、偏見和幻想。像是保持最佳表現、掌握市場方向，以及輕鬆學習等類似願望，通常都躲藏在交易者的內心深處。意想不到吧！

許多交易者發現自己的自信心會受到這些願望影響時，他們都相當震驚。那些願望顯然不合邏輯。但是，不管那些願望有多麼不切實際，還是有許多交易者會懷抱那些願望。

但願自己能保持最佳表現、掌握市場方向，以及輕鬆學習是一回事，但希望這些結果能夠實現則是另一回事。當你心懷這些願望時，就表示你是真的相信它們有可能會發生，所以你才會希望有一天能願望成真。

當你深信自己能夠預測市場的走向，那為什麼需要努力提升投資交易的能力？如果你認為自己一定可以輕易解決情緒問題，那為什麼需要保持開放的心態，或者試著瞭解心理戰究竟是怎麼一回事？如果你相信願望一定會實現，那麼勤奮努力顯然不是符合邏輯的行為。

由於找出這些願望是一項艱鉅的任務，不妨嘗試我跟我的客戶採取的方法。先做幾個深呼吸來放鬆思緒，緩一緩你的邏輯思維。當你的邏輯相信這些都是荒謬的願望時，你的大腦自然會拒絕它們的存在。暫時把理性思考擺在一旁，好好利用你的直覺來回答接下來問題。請盡量誠實：

■ 但願投資交易不會有變異因素，而且一分努力就能有一分收獲？
■ 但願自己擁有完美的紀律，並總是正確地執行交易策略？
■ 但願有一種完美的方法、系統或指標，讓你財富滾滾來？
■ 但願自己能熟練地操縱市場，並且賺進數百萬元？
■ 但願自己每一個月、每一天，或者每一筆交易都能獲利？
■ 但願自己能從影片、書籍中吸收知識，然後馬上就能應用所學？
■ 當面對巨額虧損時，但願靠一筆交易就能立刻填平破洞？
■ 即便你沒有這麼直接的願望，但當你讀到這些敘述時，是不是也會渴望那些美好的結果能夠成真就好？

你可以堅定地否認，大聲地說同意，或者任何介於這兩者之間的回答。願望不是非黑即白的東西，而是程度的差別。無論它們有多渺小，修正願望是鞏固自信心的關鍵。

願望難以根除，春風吹又生。又好比固執不肯讓步的騾子，你愈是逼牠們離開，牠們就會變得愈難對付。你無法以力氣逼牠們就範。因此，與其試圖不再許願，不如深入願望的核心，解決真正的根源。

為了讓你更清楚瞭解這個過程，我決定利用一位交易者的故事來說明這個概念。直到我們開始培訓時，他才發現他的願望其實來自於害怕錯過的核心問題。英國的尼克是一名有抱負的交易者。當時他正在當地政府部門上班，但由於新冠病毒大流行，所以他能夠在美國市場開盤前一小時下單交易。

以下擷取自尼克的心理手牌紀錄中，步驟一及步驟二的相關內容：

❶ **問題是什麼：**我不想錯過今天的機會。如果我錯過交易機會，我就想在別的地方補回來，並且開始找交易機會，以彌補我本來應該能賺到的獲利。這種害怕錯過的感覺甚至會延續到隔天。我會因此變得非常緊張，都還沒開始交

易就在想：「今天一定會有好事發生」，可是後來我卻賠得一塌糊塗。

❷ **為什麼會有這個問題：**在交易機會出現的那些日子裡，我應該有足夠的能力把握機會。我也會回顧過去，即便我當時沒有做得很好，但我知道我的計畫能發揮作用。我明白事後揣測一點意義也沒有，但我期望市場未來或是隔天能再次出現機會，下次就輪到我成為交易大贏家了。

當他說，「我期望市場未來能再次出現機會」的時候，我感覺到這背後也許是願望在作祟。所以我請他憑直覺想一想：先深呼吸，讓大腦的理性思緒停下來，並且讓直覺來告訴他，他是不是希望市場每天都能給他相同的機會。他馬上就回答「對」，他還說他希望自己能夠正確地執行交易，而且總是戰無不勝。

於是，我們用這些願望來寫心理手牌紀錄的第一步：

❶ **問題是什麼：**我有點希望市場每一天都能提供我好的交易機會，讓我每天都能完美地執行交易，而且永遠無往不利。

❷ **為什麼會有這個問題：**如果市場能給予我完美的機會，而且我也有完美地掌

握那些機會，那麼我就能抓住所有大趨勢，並證明我是成功的交易者。沒能把市場要給我賺的錢放進口袋，讓我覺得自己比不上那些能抓住當天獲利機會的其他人，所以我需要做其他交易補回來。

❸ **哪裡有缺陷：**事後諸葛總是簡單的。我經常回顧圖表並在心裡想，那時候眞是太明顯不過了。但是，那只是因為你已經知道後面會發生什麼情況。那並不表示我有預知未來的能力。我真正需要消除的疑慮或不確定性，是我有足夠的獲利能力，使我成為一名全職的交易者。

透過一層層的問題分析，你會發現表面上尼克有害怕錯過的問題，但實際上這個問題是來自於內心深處藏有對自己投資交易能力的擔憂。當我們完成第四步驟及第五步驟時，害怕錯過和願望的問題也獲得修正了。以下是我們得出的修正方法：

❹ **有沒有修正方法：**即使會感到不確定，也沒有關係。這本來就是投資交易會遇到的事。繼續學習、提升能力，你才能抓住更多機會，但不可能一網打盡。

❺ **為什麼這個修正方法有效：**我不是完美的，但願做到完美反而會使我的夢想

岌岌可危。

對尼克來說，完成心理手牌紀錄最大的好處是，他可以因此瞭解這些願望聽起來多麼愚蠢。他誇自己是個懂得邏輯思考的人，並且坦承自己很快便發現那些願望有多麼不切實際。這項認知立刻消除了他對於追求完美的壓力，執行交易的效率也獲得提升，例如專心研究截圖、記錄日誌。

此外，他對市場的看法以及操作方式也變得更腳踏實地了。現在的尼克已經不太追求完美，放棄這個願望讓他發現從前忽略的優勢。

他還更懂得發現願望突然出現的時機；例如，當他出現「啊，我應該要做這筆交易才對」這類的反應時。現在他愈來愈懂得專注於現實，所以他也比較能接受哪些是實際或者不切實際的事，進一步削弱那些願望的力量。再者，他不再妄想不切實際的情況，這讓他有更多的時間發現市場上的機會，而且不會像以前一樣出現令他困擾的不實表述。

那些願望永遠不可能成真。相信那些願望能夠成真就好比相信聖誕老公公能在一個晚上將禮物送給無數個孩子。相反地，你應該將願望改變成實際的目標，並且制定一套策略和計畫。然後，找出願望會阻礙你努力的地方，無論影響是大或小都必須即時做出修正。隨著你經常進行這個探索並修正的過程，你會發現要處於最佳狀態是多麼容易的事。

無論自信心問題是來自於哪裡，現在你已經知道建立穩定的自信心有多麼重要。當自信心的心理戰提升了，你就能做出更一致的決定。

你已經知道自信心和其他主要的情緒問題都會影響投資交易，因此接下來我們要探討的是紀律問題。我們一定要先懂得如何處理貪婪、恐懼、情緒失控和自信心問題，接下來才是紀律問題。所以現在你已經準備好檢查看看你的交易執行是否有受到紀律問題的影響。那麼就讓我們繼續閱讀第八章吧。

第8章

紀律

「有才能但沒紀律，就像一隻穿著溜冰鞋的章魚。動作雖多，但你不知道牠是要往前、往後，還是橫向滑行。」

——美國知名勵志作家小霍拉斯．傑克遜．布朗（H. Jackson Brown, Jr.）

如果你曾經以為所有的情緒問題都是因為缺乏紀律，現在你應該已經明白，是情緒迫使你破壞紀律；比方說，勉強自己以平庸的價格進場、在橫向整盤（sideways market）期間進場，或者在價格未達目標前便失去耐心進行了結。

顯然光靠努力遵守紀律是行不通的，因為你的問題並不在於缺乏紀律，而是強烈的情緒。如果你已經按照之前討論的步驟，修正隱藏在那些情緒問題底下的缺陷，那麼現在你已經準備好，可以處理有關守紀律方面的問題了。

如果你是直接閱讀這一章，或者你不確定情緒問題是否已經獲得足夠的改善，請不要擔心。你很快就能從自己的反饋得知，問題是不是跟情緒還是紀律有關係。如果你已經努力過，搭配這一章的建議進行全天交易兩個禮拜，卻還是沒有取得任何進展的話，這表示很可能需要先解決潛在的情緒問題。

或者，假如你的狀況只是暫時獲得改善，舊習慣很快又回到你身上，那麼**除了聽取本章的建議之外**，你也需要優先修正情緒問題。如果你不確定自己是否已經準備好徹底遵守紀律，請做出最佳評估，讓反饋來告訴你是否已經準備就緒。

對有些人而言，當情緒問題被解決了，紀律問題也會迎刃而解。事實上，我們都具備遵守紀律的能力和技巧，只是被那些情緒問題掩蓋或削弱。一旦阻礙被移除，遵守紀律的能力就會活躍起來。

但對另一群人來說，解決問題就像在森林裡蓋一棟房子。我們需要先清出一片空地，才有空間建造新的習慣。你還是必須先進入森林，然後才能建造房子。美麗的房子不可能憑空出現，你必須在創造出來的新空間中，從頭開始建立紀律。

你也可以利用各種資源來建立紀律，比方說查爾斯．杜希格（Charles Duhigg）的《為什麼我們這樣生活，那樣工作？》（*The Power of Habit*）、詹姆斯．克利爾（James Clear）的《原子習慣》（*Atomic Habits*），以及史蒂芬．柯維（Stephen Covey）的著作。有太多懂得建立架構和紀律的專家都會談論到這個主題，所以交易者很適合採取他們所提出的建議。

此外，大家已經對何謂嚴守紀律的交易者有一定的共識，所以我不打算談論這件事，或者告訴你必須要做到哪些事情，才能算得上是守紀律的交易者，比方說寫每日交易日誌、追蹤每一筆交易，或分析圖表等等。

但有些人即使知道應該做些什麼，或者也讀過剛才提到的那些書籍，他們還是缺乏紀律，他們還是少了一點什麼。所以我會在這一章探討的是，如何處理那些阻礙你養成有利於執行交易的一致性習慣，而且這些內容甚至可能會改變你對紀律的看法。

紀律並非一蹴可幾。我們不可能平白無故成為有紀律的交易者。守紀律不是一次性的成就——「我做到守紀律了！」——然後再也不想要達成這個目標。將自己定義為有紀律或毫無紀律的人，這樣的分析太直接了。我認為所有的人都是有紀律的。每個人都有他自己的紀律程度。我們能活到今天，不可能一點紀律都沒有。

每個交易者都有自己的優勢，即使自己的優勢可能比不上別人。也許他們的紀律C級心理戰的程度高於你的紀律A級心理戰。但你只需要跟自己比較。只有在自己比較弱的地方，才可能創造進步。

紀律也能按照毛毛蟲原則——毛毛蟲的前端和後端都有持續進步的範圍和機會。最佳紀律程度的定義，會隨著目標的移動而改變。可是對很多交易者來說，他們渴望到達的位置，與現在身處的位置之間存在很大的差距。所以這一章的目的就是幫助你破解目前的紀律C級心理戰，以及縮小你的範圍。

你能不能處於最佳狀態取決於你在表現糟糕時會有多強大。在容易回到紀律C級心理戰的那些時刻，如果你能變得更強大或者減少犯錯，那麼你就更能守住自己的紀律。這個觀點應該能激勵你的鬥志。

你不需要專心遵守紀律，不必將遵守紀律培養成你的人格特質。相反地，你要在特定時間，找出特定的習慣進行改善。隨著你建立那些習慣，在執行交易和交易相關的行動時會變得更守紀律，你就會創造出一套能促進進步的內在流程。

然而，紀律是有代價的。交易會帶來自由，特別是那些獨立的交易者。你可以利用大把的機會參與全世界的市場。很顯然的，這個產業是按照規則運作的，但它也開放讓你建立自己想要的規則。而紀律則與這個想法背道而馳，因為守紀律的代價是削弱自由所帶來的興奮，所以守紀律更像是一件苦差事，而非釋放你的潛力。

在某些方面，交易者就像藝術家，他們也不愛受約束。藝術家崇尚自由，希望以本能或直覺釋放他們的創造力。可是藝術家需要使用工具來進行創造——畫筆、雕刻刀等等——使用這些工具的能力會約束他們的創造力。因此，提升使用工具的技巧能讓他們釋放創作的潛力。

同樣的道理，紀律就是交易的工具，所以如果你不能持續提升使用這項工具的能力，你的潛力就會受限。

紀律的本質

紀律來自於你的心理力量加上意志力。你的心理力量就好比肌肉，意志力為能量，注入能量才能驅動肌肉。儘管有許多人會討論心理力量，但卻缺乏可靠且可行的定義。**心理力量愈強，你的想法、概念和信念就會愈堅固。**

比起深奧、無形的概念，我們可以評估自己的心理力量，就像運動員會評估自己的肌肉力量一樣：在比賽的條件下，他們的身體可以承受得了嗎？哪裡比較強？哪裡比較弱？在哪裡會被打敗，以及為什麼？無論是在比賽還是在健身房訓練肌肉，當你的力量會在某個時候變弱或無法施展，你就會知道這即是你現在的能力範圍。

同樣地，當你要仔細觀察紀律被破壞的時刻，你必須檢查有哪些想法、概念或信念被你推翻，接下來就要試著找出哪一個環節讓紀律變得脆弱？可能存在哪些缺陷？以及是什麼想法使你推翻它們？

想一想有哪些人是你認為擁有強大的心理力量，以及有哪些想法擁有強大的力量。就像有些人有虔誠的信仰——他們對自己所追隨的教義深信不疑。比方說，美國海豹突擊隊的誓詞：「如果被擊倒，我會每次都站起來。我將利用每一分力量來保護我的隊友並完成我們的使命。我永不停止戰鬥。」[8]

或者，像一些運動選手，無論面對多麼險惡的困境，他們總是相信自己將贏得勝利。正是這些深植腦海的想法，使他們挺過最艱困的環境，並且鞏固他們的心理力量。

為交易日做好準備，並且在收盤後好好回顧表現的想法，即使你知道這些日常例行工作非常重要，但你會貫徹執行的機率有多高？當你睡不好，或者情緒失控時，你還會照樣進行嗎？在大賺了好幾天或者大輸了好幾天之後，或者價格持續回檔，或者好幾個月都有獲利時，你還會照樣執行嗎？

那些情況都是在挑戰在你的心目中，這一項例行工作有多麼重要。如果你非常瞭解這項例行工作的價值、半途而廢的後果、完成這項工作所需的步驟、適用這項工作的方法——**而且**你已經很熟練了——在這項例行工作背後的力量就會自然使你完成這項工作。你不能不這樣做，因為這就是你進行投資交易的方式。

紀律問題的常見訊號

相信許多人都知道缺乏紀律的後果。想想當你沒有遵守每日停損點，當你感到厭煩時沒有休息一下、重新整理再繼續交易，或者收盤後沒有記錄這一天的交易。更糟糕的是，你明明知道自己應該做這些事情，但你卻沒有做。當你知道機會已經沒有了，卻勉強自己執行交易，於是你會比既定策略更快進入市場，結果卻讓資金被卡住，只能做其他市場的旁觀者。你只是為了交易而交易。

缺乏意志力去做你應該做的事，就是最明顯的紀律問題訊號。意志力使我們能持續遵守紀律。遺憾的是，這種力量就像體力一樣，是有限的資源。當你的意志力低落時，你就無法命令大腦思考，以及維持紀律。

你的意志力不只會受到交易活動的影響，生活方式也會磨損你的意志力。就好像運動員會以訓練和比賽來安排他們的生活一樣，你也需要以交易來安排生活。讓交易成為你的生活重心，當市場開始交易時，你的精力和意志力就得到達最高峰。

我們不需要最薄弱的意志力，儘管我們很容易變成意志力薄弱之人。我們需要利用意志力來養成習慣、慣例和流程，進而鞏固我們的心理力量，以及改善紀律。

所以，意志力應該能夠讓我們得到自由。有些人會以各種方式來談論意志力，比方說你只不過是「缺乏意志力」罷了。但事實上，我們都有意志力。真正的問題在於，我們能不能精準地使用它？

當交易進行時，決策本身就會導致意志力疲勞。每一個決定都會耗損能量，直到精疲力竭。回想一下，當你缺乏力氣到無法思考的時候，你很容易恍神，所以你會花太多時間上推特、開始尋找策略之外的機會，或者思考周末要做些什麼才好。

蘋果公司創辦人史帝夫．賈伯斯（Steve Jobs）一律只穿著高領上衣和牛仔褲，他可不是為了打響哪一個品牌，而是單純為了節省力氣──這麼一來，他每天都可以少做一個決定。因為力氣是有限的，雖然我們可以在交易時段內補充能量，但保存力氣有助於持續有紀律地執行交易。

我們遵守紀律是為了達成目標。當交易者的工作量負荷太大，到最後可能變成墨守成規。過度的工作量不只會適得其反，還會對生活造成負面影響，最後導致怨恨積累，縮短你的職業生涯。

你只需要適度地遵守紀律。許多人會看到這一段，是因為你的紀律不足。但我們要的不是非黑即白的答案。你在哪裡需要紀律？遵守哪些紀律？答案要精確，因為跟任何其他問題一樣，細節才是重點——非常重要的重點。

最後，要懂得區分紀律崩潰是因為情緒，還是缺乏意志力。如果你不能確定，不妨在紀律崩潰的時候，試著問自己：現在你的情緒是否太激動，還是是精神不濟？

如果你的答案是情緒太激動，那就不是紀律問題。情緒的確會讓你的工作習慣承受壓力，但正如我從第四章到第七章提到的，情緒可能來自其他地方。另一方面，如果是因為精神不濟，那麼你就來對地方了。

普遍適用的紀律策略

交易者通常希望自己更有紀律，但他們從不準備讓自己持續建立紀律。事實上，改善紀律的最好機會，是在你表現不佳而且很可能要失敗的時候。也許在某類型的市場、執行某種類型的交易，或者在特定交易時段，你的表現總是比較差。

無論如何，你需要準備好在機會出現時好好利用。除了接下來會談到針對六個紀律問題的專門建議之外，我還提供了一些普遍適用的策略，來幫助你提升紀律。

承擔全部責任

想要變得更守紀律，第一步是必須承認交易的成敗完全取決於你自己。你是需要對自己的目標、決定、時間和職業道德負責的唯一人選。如果你要依賴外部事情、找藉口，或者希望某個人或某件事來促進成功，你將永遠無法達到你所渴望的紀律程度。

即便是你在公司或自營交易所上班，成功仍操之在你。不管你在工作上呈報的組織結構，你才是自己的老闆，而且你要以老闆的方式行事。當然，你可能會說自己所處的工作環境並非如此，你必須跟某個會限制你的操作風險以及指定你可以進行哪些交易類型的人報告。

除了是你自己選擇要在那裡上班，你所做出的重大決定如果出現任何問題，的確都是由你來承擔責任。所以你仍是自己的老闆，即便你並不能做出所有的決定──不妨想像是你在這間公司裡開設自己的店鋪。

你之所以想迴避這種想法是因為，由別人當家做主能讓你感覺壓力比較小。最終的責任在別人身上，而非在你。知道你的命運實際上就掌握在你一人手上，會讓你感覺肩上負擔沉重。有時候，這種負擔感會變得難以承受，而紀律問題能幫助你減輕一些重量。

承擔責任不只是嘴上說說，你必須明確瞭解自己當初為什麼放棄負責任。經常有不知名的因素和影響削弱你的努力，這一點也不意外。所以你需要整理問題的根源，進而修正它們。

• **心理戰妙計：**回顧一下你的紀律是如何被打破的，並且寫出打破紀律的好處。打破紀律會帶來好處，這句話乍聽之下很奇怪，但我們行為總是能帶給自己一些好處。因此，這個練習是為了讓你更清楚為什麼你會願意放棄守紀律的責任。

增強心理力量和意志力

紀律不是有或沒有的單選題。你當然有紀律，你只是想要更多。你可以試著增加心理力量**以及**意志力，來建立更多的紀律。正如我之前提到的，心理力量就像肌肉，使你養成習慣動作，而意志力就像能量，驅使你重複該習慣動作。

在不容易做到的時候，逼自己更守紀律能增強你的心理力量和意志力。這個過程很簡單：當你有機會屈服於紀律中的弱點時，反而要逼自己做得更好。同時，加強圍繞在該習慣周圍的原理。

比方說，你始終無法養成記錄交易結果、完成開盤前的例行公事，或者分析圖表，那麼請你從最輕鬆的部分開始做起，慢慢養成紀律。即使每次只有一分鐘那麼短也沒關係。除非是緊急狀態突然出現，否則為了讓你在無論任何情況之下都能**持續**做，我們必須從最低限度開始。

就算你很想要放棄，請想一想你的目標，並且鼓勵自己朝著目標邁進。有的時候，即使是前進一小步，也足以改變局勢。

顯然，當你做得很好時，你就會想做得比最低限度更多一些。時間會催化出習慣，當你持續增加最低限度，並且努力讓自己習慣成自然時，你就能利用紀律來建立下一個習慣。習慣絕對不是一天就能完成的，而是需要堅持不懈怠。如果你無法維持，反而會養成壞習慣，讓好習慣更難以建立。

• **心理戰妙計：**交易者經常犯的錯誤是，追求超過毛毛蟲前端範圍以外的進步。那就好比你在健身房想做臥推兩百磅，但實際上你只能舉到一百五十磅。雖然沒有超過你的潛力範圍，但你還做不到那樣的重量。請從你做得到的程度開始，然後慢慢進步。還有，請鞏固好你正在建立的進度，而不是你尚未取得的。否則，光是自我批評就足以拖累進度，使你更難以建立更好、更多的紀律。

利用（不要濫用）靈感

靈感是一種工具。正確使用時，靈感有助於發展紀律。錯誤使用或濫用靈感時，你會一直產生同樣的問題，也就是造成你想閱讀本段落的問題。為了避免犯這個錯誤，先讓我簡單說明一些背景理論。

動機和靈感是截然不同的，雖然有些人可能認為兩者是同樣的事。它們都是發展紀律的關鍵，動機就像馬拉松選手，需要穩定的能量供給，才能維持長期運作；而靈感就像短跑運動員，是一種短暫而強烈的高能量，讓你一鼓作氣衝向目標。

靈感不是讓你用來持續訓練自己，養成所有必備的交易習慣。因此，你真正需要的是持續且穩定的能源供給，你需要長期獲得動力往前邁進。

我們都有自動自發的習慣，我們會把一些稱為壞習慣，並且歸咎於缺乏紀律。然而，那種程度的習慣還不能稱得上是好或壞，只不過是養成自然而然的習慣罷了。過度交易、不斷檢查損益，以及被社交媒體分散注意力，都是你真正在行的習慣，即便你認為它們都是「壞習慣」。如果你想利用靈感去改變這些舊習慣，你其實是在濫用靈感。

如果你每天都需要吸收一些事情才能激發你的交易熱情，比方說挑戰其他交易者、與他們打賭、看《華爾街之狼》（*The Wolf of Wall Street*）的電影片段，或者參加新的交易課程，這些行為都是在彌補潛藏的問題。靈感讓你以為壞習慣已經消失，但結果它們還是出現了，因為你無法提升或修正那些習慣。

謹慎地使用靈感，當你感覺自己很可能會失敗時，就利用靈感來帶給你額外的動力。這就像你的私人教練會鼓勵你再多做幾組動作。可是如果你是受到教練的鼓動才去健身房，這是更深層的紀律問題，不是靠靈感就能解決的。你可能是用那種方式來處理任何紀律問題，或者處理恐懼或自信心問題。

• **心理戰妙計：**如果你打算利用靈感，請事先規劃好具體細節。當紀律被打破的時候，你可不希望到時候再來尋找能激發靈感的東西。事先準備好音樂、電影片段、引用內容、影片、吸引你注目的名言等等——在你最需要的時候，可以快速獲得可靠的靈感。

發現不遵守紀律的模式

對目前的優點和侷限有真實的評估，才能增強你的紀律。要記住一點，答案不是非黑即白。無論你認為自己是心理堅強、穩健、堅韌，還是意志力很強的人，這都不是重點。正如毛毛蟲概念所傳達的，我們仍有進步的空間。

為了清楚瞭解你需要做哪些功課，請試著完成以下的步驟，藉此找出你的紀律模式。透過這些步驟，你就會瞭解目前的紀律遵守程度，從而發現自己有哪些是比較弱，而且可以變得更強的地方。所以現在讓我們按照接下來步驟，建立一份關於守紀律的檔案。

步驟一

首先請試著簡短描述，對你來說**理想或最佳程度的守紀律**會是什麼樣子。想一想你過去的表現，並且具體描述你當時的表現，包括例行公事、動機、注意力、精神狀態、交易策略執行，以及採取的交易行動。

文字敘述不只可以清楚說明你正在努力的目標，更重要的是，還可以讓你更輕易找出紀律正在被破壞的微弱訊號。當問題還很輕微時，比較容易恢復紀律。所以接下來有一些問題，可以幫助你想一想何謂最佳遵守紀律的意義：

- 你的決策過程和執行方面有哪些獨特之處？
- 你如何面對損益的起起伏伏？
- 描述一下你的注意力、動機和精神狀態。
- 描述一下在起床後、開盤前、收盤後以及睡覺前，你每天都做哪些事情？
- 在什麼情況下你會守紀律？
- 如果你從未達到那樣程度的紀律，那麼你實際的巔峰狀態會是怎樣？

步驟二

在接下來的幾週，格外注意**紀律受到破壞時的情況**。檢查並寫下那些關於不遵守紀律的訊號，包含以下：

- 想法
- 情緒
- 令你大聲說出來的話
- 行為
- 行動
- 你的決定的變化
- 你對市場、機會和目前部位的看法的變化
- 交易錯誤

利用電腦或手邊的筆記本，一邊交易一邊寫下這一天的觀察紀錄。等到收盤後再回顧你這一天的發現，並補上其他的細節。盡可能寫下完整的內

容。記錄那些不常發生的事件也沒關係。另外，請別忘了當你不遵守紀律時，正是時候找出當下正在發生的情況，以及瞭解發生的原因。所以這裡我提供了一些問題幫助你開始寫筆記：

- 哪些情況通常會使你不遵守紀律？（比方說，當你感到不耐煩、無聊、三心二意、懶散的時候。）
- 比起你應該要做的，你反而會去做哪些事情？
- 這種情況多常發生？
- 在哪些情況下，你最有可能缺乏紀律？是當你面對獲利還是虧損時，會發生比較多問題？在特定類型的市場嗎？在開盤時、盤中，還是收盤時？在收盤後，還是開盤前？
- 睡眠、飲食和運動的變化會有多大的影響？
- 當你不守紀律的時候，你會找什麼樣的藉口？
- 紀律崩潰時的第一個訊號是什麼？

比方說，你不能對這個問題置之不理。你知道自己需要暫時離開，但你仍盯著螢幕，一邊看著損益上下起伏，一邊打算進行更多的交易。或者，當價格波動不太時，你會感到無聊，開始玩社群媒體，而錯過了應該要把握的機會。

也許在某一天經歷嚴重的虧損以後，你睡也睡不好，隔天早上就草草看過開盤前的數據而已。睡眠不足加上準備不周，導致你更容易衝動行事、追逐價格，並且隨機執行策略以外的交易。

切記一定要留意這樣子的訊號和模式。別忘了這是一個反復的過程，所以當你找到新的細節時，即便只是些許的調整，也一定要記得寫下來。當你有機會進步時，任何一個小細節都很重要，都可能帶來不可小覷的改變。

步驟三

當你得到更多細節後，接下來要**依嚴重程度來整理這些筆記**。用層級一到十來區分每一條細節的嚴重程度，層級十表示你徹底遵守紀律，而層級一表示你幾乎破壞了所有紀律。找出每一層級中，明顯與其他層級不同的細節。

在你區分其中差異時，還要把這些細節分為兩種：心理與情緒面的紀律問題，以及技術面的紀律問題。這些分類的層級數會是一樣的，所以層級十的心理與情緒面的紀律問題，會對應到層級十的技術面，以此類推。

你可以不必寫出這十個層級的所有細節。與我共事的交易者之中，大部分的人都無法如此清楚地區分自己的紀律模式。每一層級至少要寫出三項細節就好，然後你就能得到像以下的模式圖：

守紀律程度

描述你在不同的守紀律程度時，會有哪些想法、情緒、會說的話、行為和行動。至少完成三個層級。

層級十：精神充沛、全神貫注，等待著機會自然出現，而且不那麼在意金錢。

層級九：

層級八：想知道為什麼沒有效果，並試著說服自己它仍然有用處。有點緊張，忍不住開始抖腿。

層級七：

層級六：

層級五：心跳加速。移動滑鼠的速度變得更快。在意其他交易者的看法，並想尋找有新聞價值的東西。想著該怎麼做才能讓今天轉虧為盈。

層級四：

層級三：

層級二：我知道我應該要暫停一下，但我就是辦不到。每隔十分鐘就確認一次損益數字。覺得身體很癢。

層級一：

技術面的守紀律程度

請試著依不同的程度，描述決策的品質，以及個人對市場、機會或目前持有部位的看法。

層級十：只在我預先決定好的價位出手，並能夠讓交易慢慢發揮作用。

層級九：

層級八：難以了結虧損部位，並且希望比我的策略更快進入新的價格位置。

層級七：
層級六：
層級五：出於正當理由勉強交易，但不是我的理想交易。
層級四：
層級三：
層級二：過度交易。隨便進出市場，並且移動停損（利）點。
層級一：

以這個例子來說，不耐煩是主要的問題。然而，如果你有不只一種紀律問題，你可以把其他問題的紀律模式補充在同一份文件中。

現在這就是你的起點，開始深入研究紀律問題的根源，找出原因並制定策略來升級你的C級心理戰。

不耐煩

不耐煩的程度可大可小，而且會出現在微觀和宏觀兩種層次。回想一下你在面對價格回檔的時候，以及當市場缺乏機會的時候，你有什麼樣的感覺？也許你已經厭倦等待，不能繼續置之不理。你如此渴望執行交易，於是便找了一個理由去進行一筆平庸的交易。或者，看著價格離你的目標價如此接近，令你實在難受極了；上下跳動的價格讓你抓狂——恨不得現在就能達到你的目標價！這就像看著隊伍陷入拉鋸戰的球迷，於是你直接關掉電視，只是為了消除緊張感。

也許你太快做出決定了——看到別人都在執行交易，你也迫不及待想要加入。你沒有利用足夠時間好好管理風險，加上對市場價格波動的過度反應，讓你開始追逐價格。這些都是在日常交易中，在**微觀層次**出現的不耐煩訊號。

你可以很清楚知道這些在微觀層次上出現的不耐煩訊號，但到了宏觀層次你卻沒有意識到。當交易生涯平靜無風時，或者很想快速賺到大筆財富時，你會變得不耐煩。你會對學習過程感到不耐煩，總是希望自己能馬上學會，或者比實際上更快學會。或者，你無法容忍新策略或系統不利於避開價格回檔，所以你總是在尋找新的策略或系統。

至於在**宏觀層次**上，不耐煩的訊號包括相信你可以讓機會出現（另一種的控制錯覺）、生來就不相信或懷疑你的整體策略，以及忽視自己是怎麼賺到錢的。

這本書所談到的所有情緒問題，都是導致不耐煩的主要原因，其中最值得注意的是貪婪、害怕錯過，以及情緒失控。你絕對不能坐視不管，任由自己隨心所欲執行交易。在做決定的時候，請適時考慮所有關鍵因素，因為情緒就像是個壓力鍋，讓你覺得自己不得不採取行動。

如果把不耐煩當作是一種紀律問題，你無法利用強迫自己有耐心，來克服這個問題。耐心是過程中的副產物。當你可以徹底掌握過程的時候——無論是建立職業生涯、執行交易，或者修正心理戰的問題——你才會自然而然地做到不厭其煩。倘若沒有潛在缺陷會改變你對那個過程的看法，就表示你已經沒有不耐煩的問題了。

重點是，當有人已經告訴你「要多點耐心」的時候，他們是在建議你放慢速度，慢慢來沒關係。但那不是你應該做的。因為維持程序是成功的必要因素，所以你應該要盡快完成程序。不妨想像有一條組裝線，因為生產的速度太快，結果有些最終產品的零件遺失或損壞了。另一方面，你也不想要生產速度慢下來，因為這條組裝線必須滿足其配額。

當不耐煩導致你的決策過程中斷的時候，你的解決方法不能只有「放慢速度」，你需要訓練自己主動思考，當你不耐煩時，過程中有哪些通常會被遺漏的地方。對有些人而言，這項建議不太實用。你有自由做出決定。但當不耐煩的情緒出現時，可能表示你的策略有漏洞或弱點。例如，你可能不知道為什麼你現在的做法是對或錯的原因——這就會導致你感到不耐煩。

試著問自己：為什麼覺得需要加速進行？是什麼在催促或強迫你加速？如果單純是出於競爭心態，也許你並非真的感到不耐煩。也許只是從沒你那麼積極的人那裡聽到的評論，才會讓你覺得自己有必要再快一點。

另一個原因可能是，你希望能立刻獲得技能或能力。表面上，你很努力學習，但在你的內心深處，你希望自己能免於學習過程中的起起伏伏。

有的時候，交易者太過於渴望成功和賺大錢，以至於他們不會考慮職業壽命，以及必須鞏固自己的基礎技巧。但請你想一想。你希望能突然賺得盆滿缽滿，接著又得面對全數賠光的高風險，就像一道突然出現的閃光嗎？還是，你寧願走保守路線，以時間來建立市場優勢呢？有的時候，交易者急著確保財務安全，卻沒有意識到這份安全感也來自建立一套能創造並且維持市場優勢的流程。

厭倦

厭倦是缺乏機會的訊號——無論是執行交易的機會，還是學習和發展的機會。或者，當你已經精疲力盡，且缺乏平時的注意力的時候。

當你對執行交易感到厭倦的時候，可能表示目前的市場條件不利於你的策略或系統。因此，你會拒絕機會，或者變得格外冷漠。與其不在意所有事情，你應該要適當地擴大自己的期望。

然而問題是，我們的大腦只有開或關兩種模式。在那種情況下，當機會大幅減少時，我們就很容易過度反應。當機會的數量突然間減少了百分之五十，你會感覺好像什麼都沒有發生，而且你甚至不應該進行交易。於是，你的大腦對找機會不感興趣，所以你錯過了交易的機會。

雖然很難計算錯失機會的成本，但它們確實會產生成本。你需要保持思緒敏銳，才可能將它們納為己用。沒錯，你可能賺不到自己應該能在一般市場上賺的那樣多，但總是聊勝於無吧？你現在所賺到的，在情況反轉時就能成為你的彈藥，不是嗎？

從這個角度來說，你就很容易過度反應，並且認為自己無能為力。雖然你人在那裡，但是心卻不在。所以關鍵是將心態從先發四分衛，轉變為候補四分衛。假設輪到你上場，你只需要做好準備。要記得，你之所以會假設自己無能為力，是因為你知道接下來會發生什麼事了——但其實你不知道。對有些人而言，他們需要提升自己的注意力，或者心理活動。你需要將注意力或心理活動視為一項技巧，並加以培訓。

首先，寫出你的準備狀況以及感覺等細節。比方說，有明顯投入精神的感覺，但不會過度強烈，有參與感且不會感覺有距離感。然後，在你感到厭倦的時候，要求自己弄清楚自己該如何在這類的市場上獲得更大的優勢。哪些小事情是你可以做的？

集中注意力於能維持思緒靈活的事情上。像這樣的市場循環會一而再再而三地發生。如果每次都能找到進步空間，你就能找到厭倦的解藥。你無法改變市場，但你可以改變你自己的操作方式。

這項建議讓麥可受益良多。在美國從事能源交易的麥可，於二〇〇四年創立了自己的基金公司。每隔幾年，他都會經歷一段覺得投資交易特別枯燥乏味的時期。在我們開始培訓之前，他會誤把這些時期當作是自己疲倦過頭了，所以他會給自己放假減壓二至六週，讓自己充飽電再繼續努力。

然而，經過許多年碩果纍纍，麥可發現有些事情變得不一樣了。與其休假充電，他更想離職不幹了。過去他覺得忙碌且充實，現在的他只會感到索然無味。其中一部分的原因是來自於市場。大約在二〇一四年左右，天然氣市場的波動性和流動性已經進入尾聲，市場已經不如以往那樣熱絡。他每天執行的交易筆數，從一百多筆減少至二十筆。風險或報酬的機會也變得比較少，這樣的交易氛圍讓麥可開始思考是否應該退出市場。

結果，默默扼殺熱情的原因不是機會愈來愈少，而是他以為什麼事情都不會發生。雖然麥可人在現場，但要是機會不夠多，他在心裡就已經先放棄了。直到我們把這件事情談開後，他才終於重新調整自己的期望。

當然，每天的交易筆數減少百分之八十是很多，但二十也不等於零。他承諾要在每天早上，努力並認真參與開盤後前幾個小時的市場交易，要是什麼都沒有發生，他就可以結束這一天的交易，去做點其他的事情，例如做慈善志工或者其他投資。

藉由努力參與，讓他獲得截然不同的自豪感與滿足感，而且這些是只會從認真工作的過程中產生的感受。他很快就想起來，自己仍然喜歡投資交易。但要想長期維持進步，他就必須認可自己的努力。於是，麥可會從以下的方向，來為自己每天的表現打分數：

- 他有多努力工作
- 精神奕奕還是意興闌珊
- 對市場感興趣的程度
- 受到他人情緒的影響

每天都做一次評估，可以建立強而可靠的責任歸屬和責任感。即便那天的評估結果差強人意，麥可的心情也會比較好，因為他知道自己已經盡力了。只要他有在動腦思考並且參與市場，無論那一天的交易結果如何，他還是會認為自己是有生產力的，而且收盤後的心情也比較愉悅。

因為厭倦，導致過度交易

交易者對橫向整理或平靜的市場走勢，可能會做出截然不同的反應。因為厭倦，讓他們過度交易。在這種情況下，我經常聽到他們會說的話是：「我的工作就是做交易，所以不執行交易就感覺不對勁。我不能袖手旁觀。」有一股難以察覺的恐懼，讓厭倦對你的交易操作構成威脅。或者，由於過度自信或稍微感到絕望的時候，使你認為自己有必要執行交易。

如果厭倦令你想要過度交易，你必須深入探究其原因。你是不是失去理智了？你是不是擔心這個市場能持續走多久，為什麼你是唯一賺不到錢的人，或者你的目標或獎金受到影響了嗎？如果厭倦使你想到這類型的問題，那就能歸屬於紀律問題，而是跟恐懼有關，所以你應該回到〈恐懼〉這一章去找答案。

過度交易也可能是因為過度自信。你以為自己可控制交易結果和獲利，以及必須始終持有部位，這就是沮喪的訊號，也就是缺乏自信。所以請回到第七章〈自信心〉。

找出具體的方式改變你的決策過程。那麼當交易令你感到厭倦的時候，你就可以利用這段期間來強化自己容易犯錯（如過度交易）的弱點。比方說，考慮整體市場的背景。如果當你感覺厭倦的時候，你也不會以整體市場為考量，請試著訓練自己這麼做，藉此培養自己的直覺思考習慣。

我不是要你要對整體市場有完美的理解，還是要你可以自動做出完美的決定。我的意思是，你可以訓練自己去思考在厭倦的時候不會考慮的因素，從而提升決策的過程。其真正的目的是幫助你避免過度交易。

認為沒什麼事情需要學習

你會感覺意興闌珊，也可能表示缺乏學習和發展的機會。但你說呢？哪裡都有學習的機會。在那些時候，你只是不清楚這種感覺意味著什麼。我們總是很容易為了自己正在努力改善些什麼事情，或者是為了適應市場而採取新的策略，所以變得太鬆懈了。你之所以會感到意興闌珊，是因為你沒有受到挑戰。

也許交易對你來說很輕鬆。如果是這種情況，當你感到厭倦時，就表示你還有多餘的心力，可以從事更多的活動。此時你可以查看你之前想從事但尚未付諸行動的其他交易。

投資交易是動態活動，而且市場會不斷改變，這正是大家喜愛市場的主要原因之一——每一天都是嶄新的一天。總是有空間發展新的優勢；投資交易日新月異，總有可以學習的東西。想一想應該如何加以運用你多餘的心力。

因為倦怠，而感到意興闌珊

厭倦可能表示你累過頭了，如果是這樣，唯一的辦法就是延長休息時間。倦怠很容易被忽視。當你比平時還沒有精神時，你可能覺得自己是懶惰或者找理由。

你需要的是找出幾項關鍵因素，藉此區別自己是太疲倦了，還是有其他的紀律問題（例如懶散）。絕對不可以盲目地督促自己。當精力燃燒殆盡，就像你的肌膚有燒燙傷一樣；雖然有程度區別，但是情況愈嚴重，所需的復原時間就愈長。

真正的精疲力盡的最大指標之一是，你會厭倦交易的重複特性——你感覺投資交易變成一件苦差事。你已經失去平時躍躍欲試的感覺。可是如果你變得懶散，你更可能找理由，並且把時間用來做其他的事情。比方說，當你變得懶散的時候，你做交易的時候沒有問題——執行交易仍令你感到躍躍欲試——但一想到要研究或分析交易，就讓你感到痛苦不堪。但當你精疲力盡時，投資交易這件事情就會變得沉重——或者看似乏味無趣。

再說得更清楚一些，倦怠不是永久的，也不是什麼壞事。我很樂見你讓自己稍微疲倦一點也無所謂，因為這表示你已經觸及極限了。如果你從未感覺到倦怠，你就無從得知自己還有多少空間可以發揮。懂得辨識倦怠的訊號——例如意興闌珊——是一種重要的技巧。這讓你懂得盡可能努力工作，並且知道何時需要停下來休息。

以交易結果論英雄

交易結果當然很重要。但當你過度注意結果使你中斷交易過程的時候，問題就會出現——最後，你太在意當天的獲利、太早停利、尋找暴利的機會、忽略自己的政策，並且（或者）不按照自己的系統或策略執行交易。這些通常是出於某種情緒原因，但從紀律的角度來說，你只不過是認為結果才是最重要的。

總歸來說，你用賺到的金錢來決定成功，當交易結果佔據了你這一天的焦點時，你很容易忽略了賺錢的方法。這是一種干擾。你被閃閃發光的東西——也就是你的損益——分心了。你不顧決策過程的要素，例如風險管理，選擇優勢較小或甚至完全沒有優勢的交易去做。你不顧自己缺乏經驗，直接跳入另一個新的市場。你忽略了決策過程。

結果與過程的目標應該相輔相成。結果是終點，而過程的目標決定你到達終點的方式。美國在一九六九年登陸月球，就是一個很好的例子。[9] 在美國和蘇聯之間的強烈政治背景下，甘迺迪總統找到了一個更可能由美國領先完成的目標，雖然極具挑戰，但美國絕對有能力獲得「勝利」。

在一九六一年，他設定了一項目標，美國將在十年內登陸月球。在他正式宣布以前，大部分的科學家都認為人類不可能辦得到。但隨著賭注增加，科學家、政府和私人企業通通都在想辦法實現這個目標。

該如何建造一臺可以在月球上降落，並且返回地球的太空船？該如何訓練太空人在太空中航行？該如何讓四十萬人一起合作完成這項壯舉？需要完成數不清的步驟，或者以過程為主的目標，才能鋪平這一條道路，實現人類登上月球並返回地球。

提升自己對過程的注重，以及如何實現崇高的目標（儘管比不上甘迺迪總統的目標）。如果你變得太注重交易結果，其中一個原因可能是，你還沒有搞清楚實現目標的過程；比方說，建立明確的決策過程、制定有效的開盤前及收盤後例行工作，並且減少情緒失控。這類型的目標有助於轉移注意力，從交易結果（或者當日損益）的起伏，到創造收益的過程。

說得更清楚一些，你不必消除結果目標。我不是要你停止注重交易結果，而是以更有紀律的方式，去實現那些目標。賺錢依然是我們的長期焦點，但賺錢的方法是我們短期的主要焦點。要做到這一點，我們必須增加過程目標的重要性。

我們每天參與交易就已經是為了賺錢，但在做出一連串糟糕的決定之後，沒有人會選擇依靠運氣來賺錢。無論你有沒有發現，你會格外注重過程的品質。當以過程為導向的目標提升了，你的注意力就不會被結果支配，特別是在投資交易時。你也可以想成是，將目標多樣化，藉此控制自己要在短期內達成交易過程的目標。

當你覺得決定如何實現過程導向的目標時，這些目標就會變得更具體、更詳細。假使你的目標是改善紀律，請定義出你該如何實現這個目標；比方說，具體找出從A級到C級紀律心理戰的模式圖、讓自己及早辨別紀律崩潰的訊號，以及當下積極修正問題。那麼，即便當你感到疲倦，或者陷入困境時——這兩種狀況發生時，會讓你更難以守紀律——你就會看得見原先以結果為導向時被忽略的進步幅度。久而久之，為了實現結果目標，你會更努力實現過程目標。你有多渴望達成結果目標，就會更努力讓過程目標成真。

過程導向的目標在一些行業（例如投資交易業）尤其重要。在執行投資交易時，變異因素會讓你更難以掌握獲利結果。如果在收盤後，雖然你沒有達到獲利目標，但是現在你已經能夠維持注意力五個小時，專心地按照策略執行交易，並且貫徹你的例行工作，那麼至少你知道自己有進步，並且已經控制住你能控制得了的事情。

一心多用

如今的社會充滿太多吸引人注意力的事物，交易者也難以倖免於難。事實上，在某個程度上來說，交易者會特別容易分心。為了解讀並利用機會，你必須懂得從各種資源中挑選資訊。

然而，當面對龐大的資訊時，我們很容易被不相關的資訊影響交易決策。雖然你已經打開圖表，可是你還試著做其他的事情，結果你做出一項低於標準的交易，因為分心導致你沒能做出適當的判斷。

你也許不認為自己會被分心影響。但這裡有一個很簡單的方法來說明我們經常會一心多用：請你一邊閱讀接下來的內容，一邊感受你的腿靠在椅子上的感覺，或者你的腳掌放在地上的感覺。要求自己感受腿部或腳掌的感覺，同時仔細注意你閱讀的內容。看看你能不能注意到你的思緒正在不斷切換，一下在思考文章，一下在感受雙腳上的感覺。

你是否發現每當你切換一次注意力，你就會遺漏掉另一個注意力焦點的資訊？雖然你的雙眼從未離開過，但你卻一個字都沒有讀進去，而且甚至得回頭再讀一遍。每當你把焦點放在閱讀上，你就失去對雙腳的感覺。

想像這種分心的狀況發生在交易時。每一次你打開推特、簡訊，或者開啟與交易無關的對話時，你就無法獲得有利於交易決策的相關數據。

注意力又可以分為兩個部分：專注及專心。雖然人們經常將這些名詞當作同義詞使用，但它們之間有一個重要的區別。**專注是指注意力的方向**，由你的目標、需求、動機、興趣、優先順序和價值觀決定。**專心是指注意力的多寡**，通常取決於你的精神狀態。

如果這些差別仍不足以區分，想一想其他人是如何討論注意力的話題。當有人說「專注一點」的時候，他們是告訴你要把注意力放在某個地方。當有人說「專心一點」的時候，他們希望你增加注意的程度。這個區別很重要，因為我們有兩種方式來提升注意力——讓注意力有更好的方向感，以及增加注意力的分量。

專注

想像你在一間黑暗的房間裡。隱藏在黑暗中的，是在生活中不斷爭奪你注意力的不同領域：投資交易、家庭生活、推特、貓咪影片、點擊誘餌（click bait）、運動、一頓美味的餐點、下次旅行的目的地、等一下要去領乾洗衣物等等。你可能感興趣的所有事情都可能會出現在這個房間裡。你現在看不見它們，是因為房間是暗的，但它們都在那裡面。

現在想像你打開手電筒，就像你一早睜開雙眼，開始了新的一天。你用光線照亮四周，以確認你所在的位置，以及瞭解你所有的選項。然後就到了選擇的時刻。你決定要做交易。這時候手電筒便會照亮那個方向，以及所有能促進你獲得成功的事物：你的例行工作、開盤前的確認事項，以及交易日誌等等。

因為被手電筒照亮了，你馬上就知道要把注意力聚集在那裡；同樣重要的是，其他不相關的事情仍然隱藏在黑暗之中——手電筒的光線照不到的其他選項。投資交易成為了你的整個世界，因為其他選項都是看不見的。

這就是目標的力量：將你的注意力投向正確的方向，並阻擋其他無關緊要的事情。讓你的目標或動機來引導注意力的方向，藉此收集必要資訊以進行決策。

但是，在交易盤中時，你的注意力實際是什麼樣子的？你的注意力會停留在對的地方一個小時左右，然後像沒電的電池一樣消逝嗎？或者，像一道寬廣的光束，一下就能照亮許多物體？還是一道狹窄的光束，只能跳躍性地照亮物體？如果你的目標不是最新的，如果目標缺乏深刻的個人意義，如果目標太過於天馬行空，或者缺乏清楚的細節，你的注意力將永遠無法達到真正可能達到的水平。再者，無論你使用什麼策略來解決注意力問題，那些策略都只是權宜之計而已。

你希望注意力完全花在你想注意的事情上。問題是：當你在執行交易時，為什麼你被較不相關（甚至毫無關係）的事情吸引？這就說明了，你太輕易被分散注意力了。

如果你仔細觀察自己會選擇將注意力轉移到其他地方的動機或原因，你會發現其中的矛盾之處。你明明知道投資交易會佔據你所有的專注，但因為你想要把注意力的手電筒照亮別的東西，而影響了你對正確事情所聚集的注意力。

比方說，假設你發現自己無法停止注意其他交易者在推特或任何交易群組中分享的交易想法。這是為什麼？也許是你想要找點樂子，或者想要豐富社交圈。為了讓自己保持專注在圖表上，以及保持專注的紀律，你必須解決為什麼在盤中會想轉移注意力的原因。請利用心理手牌紀錄，瞭解這個衝突的原因。

這個觀點讓布萊恩受益良多。還記得我們在第三章認識到，那位來自加拿大的布萊恩嗎？他的毛毛蟲範圍太廣了，所以藉由減少犯錯的想法，加上實現崇高目標的架構，幫助他迅速辨識並修正貪婪和恐懼的問題。雖然這些問題都已經解決了，但他還需要處理注意力的問題。

他更早之前處理情緒的方法是拖延、分散注意力，以及思考未來。他的大腦經常在運動、財務或想像理想生活的模樣，這三者之間遊蕩。隨著貪婪和恐懼的問題消失之後，我們打算改善他的注意力。首先，我們的策略是每當他覺得自己太不專心時，他就會讓自己休息五分鐘，剛剛好一秒鐘都不能少。他以前也曾用過這個策略，但是他會消失超過五分鐘，而且通常是在收盤後的時間。以前的他不知道該如何將注意力收回到圖表上。

一開始他用番茄工作法（Pomodoro Technique）來管理時間，每隔二十五分鐘休息五分鐘。在休息期間，他會先記下自己心裡的想法，然後讓自己放鬆幾分鐘，才開始準備回到剛才的過程、集中注意力，並執行下一個二十五分鐘的期間。番茄鐘真的幫助他重啟注意力。

另外，我還請他記錄一整天的分心情況，每當他的注意力不在最佳狀態時，他必須寫出自己的解釋。那些分散注意力的事物有很多種，從簡單的運動到迷失在社群媒體中，或者想像自己的未來模樣。

最後，我們發現他的注意力問題跟他求學的經歷，以及先前的工作經驗有關。他無論在讀書或者工作，都是個既聰明又勤奮的人，所以他一直以來都過得很順利，也獲得相當大的成功。他期望自己在交易這一塊也能一樣成功，儘管環境截然不同。投資交易的不確定性，以及缺乏穩固的架構，使他在學期間就有的注意力弱點暴露了出來。因為他從以前就不必太專注在課業上，也能全科都拿到A。

他的心理手牌紀錄透露出潛藏的問題：

❶**問題是什麼：**我相當期待我想要賺到的財富，以及我想要實現的目標。我經常設想未來我的收入水平，以及生活方式，包括環遊世界以及移居到加勒比海島上。

❷**為什麼會有這個問題：**投資交易能提供資金來源，讓我實現那種生活方式，可是投資交易很困難，而且是一場真正的戰鬥。這些想法讓我很容易從交易的困難中解脫出來，也容易讓我放下今天必須完成的工作。我總是選擇短期內比較舒服又輕鬆的方式去做。

❸**哪裡有缺陷：**我心想我可以實現我想要的成果，但實際上我卻什麼都沒有做。我在求學以及還在上一份工作時，我都很清楚自己必須做些什麼，所以我也期望我的聰明才智可以讓我得到我想要的，而且不必太努力就能辦到。我過去的經驗使我有錯誤的期望，我以為我肯定能像以前一樣成功。

❹**有沒有修正方法：**我需要提升過去的期望。這裡沒有任何事情有保證。我有很多信念，也有很多欲望。以前的我從未發揮全力，就已經能實現期望。想一想要是我能全力以赴，我就不只是現在這個樣子了！我必須接受投資交易

帶來的煩悶，並且專心致志。

❺ **為什麼這個修正方法有效：**我曾成功克服不確定性，但我並沒有為此感到欣慰。我需要保持專注，才能實現目標。如果我覺得舒適，就表示我做錯了。我要勇於冒險，失敗也沒關係，虧損也沒有關係。如果我逃跑了，我就會停止學習，也會剝奪自己實現夢想的機會。

總之，日復一日，他的專心時間自然超過了二十五分鐘。現在他已經能輕鬆集中注意力，直到被打斷。有的時候，他的注意力能持續長達數個小時，短則二十分鐘，然後他會休息五分鐘，再重新聚集注意力。

專心

現在你已經設定好目標，注意力的方向也已經校準了，矛盾也被消除，接下來就是專心的部分。加強專心跟增進紀律的整體概念沒有什麼不同。專心就像一個耐久零件所需的能量。許多人一開始活力充沛，但很快就消耗殆盡，因為你缺乏與目標之間的連結。理想上來說，你必須對自己的目標瞭如指掌。

另一方面，有些人的耐力不好：你就像是身材不及格的運動員。為了強化你的耐力，你必須設計一套鍛鍊計畫，來增加高品質專注力的續航力。正如運動員的訓練方式各不相同，交易者也是如此，所以設計一套適合所有交易者的訓練計劃才會如此困難。不過，最後你還是必須做最適合你做的方法。

那也就是說，對我大部分的客戶來說，每週增加專注時間的百分之十，效果會很不錯。不過，我的經驗是，大約進步四到六週之後，會有一週是完全沒有任何進展的。這樣的進步幅度聽起來也許很緩慢，但重點是找出持續進步的方法，而非透過靈感來讓你暫時有所進步。

既然稍早之前我們已經找出紀律問題，現在我們要更深入瞭解，你的注意力為什麼會被瓦解。請試著完成以下的步驟：

❶ 請列出你所關注卻沒什麼價值的所有事情，或者你認為會分散注意力的事情；比方說，交易群組裡的玩笑話、每日損益、持有部位，或者相關市場卻出現相反的走勢。

❷ 注意一下，你什麼時候會變得三心二意。比方說，你會在一開盤、盤中，還是收盤後想到上一題所列出的事情？

❸ 請將分心的嚴重程度區分為輕度、中度或重度。

❹ 從最嚴重的那些事情中，選擇其中的一或兩件出來。

❺ 當想要分心的衝動出現時，強迫自己在可行時間內集中注意力，但不要過度勉強——例如五分鐘、十分鐘，或者二十分鐘即可。

交易者往往想要一勞永逸，並且認為只要記住不要分心就可以解決問題。由於過度想要克制分心，他們會變得更衝動。這是在短期內可以預期發生的情況。你非常想要建立關於注意力的紀律，而這需要反復練習和累積經驗才能夠做到。

請試著努力保持專注五分鐘、十分鐘或二十分鐘，然後再次集中注意力，或者稍作休息後再次集中注意力。試著一次就要專注三、四或五小時以上，會容易令你感到吃不消。把時間縮短一點，做起來也會比較容易，這跟運動健身也是一樣的道理。

你可以嘗試的另一種做法，是我稱之為「為完美做準備」的實驗。對於容易分心的人，或者你的注意力會受到之前的情緒問題所影響，這個實驗會很有幫助。如果你已經有段時間不曾集中注意力，並且已經忘記全神貫注是什麼感覺的話，這個實驗也會很有用。

這個實驗的目標在於創造最佳條件，促進你在交易時發揮最集中的注意力。想像下一次的交易時段，會是你人生中最重要的一段時間。你會採取哪些步驟來確保自己有完美的注意力？這只是一個實驗，所以請放手一試，不要擔心你是不是能規律地按照那些步驟去做。

想一想你需要哪些事情才能得到最佳的注意力——睡眠充足、理想的飲食、適當強度的運動、遠離社群媒體二十四小時等等。然後實際去做那些你認為有必要的事情，即便那意味著你需要花幾天的時間來做足準備。

這項實驗的目的是體驗最佳注意力的狀態是什麼模樣。透過這項實驗，你會瞭解到自己需要付出多少努力，而且更重要的是，你會更懂得發現自己注意力不足的時候以及原因，然後發揮能力增加集中注意力的時間，例如每一次五分鐘、十分鐘或二十分鐘。

最後，我在這一段談到的都是關於改善當日交易時段內的注意力，不過這些概念和策略也適用於非交易時段。

懶惰

如果你直接了當地說自己很懶惰，那你真的是懶惰的人。你沒有去分析自己為什麼缺乏動力去做該做的事情，而是得出結論：自己就是懶而已，把懶惰當作一種無法治癒的疾病，或者無法改變的個性特質。懶惰會尋求這種類型的安慰。認為懶惰是無法改變的事情，這種想法非常方便。懶惰的人最喜歡做輕鬆不費力的事情。

如果你真心認為懶惰是永遠無法改變的，那麼就算懶惰只是你個性的一小部分，你做任何事情去改變這項特質都是不合邏輯的。然而，懶惰不是不可改變的特質。擺脫懶惰的習慣得靠努力才行，但我會幫你把這項任務變得更輕鬆一些。

你也許會認為懶惰等於零動力，但人要毫無動力這點基本上是不可能的。相反地，我們應該把懶惰視為一種強烈的動機，想要睡好幾個小時、看電視，或者心不在焉地上網。儘管這看上去只是替換了幾個文字，但這個方式是為了幫助你理解並解決懶惰的問題。

先不論懶惰是好或壞，懶惰其實也是一種你已經學會的技巧。你已經懂得不用應該的方式去做事情。比起學習如何變得更有效率，你學會了如何變得懶惰——而且你表現得很好。

在投資交易方面，懶惰比較會出現在跟交易有關的事情上，比方說檢視過去的交易紀錄、思考新的交易想法、閱讀相關研究文章，相較於執行交易的欲望。投資交易的激烈程度會帶給你有趣和刺激的感受。另一方面，分析研究則相對單調又無趣。所以你必須賦予它強烈的感受，令這件事變得有價值。當你可以輕易做到心不在焉，為什麼得研究或分析你所進行的交易呢？

懶惰的原因有很多種。也許你從很小的時候就已經這樣了，或者是因為你從來不曾督促自己追求卓越，還是你的環境對你來說不具挑戰性。我不是說所有懶惰的人都是聰明的人，但我已經遇過太多非常聰明的人，教育環境對他們來說太沒挑戰性，所以他們的工作習慣都很差。他們的付出已經足以達成目標，他們要不是很容易拿到A等成績，就是不用太認真讀書也能考進一流的大學。

跟一般的標準相比，他們不算懶惰。可是，相較於他們的潛力，他們懶惰的程度不可思議，而且以前養成的懶惰習慣延續到了今日。

當人們習慣的結構消失時，他們也會變得懶惰。跟家人同住、去上學，或者受僱於某間公司，讓你不用去思考該怎麼做；你只需要按照這個結構去做就好。而且直到這個結構消失之後，你才會發現它所帶來的價值。現在你得同時做兩件事——覺得要做什麼，以及付諸行動。這兩件事情看似平凡，卻能為生活或投資交易帶來挑戰，並且可能導致懶惰。

也許在你開始賺大錢，並且有了一些成功經驗之後，你不再感到任何急迫性。也許你本來對生活和交易生涯充滿動力。可是，你已經達成夢想的目標——無論是辭掉工作，成為全職交易者，或者實現財富自由——使你毫無預期地變得懶惰了。

這裡的問題在於，由於之前的勝利得來全不費工夫，以至於你認為可以這樣繼續下去，或者你只是沒有設定新的目標，或者還沒決定好去挑戰新的事情。如此一來，你之所以會懶惰是因為缺乏前進的方向。

還有一種情況是，有的公司會以投資交易很容易賺到錢，來吸引人們加入。由於那些交易者在進行交易前，已經缺乏正確的職業倫理，所以他們很難真正進入這個行業。投資交易是一件愉快的事情，不必像上班工作一樣。可是，我們很容易忽略獲得成功的方法。參與有效益的活動，並且遵守更嚴格的職場倫理，雖然一開始看似不有趣，但絕對比交易失敗、做一份平凡的工作，或者證明懷疑你的人是對的，還要更有趣得多。

而且，成功是令人高興的事，成功能讓我們在做必要但乏味的任務時，變得比較不痛苦。我並不是要說加班比跟朋友出去玩，或者請假去旅行還要有趣。但當那些決定能夠增加你實現目標的機會時，那便改變了做出該決定的條件了。

為了開始修正這個問題，你必須改變你看待自己的方式。你並不懶惰。你有充分的動機去做其他事情，勝於你應該做的事情。動機只是你在目標背後所擁有的能量。如果你可以更仔細觀察，你平常會避免做的特定習慣，以及被你取而代之去做的習慣，你就會發現你為什麼會偏愛做無效益活動的原因。

你也許正在改變懶惰是一種個性特徵的錯誤想法，正在破壞由別人來定義你的潛力的錯誤模式，正在學習為自己的結構負責，或者正在削弱投資的錢很好賺的錯覺。找出自己的動機，敦促自己朝願景前進。試著重新定義你從事交易的目標，或者你的職涯目標。

然後將重心擺在每一天的渺小決定上。一份清單是關於你應該做的事情，另一份清單是列出你正在做的事情。請多挑你應該做的事情去做，並且找出懶惰背後的原因，並培養做出更好決定的技巧：

❶ 請寫下你為了變得懶惰的理由
❷ 請寫下為什麼那些理由有瑕疵或有問題
❸ 請列出你可以做哪些有效率的事情，以及那些事情的價值為何

當你發現自己又分心時，想一想低價值且立即能獲得快樂的懶惰習慣，以及有效益的習慣所帶來的短期和長期價值。做比較不有趣的事情，在當下雖然比較乏味，但這表示你的未來將會得到更多的樂趣。在困難的時候努力工作，以後總有一天會變得輕鬆。不要再隱藏你的潛力了。去看看你能變得多厲害。

懶惰使人好吃懶做，所以你不能繼續自欺欺人地認為，懶惰是永遠無法改變的。你不能再好整以暇地說自己就是懶而已。也許那正是迫使你深入瞭解自己為什麼會養成這些習慣、模式或技巧的原因，並且開始建立新的習慣。

拖延行為

不斷推遲做重要的事情，就是拖延行為。當然，你可以做的事情太多了，比方說檢視交易日誌、研究新的策略，或者提升解讀圖表的能力。但把這些工作推遲到隔天再做，豈不是更輕鬆嘛。但問題是明天——對於你們這些厲害的拖延者來說——是永遠都不會來臨的。

你很懂得推遲今天的工作。但當明天變成今天，你還是不擅長完成工作——你擅長的是把工作推遲到隔天。你總是幻想著，明天一定會完成那些工作，但這是不可能會發生的，所以這個模式還會持續下去。

到了最後，你終於受夠了，你發現自己需要賺點錢，擔心自己被解僱，或者有其他的原因讓你覺得自己已經沒有退路了。那種情況反而會引發一瞬間的靈感，使你馬上進入拚命三郎的模式，心急火燎地完成所有之前被推遲以及逃避去做的事情。

遺憾的是，雖然你已經成功避開最糟糕的情況，但你有很高的可能性，會再次陷入這種陋習。拖延行為的代價是浪費時間和機會，那些正是你願意承擔的經營成本。因為這些行為似乎能得到報酬，因此你沒有理由要改變。但你卻在這裡，閱讀這本書。這說明了，你知道拖延行為會造成某種損害，而且現在是時候做出改變了。

如果你想要停止拖延的習慣，首先必須摒除「永遠都有明天」的想法，並且培養完成通常會被推遲的工作的技巧。直到最後關頭才去做本來早該做完的事情，這是因為你別無選擇，只能完成它。拖延行為不只會搶走你的選項，還會創造許多壓力在你身上，讓你集中注意力，並且激勵你的士氣。

為了打破這個循環，你需要勇氣和意志力，打破推遲的選項。要記住，今天做才會有改善，不只改善你的交易執行，還能降低你的拖延行為。今天是你改善的唯一機會。明天則為時已晚。

拖延行為的問題之一是，你在承受龐大壓力之下所完成的工作，會令你對自己的能力和能耐產生錯誤的感覺。顯然，如果你是為了準備與工作相關的考試，情況就不一樣了。但如果我們談的是提升自己投資交易的能力，那麼在那些情緒緊繃的工作期間，你幾乎都是在提升毛毛蟲前端的能力範圍。你無法提升C級心理戰。

相反地，你最後會遇到各種C級心理戰的問題，以及所有有關拖延行為的問題。修正拖延行為有助於縮小問題的範圍，並且以更可靠且一致的方式鞏固你的能力。

持續工作的能力不是一天可以養成的。正如我們之前討論的，先從你可以保證規律做到的事情開始，即使只是每天堅持五到十分鐘。當然你可以增加時間，但現在的你還無法維持那麼長時間付出注意力。

當你可以輕鬆地堅持五到十分鐘的時候，你就可以延長時間，並朝著最理想的情況發展。最後，你會發現比起推遲和臨時抱佛腳的行為，這是更可靠的方式幫助你建立並維持堅持的能力。

我們在這一章學會如何判斷你在處理的是情緒問題還是紀律問題，自律問題的各種訊號，還有紀律問題的出現方式。現在的你已經知道運用不同的方法，來對付自律所帶來的挑戰，包括追蹤注意力、時間管理的技巧，以及利用心理手牌紀錄。你應該已經能好好地鞏固紀律——或者，至少知道你需要採取哪些步驟來改善紀律了。

在本書的一開頭，我曾提到控制不是解決的辦法——而是決心。下定決心，才能使你不必總是得對抗貪婪、恐懼、憤怒、過度自信、缺乏自信，以及缺乏紀律的問題。相反地，當你徹底根除造成那些問題的表現缺陷之後，你的大腦就有空間可以專注在交易上，你才能想出賺更多錢的辦法。所以這一整本書的核心就是決心。

我們已經認識情緒和紀律問題，以及它們會用很多種方式影響表現，我們也知道如何辨識那些問題，並且找出根源，所以接下來，我們已經可以邁出最後一步了。我將會更深入探討大腦的運作方式，好讓你可以隨時修正問題，同時防止大腦否定你良好意圖的打算。

第9章

修正問題

「給他魚吃，不如教他釣魚。」

——佚名

現在你已經知道心理戰遊戲的問題會產生多少影響。一想到那些問題都可以解決，那是一定值得經過努力而得到的成果。

我能想像得到，有些人會對這本書到目前為止的內容感到不知所措，有些人則對這本書所提供的系統抱持樂觀態度。不過請放心，你已經知道如何辨識問題，以及修正反應。現在你應該堅定地將注意力放在解決問題的課題上。解決問題是你的終極目標，因為只有問題解決了，你才能將表現提升到另一個層次。

對很多人來說，找到解決辦法的過程並非一條平坦的道路，而且看起來會與你的預期不一樣。經過超過十五年的教練經驗，我從解決問題的過程中學到了很多。所以我特別撰寫了這一章節，無論你的起點在哪，都可以更輕鬆通過這個過程。

交易者通常認為他們所犯的錯誤，特別是心理和情緒錯誤，都應該很容易解決。你已經知道那些是什麼樣的錯誤，所以只要不犯錯就行了，對嗎?這看起來很簡單，但在發生錯誤的當下，要做到不犯錯可一點都不簡單。錯誤還會不斷發生，你還是會被激怒、感到龐大壓力、失去信心、失去動力、為逃避而分心、責怪隨機發生的事件、找理由藉口，或者出現兩種以上的反應。

所謂的愚昧頑固指的就是一遍又一遍地做同樣的事情，期待會產生不同的後果，你固執地相信問題很容易就能解決，但你的做法卻依舊沒有奏效。另外，現在你已經對情況有更多的瞭解，所以你認為，**我不能再犯下同樣的錯誤了。**

過了幾天、一週，甚至一個月，因為錯誤不再出現了，所以讓你產生錯誤的自信心。可是到了最後，錯誤還是又發生了，這一次你的情緒反應以往更激動。

這一章節能幫助你脫離混亂的循環。我們要深入大腦內部，瞭解大腦的運作方式，這樣你才可以避免大腦可能引起的問題。你將學會如何即時修正問題，以及如何將策略轉變為日常習慣，因為重複練習是解決問題的最大因素。最後，你將瞭解如何評估自己的進步幅度，以及有哪些常見的原因會阻礙你繼續前進。

現在讓我來看看，大腦可能會用哪些方式挾持你的好意。

失常的大腦

大腦的奧祕花幾年的時間都講不完。數不清的書籍和文獻都在講述大腦的運作方式，而且還有更多研究會繼續下去。不過你只需要一些關鍵原則就好。

人類的大腦是以階層式組成的。第一層的大腦負責最重要的功能，例如心率、呼吸、平衡，以及睡著和清醒的週期。還有你精通的技巧，例如騎腳踏車、輸入訂單等，也都由第一層負責。

大腦的第二層負責情緒系統，第三層是心理層，其中包含所有高階的腦功能，例如思考、計畫、自覺、組織，以及控制情緒。但這種分層制度有一個問題。

而且是很大的問題：**當情緒系統變得過度活躍時，便會關閉高階的腦功能。**

這就是為什麼當你的情緒太高昂時，你會做出糟糕的決定。大腦會阻止你正確處理資訊。所以當情緒過度活躍時，任何人都無法控制自己喪失高階腦的功能。

正面和負面情緒都會導致心理功能崩壞。比方說，你已經從第七章瞭解到，自信對表現來說很重要，過度自信也會造成問題。當你太有自信時，過量的情緒會湧進你的心中，影響你的決策過程。結果可能是你忽略某些因素，或者高估你的意見的準確度，從而改變你對風險的評估結果。

無論是哪一種情緒，都可能發生以下的情況：

- 當情緒就快沸騰——震驚、亢奮、狂怒——你感覺大腦一片空白，完全停止思考了。

■ 你的思緒轉得特別快，導致錯過了資料的關鍵部分，所以你的決定過程並不完整。

■ 你高估了一些因素的重要性，而且沒有考慮一些相關因素。

■ 你知道正確的答案，但卻無法獲得——就好像大腦在霧裡迷路一樣。

■ 你又開始過去的壞習慣，而且你很驚訝自己還會這麼做。

■ 你知道自己做錯了，但你無法阻止自己；就好像你被迫執行更大的交易，承擔過多的風險。

■ 你的注意力變得狹隘，你只注意其中一個指標，並忽略其他你通常會使用的指標。

■ 你找到一筆很肥美的交易，卻無法執行。

花一分鐘的時間，讓過度活躍的情緒關閉你的高階腦功能。如果你的策略沒有考慮到這一點，除了靠運氣之外，你幾乎不可能解決任何問題。

情緒與表現之間的關係甚至有科學原理佐證。葉杜二氏法則（Yerkes-Dodson law）指出，你的表現會隨著情緒升高時而提升，但只會提升至某一個特定的點。[10]

葉杜二氏法則（YERKES-DODSON LAW）

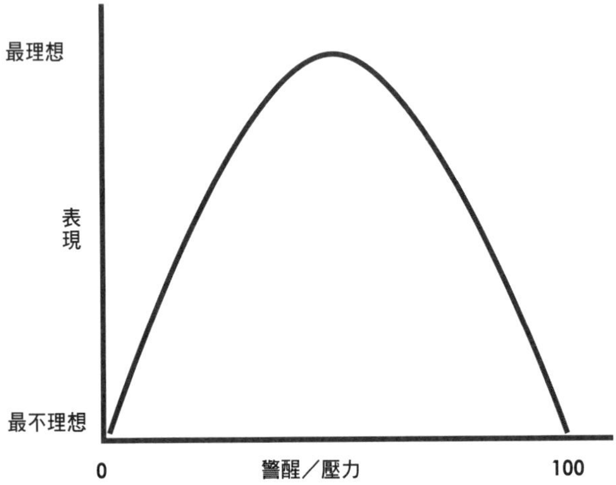

根據這條定律，你的門檻值是曲線右側的臨界點，從通過臨界點開始，你的情緒會變得難以控制。同時，你的表現會開始下滑，因為情緒系統會開始關閉高階腦功能，例如思考、決策，以及情緒控制。因此，你當下能發揮的知識和技巧會依照情緒的強烈程度受到影響。

當你離情緒的門檻值愈遠，你就會失去更多知識。最新學到的東西會最先被你的大腦拋開；愈在行的技巧則會愈晚才從大腦中消失。

你知道你的情緒已經越過門檻值，並且變得活躍，因為情緒已經開始危及你的想法、行動、觀點和決策過程。當然，每個人的門檻值都不一樣。這是非常個人化的標準。注意，當你的偏見變得愈來愈多的時候，你的決策能力也會受到影響，你會開始減少將特定資訊納入考量。

至於曲線的左邊，則是相反的情況。當你精神不佳或者情緒低落時，通常是在你感到疲憊、無聊、倦怠或缺乏紀律時，你需要提振情緒，讓大腦負責思考的部分開始運作。情緒是影響表現的關鍵。當情緒太激烈或者太低迷時，才會產生問題。因此，在這一章節要教你的心理戰策略，目的是為了讓你的情緒維持在曲線的頂端，好讓你的表現也更常保持在巔峰程度。

這個概念表面上看似簡單，但對於如此處理情緒問題有很重要的意義。既然你無法控制讓情緒系統關閉思考能力，你也不是真的無能為力——而是需要在這個限度內處理問題。

你必須開始控制情緒，避免情緒超過你的門檻值。所以時間點就很重要。如果你沒有在初期發現情緒上升，等到情緒變得太強烈的時候，你將陷入苦戰之中。

大腦的前額葉皮質負責控制情緒，也就是當情緒上升時，高階腦的功能之一就會被減弱。[11]此時是你最需要前額葉皮質發揮作用，但是它卻無法回應你。簡單來說，情緒會削弱你控制情緒的能力。而且當情緒上升超過門檻值的時候，你就愈不可能重新拿回控制權。許多交易者常常會在發現思考能力變弱之後，才開始試著控制情緒。這就像帶著水槍上戰場一樣。

無論是因為過度自信、憤怒還是恐懼，而導致高階腦功能被關閉，都會給交易者帶來龐大的後果。我們依賴高階腦功能來賺錢獲利——這是大腦中最有價值的區域之一。高階腦功能讓我們可以思考和權衡不同的資料來源，比方說既有知識、經驗、行動，當然還有即時的市場數據。

現在我們已經瞭解大腦會如何出現故障問題，接下來我要提供其他解決問題的工具給你。現在讓我們一起認識即時策略，透過這個策略把進步這場戰爭帶到前線。

即時策略（Real-Time Strategy）

所以你要怎麼做才能解決心理戰問題呢？你必須能做到**在問題發生的時候**，進行修正反應才行。

一旦你懂得辨識表現缺陷被觸發的時候，那就是暗示你要即時採取修正來反擊表現缺陷，才能迅速讓心理和情緒獲得更好的控制。這個系統更厲害的地方在於，只要你能即時做出修正，你就能重複一次修正過程，最後終能解決問題：一石二鳥。

要修正反應必須具備兩個條件，一是擁有正確的邏輯，二是確保該邏輯在你心中的定義清楚，而且強烈到足以立即阻止該模式的發生。

我們從第四章到第八章，都在繪製自己的情緒模式圖以及使用心理手牌紀錄，從而確定自己的修正方法——現在是時候使用那些修正方法了。所以，我接下來會說明的流程，總共有四個步驟。如果說明的內容令你感到不知所措，請不要太擔心，因為一旦你掌握住竅門，你就能輕鬆完成這個過程了。

這個系統最困難的地方，就在於學習修正你的反應。首先，你要發現缺陷，接著才是找出修正方法。但要真正地改變缺陷、偏見、希望和錯覺，你必須一遍又一遍地重複修正它們。不妨把自己想像成專業的運動選手，你必須專注地磨練技術，讓技術程度厲害到足以與對手一較高下。

現在你即將學習一種思考技巧。利用這個方式，你就可以懂得如何修正反應，從而提升並徹底修正缺陷，最後終於解決情緒的問題。當你徹底解決問題之後，你就不會再出現過去的反應，而是會自動地以沉著冷靜的心理，以最佳狀態去執行交易。

我會把這個過程比作伐木。你想要一把電鋸，但卻得到一把斧頭。對有些人來說，樹木很高大，你的力量很渺小，而且斧頭很鈍不鋒利。經過一段時間的努力，你變得更強壯，也學會如何磨礪刀刃。同樣的道理，為了成為一名成熟的交易者，你必須付出努力，別無他法。

步驟一：發現問題已經被觸發了

找出情緒升溫的模式，就能幫助你發現問題。正如我在第二章一開頭時所說的，你無法阻止或修正看不見的問題。現在你有機會利用情緒模式的地圖，來找出會引發問題的訊號。

直到你將情緒模式圖深深地刻印在腦海裡，當你身處在強烈情緒的情況中，就能輕鬆地回想起來。所以在那之前，你把情緒模式圖隨時放在手邊參考。

一旦你辨識出訊號，就是暗示你是時候進入步驟二了。

步驟二：擾亂動能

牛頓第一運動定律告訴我們，移動中的物體會一直維持其移動速度，直到物體受到外力作用。情緒模式就像一個移動中的物體。除非你試著去影響這個物體的移動，否則這個明確無誤的動能會讓你的情緒反應，朝著同樣的可怕結論的方向前進。所以當你發現情緒反應時，最好的辦法就是擾亂這個模式的動能。

擾亂的主要目的是為了建立反應與修正之間的區別，從而增加修正產生影響的機率。一旦你發現模式被觸發了，有四種擾亂方法可供你挑選使用：

■ **深呼吸：**這不是某種呼喚神降臨之類的深奧咒語。做一次深呼吸就足以產生區別效果，而且做法超級簡單，你甚至不需要離開辦公桌。深呼吸一口氣，讓空氣進入你的胃部，而不是你的胸腔。這個呼吸法的正式名稱叫腹式呼吸法，可以達到放鬆身體的效果。（不信的話你可以Google看看。）在做腹式呼吸時，將注意力放在你的呼吸上。你有多專注，就能獲得愈大的擾亂力量。如果你還不會腹式呼吸法，請花一些時間練習。一天練習幾次，或者一次練習一小時，同時想像你正在面對一些難以對付的情緒。練習在做腹式呼吸時，同時強化你對呼吸的注意力。經過一段時間的練習後，你會發現擾亂的力量變強了，只要深呼吸就能立刻阻止情緒升溫。

■ **寫作：**利用一些時間寫下你自己的想法、情緒，或者任何當下想到的東西。你可以用打字或手寫，依你的喜好都可以。

■ **站起來或走一走：**在情緒正激烈的時候，交易者為了釐清當下到底發生了什麼狀況，他們會自然地站起來，或者走一走。不妨試著結合這兩種做法，先去散步一會兒，然後再回來寫下你的想法。

■ **找人談話：**有些交易者喜歡跟同事吐苦水、上線上論壇討論，或者找其他同樣從事交易的朋友聊一聊。

你已經本能地做這些事了。這是因為你想把這些方法變成更可靠的技術，並增強這些方法的效果。如果你發現其中一項是你已經在做的，那麼當然要從那裡開始。當情緒反應變得更激烈時，你也可以結合更多的方法。比方說，深呼吸只有在情緒反應沒那麼強烈的時候才有用，當情緒更強烈時，就要利用寫作加上站起來，才能擾亂情緒的模式。

只有每週只執行幾筆交易的交易者，才有空間的時間可以擾亂情緒的模式。他們錯過有利可圖的交易的風險很低。然而，當你用這種方式讓自己更專心地管理情緒時，延長或重複這些方法顯然是次佳的作法。我們目標是隨著時間，縮短你需要離開辦公桌的時間。

另一方面，每小時要執行數筆交易的交易者必須建立更有效率的過程，以迅速擾亂他們的情緒模式。他們的目標是速度，所以這又需要額外的時間做訓練，才能讓你輕鬆地擇一運用。

步驟三：注入邏輯

注入邏輯是情緒導致執行錯誤的即時解藥。只要正確使用這劑解藥，它會是你最強的工具之一。注入邏輯建立在當人們面對心理戰問題時，他們自然傾向會做出的事情——為自己說明其中的細節——並將之轉變為一種可以被訓練的技巧。

思考能力是對抗情緒模式的主要工具，而且已經有無數心理學家在表現相關的研究中，證明「自我對話」多多益善。[12] 還有，關鍵在於使用的時間，要在情緒的程度還算輕微時，並且使用你訓練過的邏輯。

我們的目標是在每次開盤前，利用你寫出來的文字、排練過的內容，以及反省的結果，來產生一段簡短的陳述或短語，好立即影響你的情緒、防止次級情緒，以及繼續修正潛藏的表現缺陷。這裡我利用一些例子來加以說明：

■ **錯失恐懼症：**市場會不斷出現機會——我不可能通通一網打盡。

■ **害怕失敗：**有的時候，保持觀望的風險更大。

■ **厭惡虧損：**有時候獲利，有時候虧損——虧損是不可避免的——但只要我控制好情緒，即便發生虧損，我也要繼續執行我的交易策略，因為這麼做有利於長期獲利。

■ **因犯錯而情緒失控：**厭惡犯錯就是厭惡學習。如果我能從中學到教訓，那麼上一回虧損的錢是為了讓我可以獲得更大的優勢而付出的投資。

■ **因感到冤屈而情緒失控：**我也有運氣好的時候。尋找機會，並且堅持策略，這就是我長期獲利的方法。

■ **缺乏自信心：**我已經花了上千小時執行這個計畫。現在真的要為了一筆交易改變計畫嗎？

■ **過度自信：**我又在做白日夢了。幻想自己能從這筆交易獲利，但這不表示我真的能夠實現。我應該做好該做的事情！

■ **厭煩乏味：**如果我是為了交易而執行交易，這樣是賭博的行為，不是交易者應有的行為。

■ **注意力：**交易是一份工作。我要全力以赴，好比認真經營事業。在收盤後，我可以把注意力放在其他事情上。現在不可以不專心！

為了讓你的邏輯陳述是有效的，那它就必須有效用。你的邏輯陳述必須能描繪出，你在心理手牌紀錄中所記下的那些內容，並且準確地處理潛藏的缺陷，以及你為什麼認為有缺陷的原因。

正確的邏輯會讓你的情緒在當下就能感受到明顯減少。一開始情緒會緩和得比較慢，但你會發現差異。到了最後，你的邏輯的效用會變得非常明顯，讓你立刻就能感覺到變化。

為了注入正確的邏輯，請利用心理手牌紀錄的步驟二到五的內容，來製作一段陳述或一句短語。一開始寫出消極的文字也沒關係，例如像是「你不可能是完美的，期待完美只會帶來痛苦」。正面的文字有時候反而缺乏效力——不要有負面思考就是不好的想法。

另外，也不要拘泥於一開始就寫出完美的陳述。不妨多嘗試幾次，花幾天時間觀察看看陳述對你的情緒狀態有沒有影響。進步的標準是犯更少的錯誤。要記住的是，你沒有拿到電鋸，所以先試著揮一揮那把斧頭，並獲得一些反饋。

在某種程度上，你在早期的時候說過什麼並不重要——因為這時候反而有安慰劑效應的風險存在。有時候只要說出一些合理的話，就足以阻止你的情緒模式。才剛開始所以沒關係，但要記住，管理問題跟解決問題是不一樣的。

比方說，因為你認為價格會回升，所以繼續持有虧損部位。你明明知道期待價格回升是錯誤的希望，所以你會說，「希望不是一種策略；止損了結，然後再執行下一筆交易。」雖然這是合理的判斷，而且你也賣出該持有部位，可是你並沒有處理你之前不願意賣出的**原因**。

任何的邏輯陳述都會像前面所舉的例子。如果你的情緒持續反復出現，並且導致同樣的問題，沒有任何進步的跡象，表示你的注入邏輯還不夠深入，跟其他設計來暫時控制其他情緒（例如否定、逃避、分心或者降低敏感）的策略沒有任何不同。不要犯這種錯誤。深入探究你的問題，試著重新評估你的心理手牌紀錄，並設計一段新的注入邏輯陳述。

有正確的邏輯加上正確的使用時機，注入邏輯就能發揮作用。好好利用這個工具。要記住，注入邏輯的好處很多，其中之一是它能影響當下情緒，同時提升你的錯誤邏輯、偏見和錯覺，從而讓你更接近解決方案。不過，後者比較需要一點時間。你必須一遍又一遍重複這個過程，就像砍樹的過程一樣。

無論你的邏輯是什麼，邏輯都需要加以訓練。這就是創造強大的邏輯的方法，當你的邏輯夠強大，它就能劈裂那些情緒，讓恐懼、貪婪或者失去信心的情緒立刻減緩。在非交易時段多花一些時間，回顧你的心理手牌紀錄，以及邏輯陳述。把那些內容記在腦海裡，並且測驗自己。

當你練習深呼吸的時候，同時搭配邏輯陳述，所以這兩個步驟是要同時進行的。你不只要記住邏輯陳述的內容，還要記住背後的含義。你要在任何情況下，都能流利地背誦出你的邏輯陳述，在面對龐大壓力時也是一樣。只要邏輯陳述在你的腦海裡夠深刻，注入的效用就愈強大。

有的時候，正確的邏輯只是一個你已經很熟悉，但卻沒有訓練或正確運用的想法。所以當情緒讓你的大腦失常的時候，那些想法就消失了。它們不是太薄弱所以你記不住，不然就是無法對你的情緒狀態產生預期的影響。

這裡我提供一些點子，幫助你好好利用注入邏輯陳述：

❶ **使用自己的語言：**邏輯陳述或短語必須能反映你本人的說話和思考方式。確定你使用符合自己的語言。有效的陳述就是最完美的陳述，而不是聽起來很厲害，或者對別人管用的陳述。

❷ **延伸你的看法：**我有一些客戶會以修正方法和缺陷為中心，向外衍伸出主題和想法，進而構成一個完整的篇幅。然後每天開盤前，他們會檢視那篇文章，並從中挑出一句話、一段短語，或一個字，作為這一天的注入邏輯。對他們來說，邏輯的效用來自對問題和其修正方法，擴充而來的深入看法。

❸ **寫下你的短語或陳述：**用小卡、便利貼、word 檔案、手機或任何對你來說最方便的工具，寫出你的邏輯短語或陳述。這麼一來，當你大腦當機時，你就不必每次都得從記憶中找出這一段文字敘述。

❹ **利用聽覺或多媒體輔助：**你可以錄音，甚至搭配圖片、歌曲或電影剪輯片段，來錄製邏輯陳述。

❺ **每小時複習：**如果真的很難避免犯下嚴重的錯誤，不妨考慮每隔一小時、半小時，或者定時複習你的邏輯陳述。這個方法可以讓你更瞭解當下的情緒狀態，避免情緒累積，更快地讓情緒獲得控制，並且將傷害降至最低。

❻ **避免這些常見的錯誤：**如果注入邏輯不管用，通常是因為以下的原因：

- 當你的情緒太強烈，而且已經超過情緒門檻值的時候，你才開始使用注入邏輯陳述。這時候你已經很難仔細思考。而注入邏輯就是需要思考能力。因此，如果情緒已經削弱你的思考能力，試著注入邏輯就像腳踝已經扭傷或骨折，卻還想繼續跑步。當情緒還輕微的時候，你就必須開始注入邏輯了。所以你可能需要檢視你的情緒模式，找出更早期的訊號。
- 你的陳述還不夠符合你的表現缺陷。請回到心理手牌紀錄，再做一次步驟二和步驟三。為了做出有效用的陳述，你要弄清楚潛藏的原因。
- 累積的情緒瞬間湧入你的腦海，使你根本沒有機會使用邏輯陳述。
- 新的事情讓你感到不知所措。是原本的問題改變了，還是你沒發現問題被觸發了，或者你遇到了另一個新的問題。
- 你還需要多研究一點。邏輯的效用還不夠強。

最後，一定要將自己訓練到知道何時應該使用注入邏輯。要懂得辨別需要擾亂模式的關鍵時刻，好讓你可以主動修正情緒，而不是依情緒採取行動。

當情緒被觸發時，注入邏輯並且努力維持正確的觀點——比方說，當你正在承擔龐大或連續的虧損、錯失交易機會，或者價格就快到達你的獲利目標的時候。你所有的訓練努力都是為了這些時刻，好讓你更有機會修正反應並且防止犯錯。

以前當憤怒、恐懼或貪婪阻斷你的高階腦功能時，你就會交易失敗。關鍵在於延長失敗所需的時間，並且盡量減少執行時的犯錯。隨著你的經驗累積，以及重複進行，你的邏輯就會變得更強壯，而且雖然以前曾經失敗過，但現在還是有機會能派上用場。

動能對你有利。雖然你以前對情緒反應無計可施，因為你還不懂得如何阻止它們，但現在只有在新的情況或艱困的情況中，嘗試新的修正方法才可能會令你感到無計可施。

步驟四：使用策略性提醒

到目前為止，這個修正策略的重點在於修正你的情緒反應，好讓你更不容易犯錯。但更穩定的情緒並不代表你就不容易犯錯。一旦你的大腦運作失常，你的交易策略和技術也會跟著消失，很可能導致你不按照計畫或策略執行交易。

而策略性提醒可以保護你的決策過程，並且增加改善執行的機率。

給自己一個簡單的提醒，可以有效促進即時執行，同時訓練決策過程中較弱的部份。在找出你的情緒模式時，你已經發現決策過程會被改變的方式、標記出你通常會犯的錯誤類型、被你忽略的因素，以及你對市場或價格的觀點改變。所以當犯錯的風險很高時，你就可以利用這些資料來保護自己。

在製作自己的策略性提醒時，先考慮當情緒出現時會發生什麼情況，並從接下來的選項中挑選其中之一。寫下你自己的策略性提醒，並且把它跟注入邏輯陳述放在一起。以下是幾種策略性提醒的選項：

- ■**選項一：寫下你常犯的錯誤。**列出你容易犯的錯誤，並隨時放在一旁提醒自己要避免犯錯。只要我們一發現跡象，就可以利用策略性提醒，在短期內創造一些立即的進步。對有些交易者來說，要修正這些錯誤是很容易的，但直到他們實際做出修正，他們才會發現此一事實。

■**選項二：寫下整個決策過程。**有些交易者會認為這麼做很乏味，但有些人喜歡寫出所有細節。他們會利用這個機會，徹底闡述自己的決策過程，並且想辦法讓自己的決策技巧至臻完美，就像運動員鍛鍊技巧一樣。

■**選項三：寫下你沒考慮到的技術因素或數據。**如果你認為選項二太瑣碎，不如試看看這條捷徑。與其提醒自己決策的過程細節，不如將注意力放在被你遺漏的地方，並且強迫自己將之納入考量。

策略性提醒的目的是促進執行和決策。在心理和情緒面注入邏輯，並且在技術和策略面使用策略性提醒，就能讓我們事半功倍。本書側重的是情緒和心理面的訓練，而策略性提醒是在提醒你技術和策略，但因為策略性提醒有利於減少犯錯，所以也能直接納入本書的系統中。

做超短線交易的人就沒有時間使用策略性提醒。但即便你沒有時間使用它，也不表示這個策略對你沒有用處。事實上，策略性提醒也能成為開盤前的例行工作，接著當情緒突然在盤中出現時，這些關鍵因素就能促進你做好交易。

所以我們現在再回顧一次，完整的即時策略包括以下四種：

❶ 發現自己的情緒模式被觸發。
❷ 擾亂該模式的動能。
❸ 注入邏輯陳述以修正缺陷。
❹ 利用策略性提醒改善你的交易執行。

再強調一次，只要多加練習，這四個步驟不需要一分鐘就能完成。當你愈來愈懂得辨識並擾亂情緒模式，並且注入這些修正，情緒恢復的速度就會從幾天或幾小時，縮短至幾分鐘，甚至幾秒。任何技巧都一樣需要練習，雖然一開始會覺得自己笨手笨腳，但是熟能生巧。

問題總是再三地發生

在問題解決之前，同樣的問題會再三地發生，就像一隻不願離你而去的蒼蠅。要做好心理準備，你會不斷進行這四個步驟。有的時候，你可能會要重複更多遍。

而且每一個交易日都會遇到不同的狀況。

當你每天都參與交易，心理愈來愈疲乏的時候，你會漸漸變得難以正確運用策略，並且調整你的反應。很常見的情況是，雖然你每天一開始都覺得自己有成功的信心，但最後總是事與願違。

培養堅強的心態，來控制並糾正你的情緒反應，就像在鍛練舉重一樣：一開始從你可以舉起的重量開始練，然後慢慢增加重量。與其期待自己能在通常會退出的時候繼續交易，不如要求自己在五分鐘或者十分鐘以上的時間內，不要犯嚴重的錯誤。接下來，當你的心理變得更強壯時，再增加五到十分鐘。

當然了，五到十分鐘看似沒什麼，但就像第一次去健身房，你一開始能舉起的重量也是很輕。從小處著手，然後再鼓勵自己漸漸增加保持控制的時間。到了最後，就算情緒模式被觸發，其強烈程度也會降低——這表示你已經朝著解決方案的方向邁進了——而且即便是艱難的時刻，你也可以阻止自己在交易的幾個小時之內，不要犯嚴重的錯誤。

將停止交易當作一種短期策略

對於解決心理戰問題，只要你有明確的計畫，當你已經朝著解決方案邁進時，選擇停止交易也是一種可行的短期策略。沒有明確的標準來判斷何時才是最佳的停止交易時間；有的時候，你必須要鼓勵自己，而有的時候，你必須停止交易才能阻止心理或情緒的大崩潰。

培養這個技巧的目的之一是，當心理戰問題實在太嚴重到無法繼續時，你需要讓自己休息一下，或者停止交易。當然，有的時候你不知道自己的能力上限，直到你撞上天花板。我的建議是寧可暫時謹慎行事，也不要冒險。

按照本書所建議的系統，你的能力就會愈來愈好，但前提是，你不會把自己硬逼過頭。就像正在接受復健治療的病患，如果你操之過急，很可能會再次受傷。

建立有效率的例行公事

一旦解決了問題，接下來就是建立一致的例行公事，以及培養堅毅的注意力。

當你在開盤前做足準備，你就更容易執行好策略，並且做出改進。

另一方面，如果你失敗了，你會更容易瞭解失敗的原因，並從中學習教訓，從而獲得進步。實際上，你所建立的是進步的循環，幫助你充分運用每一個交易日。

暖身時間

運動員和注重表現情況的人都知道暖身的意義。雖然當我第一次接觸撲克牌時，我對打牌前要先暖身的點子感到非常新穎，但在交易方面就不一樣了。然而，我之所以會感到新穎是因為，暖身的點子或開盤前的例行工作，不只可以幫助你準備好執行交易的正確心態，還可以有利於準備修正你可能會面對的各種問題。

在實際運用上，暖身應包含回顧你替每一種情緒問題所建立的模式圖。這麼做可以增加你即時發現問題訊號的機率。你還需要複習心理手牌紀錄和注入邏輯陳述，來加強你對引發情緒問題的原因的認識，以及如何修正那些問題。

你也可以回想最近幾次遇到的棘手情況。想像自己經歷那些問題訊號的過程，深呼吸或站起來，然後利用注入邏輯陳述和策略性提醒。

基本上，暖身的目的就是讓你在心裡預演將採取哪些行動，來控制或修正問題。如果你已經準備好材料了，整個過程只會花三到五分鐘。注意一定要心無旁騖，並且將暖身時間列為優先事項。暖身不能只是做做樣子。

收操時間

對運動員來說，運動前一定要暖身、運動完收操是不可省略的步驟。而且他們會更專注於恢復身體狀態——接受治療、冰敷肌肉等等——來幫助身體復原和恢復。收操可以說是為了明天做準備。

身為一位交易者，你的收操過程可以包含記錄及分析交易結果，以及確認損益結果。此外，你還需要恢復自己的心理和情緒層面。比方說，補充細節到情緒模式中、寫下並發洩情緒以避免情緒累積，以及分析你的進步狀況。

你的大腦捕捉到了許多數據，包括關於每一個問題的情緒、想法和行為。如果你能努力捕捉那些細節，並且予以分析，你會發現你所花的五到十五分鐘，到了隔天將會非常有價值。

因為收操時間非常珍貴，不妨根據每一天的情況，參考接下來的建議做調整。

假如**你今天的心情相對平平**，雖然有出現問題，但是你處理起來相對輕鬆，而且可能沒有太多新的事情需要記錄下來。相反地，可以趁這時候思考或寫下需要改進的地方，從而提升自己。不要只關注負面的部份。例如，可以強調自己成功地修正了憤怒問題，尤其是當修正問題需要消耗大量的精神。

假如**你今天的心情相對激動**，不妨利用書寫來發洩情緒，然後再次閱讀這個情緒的心理手牌紀錄，或者寫一份新的心理手牌紀錄。這麼做有利於阻止情緒累積，還能增加修正的效果。

雖然不一定要在收盤後馬上開始這麼做，但我強烈建議你在收盤後三十分鐘內完成，因為這時候你的記憶猶新，而且狀態也還在情緒之中。這樣做的好處是，你不僅不會遺漏重要的細節，也能第一時間得到新的見解。

假如**你今天的心情特別濃烈**，你可能會想要發洩一下、沉浸於自憐自艾之中，或者享受這一天的快感，而你最不想做的事情，就是坐下來寫作。但為了恢復心情，以及準備好迎接隔天，你必須盡可能傾倒所有想法。這麼做的原因之一是，當你的問題已經到了最嚴重的地步，更容易發現問題的根源。

你可以不用寫心理手牌紀錄。只要像個偵探一樣，去挖掘數據。如果你太倉促，可能會遺漏解決問題的關鍵細節。

處理問題的時間

絕對不要到了開盤前，才開始整理自己的情緒模式、完成心理手牌紀錄、定義注入邏輯陳述，或者完成A級到C級心理戰分析。在開盤前，將時間用來檢視或修訂現有資料，而不是從頭開始製作資料。為了有效率地解決問題，請在進行研究、學習新概念或者做其他事情時，準備好這些工具以便在交易時派上用場。

我知道這樣增加了許多責任，但一天只有這麼多時間。也許你現在正在積極地提升心理戰，所以你會優先進行這些工作。隨著得到更多的數據，你的策略也會愈來愈完備，就可以減少處理問題的時間。基本上，你必須確保自己能不斷地處理問題，即便只需要你檢視或更新現有的資料。

評估進步情況

如果你希望盡可能有效率地解決問題，就必須知道自己有沒有進步。這顯然沒有表面上看起來那麼簡單，因為投資交易的不確定性，加上評估自己心理和情緒狀態的複雜性所致。

許多交易者常犯的錯誤是，以情緒來評估自己的進步。可是即便你有所進步，你在情緒上並不會感受到任何差異。比方說，現在的你可能還是會像好幾個月前那樣害怕進場交易。但如果你更仔細觀察，你會發現你的想法變得較不悲觀了，你比較不會猶豫不決，而且再也不會盯著看一分鐘K線圖上的每一檔價格跳動。那些進步的跡象在你的情緒上並不明顯——你真正需要尋找的是其他的訊號。

辨別自己有沒有進步很重要。你可以誤以為自己沒有任何進步——但其實有——而因此失去信心或動力，認為策略一點都沒有用。或者，假如你沒有進步，你也需要知道，這樣你才會去思考是什麼不管用。以下是心理戰的一些進步跡象。

你是不是更懂得辨識自己的情緒被觸發，並且能在情緒達到門檻值之前找出訊號呢？雖然你可能還不會控制或修正當下的情緒，但你已經看得出來情緒狀態。即使這樣的進展看似微不足道，但提升辨識訊號的能力是非常重要的第一步。少了它，其他的即時策略也無用武之地。

下一個進步的里程碑是你能**夠控制或修正情緒**。試著尋找當你感到貪婪、憤怒，或者害怕自己即將犯錯的時候，但此時的你已經懂得抓住訊號，並且注入邏輯。與其說你不做出反應，倒不如是說你不會被那些反應所支配。相反地，你會減緩情緒，並且改善決策和執行。雖然你必須努力才能取得進步，但成功的機率已經比以往增加了。

在一開始的時候，你的心理和情緒狀態只會稍微改善一點點。雖然幅度很小，但仍值得培養，因為你同時正在培養長期的解決問題方法。修正效果會隨著時間愈來愈明顯，使你能更有效率地截斷情緒反應，進而將影響最小化，並且更快地恢復狀態。你也不會經常在交易時段內需要休息時間。

直到你發現**需要處理的情緒變少了**，你就知道解決辦法已經開始發揮效果。尤其在處理強烈的情緒時，解決問題不像開燈關燈，而是像用音量控制鈕降低音量；比方說，你仍會反射性地感到貪婪，或者衝動地想要為了報復而執行交易，但比起以往，情緒的強烈程度減少了百分之十。

只要繼續進步並且解決更多的問題，產生的情緒自然會愈來愈少。這表示你的情緒變得更穩定，即便恐懼、憤怒或過度自信的情緒依然會出現，但都更容易平復。最後，你會發現自己鮮少產生情緒，問題都已經解決了。

發現解決辦法的最困難的地方在於，你不會知道自己何時通過終點線。這不像賽跑，有明確的終點線。不過，這裡有一些線索可以幫助你確認是不是已經抵達終點線：

- 即使面對龐大的壓力或極度疲憊的狀態下，你仍然可以勝任。你可以比較當下的情況以及之前最糟糕的情況，比較兩種情況下的決策過程，你就會發現自己有沒有進步。
- 在B級心理戰中，令你衝動犯錯的情緒消失了。干擾或雜音也比較少了。B級心理戰的水準感覺變得不一樣了。
- 以前的情緒往往很強烈，但現在你的情緒會自然而然地緩和下來，而且不需要刻意降低情緒。
- 思緒更清晰，A級心理戰也同時進步了。透過提升毛毛蟲的後端，你可以釋出更多的思緒空間，使你變得更富有創意、願意創新，以及樂於學習新事物。

■ 對於過去曾接觸過但感覺做不到的項目或概念，現在你得更渴望能處理那些事情。

另一個進步的跡象就是**心理戰的提升**。隨著毛毛蟲後端的提升，你的C級心理戰也會發生變化——以往的問題程度減輕，或者出現截然不同的問題。也許你會擺脫自信心不足的問題，但現在鐘擺盪向另一端，有時候必須得處理過度自信的問題。又或者，因為你的完美主義傾向改善了，所以你變得比較不害怕虧損，這反而使你開始進行更多筆交易，結果導致你容易因為虧損而情緒失控。

新問題的產生，應被視為進步的證據。當你進入了新的C級心理戰，就表示你有潛力進入更棒的A級心理戰……你很可能已經發覺到了。

儘管你已經努力了，你的心理戰也有可能沒有進步。雖然你努力運用系統，但卻看不見任何明顯的改變。所以在下一章，也是最後一章，我將介紹一些阻礙進步或導致重大挫折的常見錯誤，並教你如何化解阻礙。

第10章

解決進展緩慢的問題

「在發現自己掉進坑裡的時候，
最重要的事情就是停止挖掘。」

——股神巴菲特（Warren Buffett）

在上一章的最後，我談到了關於評估進步的內容。但要是你沒有進步該怎麼辦？雖然沒有進步的原因百百種，不過我認為可以粗略分成六種常見原因。所以接下來，我們將一一深入討論這些原因。

難以辨別你的情緒模式

你的反應突然出現，而且似乎不知道從哪裡冒出來。問題持續發生，但你卻不知道情緒反應是怎麼開始的。你的證據是來自於事後的錯誤和損失，但卻無法辨識情緒升溫前的訊號，而那些訊號正是有助於阻止情緒升溫，或者防止紀律被破壞的關鍵。

依我的個人經驗是，有兩種情況會導致你無法辨識情緒模式。第一種情況是，你沒有真正完成自己的情緒模式圖。請誠實面對自己。你是不是才剛讀完這本書，就希望能看到變化？還是你真的有按照我的建議，花時間和努力完成情緒模式？

如果你還沒有做完，我希望你能做完。找出情緒的模式沒有捷徑，不過你可以找一位導師或其他交易者談一談，會比較容易。在初期的時候，你也許需要跟他人一起集思廣益。

第二種情況是，你確實完成了情緒模式圖，可是你每天都很擅長於壓抑情緒問題。然後突然某一天，你的情緒會突然爆發，你卻無從辨識它們的來源。因此，關鍵在於學會辨識壓抑情緒的訊號。你會採取什麼行動或者有什麼想法，來管理情緒或者抑制情緒？

這些都是你對當下的貪婪、恐懼或憤怒的自動反應。比方說，你會立刻對另一位交易者分享發生的事情，或者你會斬釘截鐵地說自己不會受到虧損的影響。那些反應都是低階問題的訊號，所以你可以從那裡開始挖掘情緒的模式。

在下一次情緒爆發之前，你應該試著深入瞭解問題的原因。你可以透過本書的章節來完成心理手牌紀錄，並且參考那些點子試著找出情緒的蹤跡。

比方說，假設你發現自己有控制錯覺的問題。這個問題會導致貪婪和過度自信，並且導致你的情緒爆發。你可以每天試著問問自己：我是如何變得過度控制？例如，你太在意要保持高的R因子，並且將停損點設置得太靠近，因為你認為價格將朝著對你有利的方向移動。這些都成為額外的訊號，可能會觸發貪婪或者憤怒，所以你需要設置注入邏輯的起點，並且開始修正控制的錯覺。

事情在好轉前先變得更糟糕

在理想的情況下，你會利用本書的內容和工具，將它們付諸行動並立即獲得進步。但有的時候，因為某些緣故，會發生相反的情況，使問題變得更糟糕。

基本上，當你開始更仔細觀察，你可能就會發現心理戰的問題遠比你以為的更糟糕，或者更複雜。這就像你拆下繃帶檢查傷勢，結果發現傷口情況不如想像。你以為的C級心理戰，結果實際上是F級心理戰。可是，儘管事實慘不忍睹，但至少現在你知道自己正在著手處理，而且可以制定進行的計畫。

當你更瞭解自己的情緒，那種感覺也許像是開倒車。當你仔細觀察情緒時，貪婪、恐懼或憤怒可能感覺更加強烈。這些並不是真正的開倒車，而是你開始看見過去被忽略的那些事情。

這些新發現的資訊都可能會使你不知所措。儘管你已經學到許多理論和情緒，但同時也可能發現自己面對無數的問題，以及它們的根源及修正方法——這些都是發生在當你試著釐清問題細節的時候。

可是你現在知道得又更多了。當你正在努力培養更棒的投資交易能力時，你也正在顛覆那些新的資訊。這種情況並非不尋常，特別是如果你一口氣讀完這本書。

如果這話聽起來很耳熟，不妨試著將注意力放在較近的果實上。利用唾手可得的勝利，建立簡易可行的策略。這麼一來，你會發現一些能夠立足的基礎，而不是一口氣嘗試太多的事情。否則，你會發現自己彷如陷入流沙之中，愈掙扎就會愈陷愈深。

如果你難以排定優先順序，不妨考慮這個建議：先試試看，如果兩週內都不見進展，則需要重新評估並且嘗試其他的方式。有的時候起步是收集所需資訊的唯一途徑。有些事情不是袖手旁觀就能學到的。

最後，市場的變化因素可能會導致你出師不利。有時候可能是剛好遇到市場的變化，或者無法控制的連續虧損。我們不需要對無法控制的情況反應過度。

相反地，我們可以用另一種角度去看待機會——早一點受到打擊，才能讓你更快抵達谷底。接下來，只要市場條件或結果開始朝對你有利的方向發展，你就不會遇到更多意外。當然，我們樂見立即獲得進展，但即便發生相反的情況，也可以利用不利情況所帶來的機會。

倦怠

倦怠是從事交易的常見現象。市場才不管你需不需要休假。而且如果你投資的是全年無休的市場，那感覺就像你永遠不得休息一樣，有關交易的想法和意識始終佔據你的大腦。

你所做的每一個決定都有很高的精準度要求，這會讓你感覺自己更像是一名運動選手，而非朝九晚五的員工。再者，當你用自己的錢做投資交易時，當價格回檔或者抓不到市場的趨勢時，排山倒海而來的壓力會使你疲憊不堪。

倦怠會與你的心理戰有關，它會放大你的問題，而且即便你已經修正根源，倦怠依然會限制你改善問題的能力。當你的大腦正處於疲弱狀態，你就難以充足的動力、明確的想法以及平穩的心情，去執行策略和爭取進步。情緒起伏愈大，情緒的累積就會愈快，也就表示你有更多的情緒需要處理，能與之抗衡的心理力量和意志力則愈低。

倦怠的修正方法很簡單：休息。除了休息以外，別無他法。問題是，為了從倦怠中恢復，休息的代價會很高。當停止交易時，你就無法賺錢，而這對有些交易者來說，休息是沒有意義的，就像受傷卻仍堅持到底的運動選手一樣，因為現實不容許他們放棄。

然而，突然之間疲倦的感覺令你支撐不下去了。就像燒燙傷的分類，疲倦感也有輕重程度之分。當疲倦感愈強烈，你所做出的決定就會愈糟糕，就得花更長時間恢復。

為了避免嚴重倦怠，你需要弄清楚一至兩個訊號，提醒自己已經**接近**臨界點了。這可能是情緒訊號——你無法控制自己變得憤怒或貪婪。或者，是關於紀律的訊號，也許是你不遵守紀律，沒有在適當的時候進場和退場。

你可能會發現自己的動機出現了明顯的改變。比方說，沒興趣完成深入研究即表示輕微的倦怠。另一方面，完全不想執行交易就表示你的倦怠程度非常嚴重。

研究倦怠跡象和找出關鍵因素的最佳時機，是在每次倦怠發生之後的時間點。不妨參考這本書中所建議的，找出情緒模式的方式。寫下細節，然後到了下一次發生倦怠的時候，利用你的發現結果找出倦怠的早期訊號。然後你就可以在訊號發生時，採取必要步驟防止倦怠發生。比方說，如果你發現在激烈的市場交易中，連續十五天損益兩平是你的極限，那麼當天數累積達十天之後，你就必須採取額外的步驟減輕每天的倦怠感。

優先考慮你的收操時間、飲食、運動，以及睡眠。維持社交關係、從事愛好活動，為了娛樂（而非學習）而閱讀刊物，或者做一些有趣但不會過度刺激情緒的事情。這些都能幫助你排解倦怠，但無法徹底防止倦怠——你一定會感到倦怠，但不要被它壓垮。

頭昏腦脹

正如我之前所提的，注意力是我們收集數據，以做出決策的工具。可是，很多交易者不知道的是，當你收集了太多數據，就會產生我稱之為「頭昏腦脹」的微妙問題。即便這個問題不常見，但我的經驗告訴我，有很多交易者都有經歷過。

回想一下，當你已經專注地執行交易好一陣子，以至於你無法正確分析市場，而且錯過交易機會，或者被迫以較差的設定進行交易。或者，你是否曾經花太多時間做研究、學習新的方法，或者進行回測，卻突然發現自己的大腦像是被強制關機似的——你無法繼續專心，收集到的新資料對你不具任何意義。

當你頭昏腦脹的時候，就像你的大腦被塞滿的數據，已經沒有多餘的空間可以容納更多資料了。你就像一塊吸滿水的海綿，再也吸收不了更多的水分。你變得難以集中注意力，錯過關鍵資訊，並且覺得心力交瘁——就像大腦被迷霧圍繞似的。你很可能認為自己只是累了，而且經過漫長的一天或者相當專心地進行研究和學習之後，當然會覺得累。在某種程度來說，確實如此。但是，絕對不只有疲倦而已。

另一方面是，你的大腦塞滿了各種資訊。大量的資訊會導致你在交易時，思考的清晰度和執行力下滑，進而導致你難以區分生活與工作。你試著跟家人一起吃晚餐，跟朋友一起看球賽，或者從事放鬆心情的活動，可是你的思緒卻轉個不停。人在，心卻不在。

雖然你已經累了，準備好上床睡覺，但是你的大腦仍在活躍，靜不下來。隔天你又重演錯誤，錯過交易機會，重新考慮停利的策略，或者反復斟酌你之前就在想的新研究。這種情況很可能持續好幾個小時。有的時候，雖然你很快就睡著了，但是很早便醒來，並且開始思考有關交易或研究的事情。

你也許不認為這有什麼問題。你喜歡維持注意力，以及思考有創意的點子，而且你認為失去睡眠或者與家人、朋友的時光，是做這一行的代價。可是，你一定知道自己的思緒敏銳——充滿活力又心無旁騖——是過去你從未有過的感覺。

當每天都有太多資訊需要吸收，累積的資訊就像累積的情緒，會漸漸地影響隔天的思考和處理資訊的能力。當你被迫提升表現和學習時，混亂的思緒是潛藏的危機。不過好消息是，只要培養一些日常的簡單習慣，就能輕易解決這個問題。

消化資訊並轉化為有用的知識，是與生俱來的大腦運作過程，就像身體的消化系統會從食物中提取營養一樣。我們可以提升這個過程的效率。

在交易時段期間，或者在長時間的研究或學習中，請在大腦關機之前適當休息。即便是幾分鐘也好，讓大腦停止吸收更多資訊，就足以讓大腦有餘裕消化那些已經吸收進來的資訊。

在休息的時候，我們可以寫一些筆記、散步，或者冥想。你也許不會覺得自己煥然一新，但那也不是重點。你只是為了不讓自己在交易時段結束以前，或者在研究期間，你的表現就先下滑了，藉此將工作的效率最大化。

接著，在交易或研究結束之後，你可以透過寫作、或先跟別人交談再寫筆記等等，任何你喜歡的方式，幫助大腦消化那些資訊。光是這麼做就足以帶給你好處了，你甚至不需要回顧那些筆記。透過從大腦提取那些數據，進而恢復思緒清晰，這本身就是很可貴的好處。然而，我會建議你回顧那些筆記，並找出其中的重點當作是下次交易前的暖身步驟之一。

在開盤前、交易期間和收盤後，定時將注意力放在提升交易戰術和心理戰，並培養成你的日常例行公事，隨著時間推移，這就是加速進步的關鍵。

如果你睡不著，寫作也是一個好用的工具。當你翻來覆去，與其試著睡著，不如寫下你心裡的想法。試著寫下關於你做的困難決定、犯下的錯誤，或者修改策略等等細節，直到你沒有什麼可以寫的，或者最多三十分鐘，然後再試著去睡覺。第一次可能還不會順利睡著，但經過練習之後，你入睡的速度就會增加了。

我的客戶以前會覺得自己只是累了，於是他們按照這個建議，定期傾倒他們大腦中累積的資訊，這麼做讓他們恢復了精神。他們也更懂得區分交易和生活，現在他們已經不需要靠發洩怒氣、酗酒或激烈運動，來恢復精神狀態。他們的睡眠品質改善了，交易時思緒也更清晰。

請試著這麼做七到十天，看看有什麼變化沒有。大腦是非常珍貴的資產。要保持大腦的健康，執行交易自然而然就會進步了。

當個人生活影響了投資交易

有的時候，情緒和個人問題會佔據你的大腦思考，進而影響進步。比方說，家人生病、與重要的人有矛盾，或者遇到重大的決定或任務，例如搬家或修繕房屋等等，都會耗費大量腦力。

當交易受到個人生活的影響，原本交易帶給你的樂趣、挑戰和好奇心，通通會被抹去。你的執行力和表現都會下滑，因為你也承受虧損了，突然之間那些外在因素的影響力似乎變得更強烈了。這下不只交易方面受到影響，交易的結果又影響了你的私人方面。你被壓得喘不過氣，事情一下子就失控了。

我們的目標是區隔個人想法、生活事物和情緒，來保護交易方面的進步和執行力。基本上，這就像創造一個泡泡，包住與交易相關的事，免於受到個人生活的影響。這麼做還能讓你得到必要的休息時間，並且讓你有更清晰的思緒去處理個人事務。交易時段會變成你個人生活之中的短暫假期。

我們可以透過以下的步驟來製作這個包住交易時段的泡泡：

■ **步驟一：**在交易時段開始時間，寫下關於特定主題的所有想法，包括你的感受、具體的想法、可以實踐的代辦事項，或者你想對某個人說的話。最多可以用二十分鐘來完成這個步驟。

■ **步驟二：**接下來，就像是在心裡畫一條線一樣，在交易時段結束之前，不可以再去想那些個人問題。

■ **步驟三：**現在，距離開盤還有四十分鐘，你應該利用這些時間去做你平常做的事情。這段時間不是隨便訂出來的。長達二十分鐘的寫作時間，足以讓你釋放想法，但不至於讓大腦耗盡全力。這四十分鐘也包含緩衝時間。如果你還有其他放不下的想法，這時候就要把那些想法找出來，並且告訴自己直到收盤前，都不能再去想那些事情。

然後，每當你想起那些個人事情，就要注入「不是現在」的邏輯陳述。如果那些思緒還是無法消失，這時候才需要再花一點時間把它們寫下來，重新建造一個泡泡。

當然，有時候你會遇到一定得在交易時段處理的事情；比方說，醫生或承包商只有在早上十一點有空可以跟你見面。一旦做完那些事情，就要重複步驟三，重新建造一個泡泡。

當交易暴露出個人問題

當你有懸而未決的個人問題，即便是你尚未意識到的問題，也可能會影響到交易的領域。在交易時出現這些問題會令人感到困惑，因為你從未在交易以外的地方經歷類似的事情。在交易以外的生活上，你總是充滿自信、果決，而且情緒平靜。你不明白交易時為什麼會出現這些情緒。

交易是一項獨特的測驗，會帶出你最深層的恐懼、未宣洩的憤怒，以及個人的不安全感。這些問題會直接影響交易執行和獲利力，迫使你承擔過高的風險，太早停利，或者追逐虧損，但這些問題卻都與交易無關。相反地，你投資了大量時間、精力、金錢、未來、自信和個人認同進行交易，最終只引發這些更深層的個人問題。

有些人從事交易是為了確認個人能力、目標和成功。因此，當你在交易中失敗時，你會感覺人生也失敗了。又或者，當你被迫退場又馬上重新買回，這也許讓你感到很生氣。這可能是因為你從小就討厭輸，你會堅持直到勝利到手為止。

即使你想要採取行動，可是你似乎無法這麼做。也許是來自雙親對你的期許，導致你一犯錯就會過度反應。因為害怕犯錯而持續觀望，所以當你錯過進場機會的時候，你就會非常生氣——不管怎樣你都無法獲勝。

好消息是，一旦你找到問題的根源，你就有機會交叉訓練，並且同時提升你的個人生活以及交易生活。

挖掘個人問題的根源是一項困難的任務。如果你想要靠自己的力量，不妨也試著藉由心理手牌紀錄，仔細查找交易問題的根源，並且找出相對的個人問題。然後將你找到的結果當作是步驟一，並完成接下來的四個步驟。如果你遇到的問題特別嚴重，不妨考慮尋求治療師的幫助。

為了幫助你更瞭解，我可以舉一個客戶的故事為例。威爾是一位從美國企業退休的高層人員，他將投資交易當作一份兼職工作，目的是希望可以增加退休收入。在威爾的上一份工作中，他總是盡忠職守地完成份內工作。但當他進入交易界的時候，他發現自己有一股從來沒意識到的憤怒情緒。

威爾從事股票和股權投資，基本目標是在早上一至兩小時做交易，這樣接下來的時間就可以做其他的事情。問題是，他總是陷入死亡循環，先賺了一些錢，接著遇到虧損，最後連獲利都吐回去。他會愈來愈生氣，直到滿腔怒火。他會怒吼、咒罵、毀損物品，然後真的沮喪地跪著捶打地板。因為無法控制自己的反應，他變成了一個連自己也不認識的人。

威爾說他甚至會大喊「快取消交易！」但他感覺自己的手像是被凍住了，一動也不能動。他無法離開，他甚至將自己交易時的模樣拍攝下來，結果畫面讓他非常吃驚。他說，「我好像被外星人附身一樣，我的行為就像是個五歲小孩般無理取鬧！」無論是在他的個人生活或前一份工作，他從未經歷過這種程度的憤怒，所以使他更難以理解。在那時候，他不明白自己為什麼會是那種狀態。

於是威爾開始進行研究。他閱讀大量書籍，並採納他們的建議。威爾是我遇過最一絲不苟的客戶，他為了理解並處理問題，利用寫日誌、尋找情緒模式以及處理問題，藉此獲得大量材料。

當我們開始分析那些材料之後，我們很快便發現他的問題包含了控制錯覺、完美主義，以及害怕失敗等問題，而且所有的問題都來自於他童年時期的創傷所致。

在威爾處理交易以外的個人創傷的同時，更重要的是，他必須知道交易時所出現的情緒與那些童年的問題有關。比方說，當他又衝動地想要增持虧損部位、超額交易，或者不設置保護性停損點，這些都是他的個人問題正在滲透他的交易執行的訊號。

這個時候，威爾會開始注入邏輯，他準備的邏輯陳述已經結合他所發現的個人問題修正方法。注入邏輯使他第一次能夠穩定情緒，讓他可以承受虧損，同時避免引發憤怒。

我們繼續利用系統的每一個步驟，並且參考本書的「沮喪」段落所提出的多個策略，制定清楚的控制層級、分類他至今的成就，以及根據心理手牌紀錄找出技術面錯誤的根源。經過一段時間之後，威爾的憤怒情形減緩了，這使他更容易發現憤怒何時開始升溫，進而迅速修正問題。

他將注意力放在交易的機率性質上，這讓他更容易接受整體風險，以及變異因素的角色。他學會提醒自己，如果價格沒有朝著他想要的方向發展，除非他不按照計畫而是繼續持有，否則他就不需要為交易結果負責。到了最後，威爾可能會犯錯並心想，那眞是愚蠢的行爲，然後迅速調整自己，而不再是重捶桌子、情緒失去控制。

幾年後後，我又跟威爾連絡上了。他告訴我當初的憤怒，如今有大概百分之九十八都已經消失了。他不再把鍵盤摔成兩半，不再把滑鼠砸向房間的另一頭，也不再亂發脾氣（不過他承認自己還是會咒罵個幾句）。當我們後來碰面時，威爾想知道為什麼童年的創傷會出現在他的交易中，但以前卻從未出現過。

我將他的情況比喻為戰爭。這就好像威爾在部署的期間犯下了戰爭罪，直到他安全到家之前都無法好好處理那些罪行。對他來說，這些「犯罪」就是他童年時期的創傷，退休後擁有固定的財務收入就好比「安全到家」。當創傷一層一層開始出現時，剛好就是他在進行交易的時候，加上交易的激烈特質，這些傷口被撕開，暴露在陽光下。

經過解決他的個人創傷，以及因個人創傷導致的交易錯誤，現在的威爾面對的都是這本書涵蓋的情緒問題。他已經畢業了。對他來說，關鍵在於這個系統是有效的，這本書的系統足以解決更典型的表現問題，所以他可以繼續獲得進步。

現在你已經都瞭若指掌了，接下來心理戰的核心主題就是持續進步了。

最後的一些叮嚀

「在任何時刻我們都有兩個選擇：往前走向成長，或退後回到安全。」
——知名美國心理學家亞伯拉罕・馬斯洛（Abraham Maslow）

你剛開始接觸這本書的時候，已經知道自己還差那麼一點，就能成為你想成為的那種交易者。你已經試著提升技術面技巧，所以才發現阻礙你進步的跟心理戰有關——這本書就是為了幫助你克服心理戰的障礙。

在看完這本書之後，你知道問題的根源來自於表現缺陷，現在你也已經掌握修正它們的策略和工具了。

只要你按照這本書去做，它就能發揮作用。希望你可以按照這本書的內容，每天運用裡面的方法來修正問題，並且獲得進步。

你也可以利用其他交易者的描述，來找出自己的模式，以及你獨特的表現缺陷出現的方式。找出你自己的模式，並且建立你個人的A級到C級心理戰分析。接著完成心理手牌紀錄，並且利用你個人的話來製作注入邏輯陳述，以及最適合你的交易風格的策略性提醒。

搭配與交易有關和其他等令你產生共鳴的資源，例如書籍、影片、引言或訪談內容。你可以在系統中，使用各種珍貴的資訊來源，來幫助自己解決問題。

雖然你需要毫不留情地找出並修正許多你所犯下的錯誤，但也請找出時間享受這個過程。這就像投資交易，有起也有落。有時候你會創下自己的新紀錄，有時候你會過得比較辛苦。勇敢接受事實，繼續努力下去。

徹底修正或解決表現缺陷、偏見、錯覺或希望，絕非一蹴可幾。你需要不斷地經歷重複的過程。而且在大部分的時候，你會在各種不同的情況下，經歷近乎無數次相同過程。請堅持下去。

持續利用這本書，因為一口氣有太多東西要吸收和應用。當你原本的心理戰有了進步時，請繼續用這本書來解決你新的問題。

要記住，這套系統不是給你使用一次就好。對於渴望成長的人來說，成長永無止境。只要你能繼續運用這些技巧、戰術和觀點，你就能持續進步，並獲得更多好處。毛毛蟲會持續往前移動，讓你的A級、B級到C級心理戰都持續提升。

現在就開始吧——即使只花一分鐘，也可以開始往前進。別再找理由。快開始動手吧。是時候將你的交易潛能發揮出來了。

如果你還想瞭解我最新的文章、Podcast內容，或最新的項目，或者想下載工作表，比方說有助於找出模式、完成A級到C級心理戰分析，或填寫心理手牌紀錄，請到我的網站獲得相關資料：https://jaredtendler.com。

致謝

寫作並非我的專長，所以我一直受到許多人的幫助。在此要特別感謝那些人的幫助，我才能完成這本書。光靠我自己是絕對無法辦到的。

首先要感謝的，是我的寫作夥伴貝絲．庫普欽斯基（Beth Kupchinsky）。妳是難能可貴的寫作專家，而且總是堅定地專注在這個案子上。儘管我們抵達終點的時間比預期更晚，但妳從始至終都是我難得的夥伴。我永遠感謝妳所提出的問題、見解和觀點，令我從新的角度檢視資料。

瑪希．麥唐納（Marcy McDonald）是一名出色的編輯，我要謝謝妳所給予的看法和指導。妳兌現了承諾，把這本書提升到另一個層次。

我還要謝謝這些年來與我合作的客戶，你們讓我更瞭解投資交易的精髓，以及專業水準的需求。特別感謝那些交易者為這本書提供他們的故事和例子：艾力克斯（Alex Raguz）、布蘭登（Brendan）、布萊恩（Brian Hefferman）、卡洛斯（Carlos）、克里斯（Chris Duhanci）、大衛（David Lombard）、弗蘭茲（Frantz Gheller）、賈科莫（Giacomo）、吾郎（Goro Kanehara）、葛迪普（Gurdeep Gosal）、喬瑟夫（Joseph Abboud）、邁克斯（Max Sydney）、麥可（Michael Whalen）、尼克（Nick Whitton）、羅德里克（Rodrick）、維沙爾（Vishal Nathu）、弗拉德（Vlad Brykin），以及威爾（Will Ranney）。是你們的親身經歷，為這本書注入生命力，對此我永遠感謝。

給我的家人和朋友，謝謝你們的支持與鼓勵。特別感謝我的太太柯芮和女兒泰荻。二〇二〇年無疑是充滿挑戰的一年，但因為有妳們陪著我，才可能完成這本書——我非常享受寫這本書的過程。這一點都不簡單。謝謝你們給予我空間，讓我專心寫完這本書。我如此幸運有你們陪在我身邊，為我加油。

參考文獻

第五章：恐懼

1. Timothy D. Wilson & Daniel T. Gilbert, "Affective Forecasting," in M. P. Zanna (Ed.), Advances in experimental social psychology, vol. 35 (pp. 345–411). Elsevier Academic Press, http://wjh-www.harvard.edu/~dtg/Wilson%20&%20Gilbert%20(Advances).pdf .

2. Dan Gilbert, "The surprising science of happiness," TED Talk, February 2004, https://www.ted.com/talks/dan_gilbert_the_surprising_science_of_happiness#t-174602 .

第六章：情緒失控

3. Daniel Kahneman & Amos Tversky, "Prospect Theory: An Analysis of Decision under Risk," Econometrica, Econometric Society, March 1979, Vol. 47, No. 2, pp. 263–292.

4. Amos Tversky & Daniel Kahneman, "Advances in Prospect Theory: Cumulative Representation of Uncertainty," Journal of Risk and Uncertainty, Kluwer Academic Publishers, 1992.

5. Abigail Tucker, "Are Babies Born Good?," Smithsonian Magazine, January 2013, https://www.smithsonianmag.com/science-nature/are-babies-born-good-165443013/?c=y&story=fullstory .

6. Benedict Carey, "Payback Time: Why Revenge Tastes So Sweet," The New York Times, July 27, 2004.

第七章：自信心

7. J. Kruger, & D. Dunning, "Unskilled and unaware of it: how difficulties in recognizing one' s own incompetence leads to inflated self-assessments," Journal of personality and social psychology, December 1999, pp. 1121–1134, https://pubmed.ncbi.nlm.nih.gov/10626367 .

第八章：紀律

8. "Ethos of the U.S. Navy SEALs," National Navy UDT–Seal Museum, https://www.navysealmuseum.org/about-navy-seals/ethos-of-the-u-s-navy-seals .

9. Carmine Gallo, "JFK' s Twitter Friendly Version," Forbes, May 25, 2011, https://www.forbes.com/sites/carminegallo/2011/05/25/jfks-twitter-friendly-vision/#424a6ee568ce ;see also "The Decision to Go to the Moon: President John F. Kennedy' s May 25, 1961, Speech before a Joint Session of Congress, NASA, https://www.nasa.gov/feature/john-f-kennedy-and-nasa; https://history.nasa.gov/moondec.html .

第九章：修正問題

10. Robert M. Yerkes & John D. Dodson, "The relation of strength of stimulus to rapidity of habit-formation," Journal of Comparative Neurology and Psychology, November 1908, Vol. 18, Issue 5, pp. 459–482.

11. Amy Arnsten, Carolyn M. Mazure & Rajita Sinha, "Everyday Stress Can Shut Down the Brain' s Chief Command Center," Scientific American, April 2012, Vol. 306, No.4, pp. 48–53.

12. David Tod, James Hardy & Emily Oliver, "Effects of self-talk: a systematic review," Journal of Sport & Exercise Psychology, October 2011, Vol. 33, pp. 666–687.

實用知識 81

投資交易心理戰

內建情緒 GPS，揪出投資行為缺陷，讓你持續走在獲利的路上

The Mental Game of Trading: A System for Solving Problems with Greed, Fear, Anger, Confidence, and Discipline

作　　者：賈里德．坦德勒（Jared Tendler）
譯　　者：曾婉琳
責任編輯：簡又婷、林佳慧
校　　對：簡又婷、林佳慧
封面設計：萬勝安
美術設計：廖健豪
寶鼎行銷顧問：劉邦寧

發 行 人：洪祺祥
副總經理：洪偉傑
副總編輯：林佳慧
法律顧問：建大法律事務所
財務顧問：高威會計師事務所
出　　版：日月文化出版股份有限公司
製　　作：寶鼎出版
地　　址：台北市信義路三段 151 號 8 樓
電　　話：（02）2708-5509 傳真：（02）2708-6157
客服信箱：service@heliopolis.com.tw
網　　址：www.heliopolis.com.tw
郵撥帳號：19716071 日月文化出版股份有限公司

總 經 銷：聯合發行股份有限公司
電　　話：（02）2917-8022 傳真：（02）2915-7212
印　　刷：軒承彩色印刷製版事業股份有限公司
初　　版：2022 年 5 月
定　　價：460 元
I S B N：978-626-7089-53-8

THE MENTAL GAME OF TRADING by Jared Tendler

國家圖書館出版品預行編目資料

投資交易心理戰：內建情緒 GPS，揪出投資行為缺陷，讓你持續走在獲利的路上／賈里德．坦德勒（Jared Tendler）著；曾婉琳譯. -- 初版. -- 臺北市：日月文化出版股份有限公司，2022.05
520 面；14.7×21 公分. --（實用知識；81）
譯　自：The Mental Game of Trading：A system for Solving Problems with Greed, Fear, Anger, Confidence, and Discipline
ISBN 978-626-7089-53-8（平裝）
1.CST: 投資心理學

563.5014　　111003659

日月文化集團
HELIOPOLIS
CULTURE GROUP
客服專線 02-2708-5509
客服傳真 02-2708-6157
客服信箱 service@heliopolis.com.tw

廣告回函
台灣北區郵政管理局登記證
北台字第 000370 號
免貼郵票

日月文化集團 讀者服務部 收

10658 台北市信義路三段151號8樓

對折黏貼後，即可直接郵寄

日月文化網址：**www.heliopolis.com.tw**

最新消息、活動，請參考 FB 粉絲團

大量訂購，另有折扣優惠，請洽客服中心（詳見本頁上方所示連絡方式）。

大好書屋　寶鼎出版　山岳文化

EZ TALK　EZ Japan　EZ Korea

大好書屋・寶鼎出版・山岳文化・洪圖出版　EZ叢書館　EZKorea　EZTALK　EZJapan

日月文化集團
HELIOPOLIS
CULTURE GROUP

感謝您購買 **投資交易心理戰** 內建情緒 GPS，揪出投資行為缺陷，讓你持續走在獲利的路上

為提供完整服務與快速資訊，請詳細填寫以下資料，傳真至02-2708-6157或免貼郵票寄回，我們將不定期提供您最新資訊及最新優惠。

1. 姓名：＿＿＿＿＿＿＿＿＿＿ 性別：□男 □女
2. 生日：＿＿＿＿年＿＿＿＿月＿＿＿＿日 職業：
3. 電話：（請務必填寫一種聯絡方式）
（日）＿＿＿＿＿＿（夜）＿＿＿＿＿＿（手機）＿＿＿＿＿＿
4. 地址：□□□＿＿＿＿＿＿＿＿＿＿
5. 電子信箱：＿＿＿＿＿＿＿＿＿＿
6. 您從何處購買此書？□＿＿＿＿＿＿縣/市＿＿＿＿＿＿書店/量販超商
□＿＿＿＿＿＿網路書店 □書展 □郵購 □其他
7. 您何時購買此書？ 年 月 日
8. 您購買此書的原因：（可複選）
□對書的主題有興趣 □作者 □出版社 □工作所需 □生活所需
□資訊豐富 □價格合理（若不合理，您覺得合理價格應為＿＿＿＿＿＿）
□封面/版面編排 □其他＿＿＿＿＿＿＿＿＿＿
9. 您從何處得知這本書的消息： □書店 □網路／電子報 □量販超商 □報紙
□雜誌 □廣播 □電視 □他人推薦 □其他
10. 您對本書的評價：（1.非常滿意 2.滿意 3.普通 4.不滿意 5.非常不滿意）
書名＿＿＿＿ 內容＿＿＿＿ 封面設計＿＿＿＿ 版面編排＿＿＿＿ 文/譯筆＿＿＿＿
11. 您通常以何種方式購書？□書店 □網路 □傳真訂購 □郵政劃撥 □其他
12. 您最喜歡在何處買書？
□＿＿＿＿＿＿縣/市＿＿＿＿＿＿書店/量販超商 □網路書店
13. 您希望我們未來出版何種主題的書？＿＿＿＿＿＿＿＿＿＿
14. 您認為本書還須改進的地方？提供我們的建議？

預約實用知識，延伸出版價值

預約實用知識，延伸出版價值